공정무역 비즈니스와 운동

빈곤 감소와 사회 변화를 위한 실천

이 도서의 국립중앙도서관 출판예정도서목록(CIP)은 서지정보유통지원시스템 홈페이지(http://seoji.nl.go.kr)와
국가자료종합목록 구축시스템(http://kolis-net.nl.go.kr)에서 이용하실 수 있습니다.
CIP제어번호: CIP2020015572

| 협동조합경영연구 01 |

공정무역 비즈니스와 운동

빈곤 감소와 사회 변화를 위한 실천

장승권 · 김선화 ·
조수미 · 황선영 · 응우엔하프엉 · 정지현 지음

Fair Trade Business and Movement
Practices for poverty reduction and social change

한울
아카데미

차례

공정무역(Fair Trade)에 대한 관심과 사업 규모가 커지고 있다. 아직 서유럽 국가에 비하면 미미한 편이지만, 한국은 분명히 공정무역 관점에서 보면 신흥 성장 국가이다. 단지 사업 규모가 커지고, 지자체에서 지원한다는 측면만 있는 것은 아니다. 초중등학교에서 공정무역을 학습 주제로 다루기도 하고, 대학원 학생들의 학위 논문 주제가 되고 있다.

이에 따라 연구 논문이 여러 분과 학술지에 게재되고 좋은 해외 교과서와 대중서가 번역되었다. 그러나 아직 공정무역을 전문으로 다루는 학회가 구성되거나, 전문 학회지가 출간되거나, 학술 대회가 열리는 데까지는 이르지 못했다. 경제학, 사회학, 지리학, 소비자학, 경영학 등에서 공정무역을 연구하지만, 아직까지 본격적인 연구 대상이 되지는 못한 것이다.

왜 이 책을 출간하려 하는가? 공정무역에 대해 전문 학술 논문과 정책 보고서를 읽으려는 독자가 늘고 있다. 기초 지식수준 이상의 것을 알고 싶어 하는 것이다. 따라서 전문서가 필요하다. 이와 함께 전 세계 공정무역 연구자들의 최신 연구를 기반으로 한국의 현실과 쟁점을 이해해야 한다는 요구에 부응하기 위함이다.

이 책의 특징을 살펴보면 다음과 같다. 첫째, 한국 공정무역의 현황과 쟁점을 토론하면서, 발전 전략을 제시하고 있다. 특히 공정무역마을운동과 로컬 공정무역 등 최근의 중요한 실천 흐름과 이론적 토론을 제시한다. 둘째, 이 책의 저자는 모두 경영학자이거나 경영학 훈련을 받고 있다. 그래서 경영학 접근의 가치사슬이나 제도이론과 같은 이론 모형을 기반으로 공정무역 주류화를 위한 전략을 제안한다. 셋째, 이 책에 실린 4장과 5장의 글은 한국 공정무역과 밀접한 관계를 맺고 있는 베트남과 필리핀의 공정무역 사례를 다루고 있다. 특히 공정무역단체를 연구해 소비국 한국과 생산국 베트남과 필리핀의 공정무역이 어떻게 협력하는지 보여준다.

이 책의 핵심 주장은 공정무역이 한국 사회에서 주류화되어야 한다는 것이다. 그래서 관련된 주제로 공정무역의 가치사슬, 공정무역마을운동, 생협 등 공정무역단체 간의 협력, 생산국 생산자와 공정무역단체와의 협력, 한국 공정무역의 발전 전략을 다루었다. 특히 마지막 장에서 우리가 무엇을 어떻게 해야 할지 제안했다.

이 책을 순서대로 읽을 필요는 없다. 각 장이 독립된 내용으로, 이미 소개된 내용도 있으며, 중복되는 부분도 있기 때문이다.

1장에서는 한국의 공정무역을 가치사슬 이론으로 분석한다. 유럽과 북미를 중심으로 공정무역이 주류화(mainstreaming)되면서 공정무역 가치사슬은 복잡하고 다양하게 변화되고 있다. 주류화로 인해 공정무역 가치사슬이 페어워싱(fair-washing)·포섭(co-optation)·희석(dilution)되는 과정을 겪기도 한다. 한국 공정무역이 이러한 문제를 최소화하면서 주류화될 수 있는 방안을 모색한다. 한국 공정무역 시장은 공정무역단체, 생협, 사회적기업 등 사회적경제 조직을 중심으로 커가고 있다. 1장은 공정무역 가치사슬 이론을 기반으로 한국의 공정무역 사업 참여자들을 조사해 분석했다.

2장에서는 공정무역마을(Fair Trade Towns, FTTs) 운동에 참가하는 다양한 행위자의 실천으로 국제 공정무역마을 제도가 생성되는 과정을 제도실천행동(institutional work) 관점을 통해 분석한다. 국제적·지역적으로 공정무역마을운동 분야에서는 어떤 제도가 어떻게 생성되고 있는지, 공정무역마을운동의 제도 생성 과정이 국내 공정무역마을운동에 어떠한 시사점을 주는지 살펴보았다. 공정무역마을운동의 행위자들은 기존의 비즈니스 거래를 기반으로 한 공정무역 분야를 확장시켰다. 그리고 지방정부와 다양한 비영리조직들이 공정무역마을운동 분야에 행위자로 참여함으로써 실천이 다양하게 확산되고 새로운 제도가 생성되고 있다. 공정무역마을의 정의는 국제적으로 통일되나, 제도에는 지역 특성이 반영되고 있다. 한국은 인천시, 서울시, 부천시, 화성시, 하남시, 경기도가 공정무역 도시로 인정을 받았고, 성동구 등이 공정무역마을로 인정받기 위해 '공정무역마을 5대 목표'를 실천하고 있다. 2장의 의미는 정부, 사회적경제 조직, 일반 기업, 비영리조직 등의 다양한 이해 관계자들의 실천으로 공정무역마을운동 제도가 생성되는 과정을 제도실천행동으로 분석하고 공정무역마을운동에 시사점을 제시한 것이다.

3장에서는 공정무역 실천을 도입하고, 이로써 국내외 협동조합 간 협동을 이끌어낸 두레생협의 사례를 분석한다. 1980년대 이후 한국 생협들은 '국내' 친환경 유기식품의 생산을 촉진하고, 조합원들에게 안전한 식품을 공급할 수 있도록 제도화해 나갔다. 그래서 생협들은 공정무역 제품이라도 수입품이기에 이를 취급하는 데 반대해 왔다. 그런 분위기에도 두레생협은 조합원들의 요구를 수렴해 2004년부터 공정무역을 실천하기 시작했고, 2017년에 두레생협연합회의 공정무역 업무를 전담해 온 자회사 에이피넷을 한살림소비자생활협동조합연합회, 행복중심생협연합회, 한국대학생활협동조합연합회가 공동출자 한 다중 이해 관계자 협동조합으로 전환했다. 이 과정에서 두레생협은 첫째, 정체성을 만드는 실천을 했다. 두레생협은 기존 생협들이 형성해 왔던 정체성과 공정무역 실천을 유사하게 인지하도록 함으로써 공정무역 실천의 정당성을 확보하려 했다. 둘째, 네트워킹을 강화하는 실천을 했다. 국내외의 다양한 행위자와 네트워크를 형성하면서 실천을 강화해 왔으며, 조합원들의 참여를 촉진해 공정무역 실천에 대한 지지를 확보하려 했다. 셋째, 자산을 공유하는 실천을 했다. 두레생협은 자회사를 국내의 다른 생협들이 함께하는 협동조합 법인으로 전환하면서 그동안 축적한 자원을 다른 생협들과 공유했다. 두레생협은 제도를 생성하기 위해 협동조합 간 협동을 실천했다.

4장은 한국의 소비자생활협동조합의 필리핀 공정무역 생산지 해외 연수를 실천공동체 관점에서 분석했다. 한국의 생협들은 조합원들에게 다양한 학습 기회를 제공해 왔으며, 필리핀 해외 연수도 그 일환으로 진행되고 있다. 해외 연수의 필요성과 효과에 대해서는 암묵적으로 인정하고 있으나, 연수 참여자들이 어떤 학습 과정을 거치는지에 대해 이론적으로 설명한 경우는 거의 없다. 이를 설명하기 위해 두레생협의 필리핀 공정무역 생산지 연수 참여자들의 학습 경험을 포토보이스를 통해 분석했다. 필리핀 해외 연수 과정 참여자들은 새로운 환경을 경험하고, 다양한 방식으로 공정무역 제품의 생산과 수출에 관여하는 사람들과 대화하면서 새롭게 공정무역의 의미를 생성해 나간다. 동시에 한국에서 참여자 자신과 조직이 해왔던 실천을 숙고하며 평가한다. 이와 더불어 자신과 공정무역 생산자와의 관계를 재설정하면서 자신의 정체성을 변화시킨다. 분석 결과, 공정무역 생산지 연수는 기획 의도 이상의 학습 효과를 나타낸다는 것을 알 수 있었다.

5장은 베트남의 공정무역 조직들의 발전 사례를 통해 현재 베트남 공정무역의 현황과 특수성, 시사점을 토론했다. 베트남은 사회주의 경제하에 빠르게 경제성장을 이루어왔지만, 여기서 비롯된 빈부격차 문제도 심각하다. 소수민족이나 산간 지역의 농업 분야 생산자들의 빈곤 문제가 커져가고 있다. 초기 공정무역은 북반구의 자선단체나 개발협력단체들에 의해 도입되었고, 지금도 그들이 주도한다. 이에 비해 베트남의 경우, 1990년대 말부터 자발적 동기를 가진 베트남인들에 의해 공정무역이 도입되었다. 이런 측면에서 남반구의 다른 공정무역 생산국과 베트남의 사례는 다르다. 공정무역 생산국에 관한 연구는 주로 아프리카와 남미를 대상으로 하며, 주제 또한 생산자들에게 미치는 영향에 관한 것이었다. 생산국의 공정무역 조직을 분석하고 이들이 공정무역을 시작한 동기와 발전 과정에 대한 연구는 많지 않다. 5장은 베트남 공정무역 조직들을 사례연구로 분석하고, 이로부터 도출되는 조직의 특수성을 통해 현재 베트남의 공정무역을 설명한다. 이를 통해 베트남에서 전개되는 공정무역에 대한 이해를 돕고, 공정무역 생산국에 관한 연구에 기여하고자 한다.

　　이 책은 공저자들의 성과로만 볼 수는 없다. 성공회대학교 일반대학원 협동조합경영학과 교수와 학생들이 결성한 쿠피협동조합이 2013년 이후 서울시와 경기도의회 등의 연구 지원을 받아 축적해 온 연구 결과이기도 하다. 본문 중 네 개 장은 전문 학술지에 게재된 학술 논문을 수정·보완해 실었다. 1장[1]은 《국제지역연구》, 3장[2]은 《한국협동조합연구》, 4장[3]은 《인적자원개발연구》, 5장[4]은 《동남아시아연구》에

1 　장승권·김선화·조수미, 「공정무역의 가치사슬과 주류화: 한국의 공정무역 사례」, 《국제지역연구》, 25권 4호(2016), 97~131쪽.

2 　김선화·장승권, 「협동조합간 협동의 실천과정: 두레생협의 공정무역 사례연구」, 《한국협동조합연구》, 36권 2호(2018), 93~113쪽.

3 　김선화·장승권, 2019. 「소비자생활협동조합의 실천공동체 학습: 포토보이스를 이용한 두레생협의 필리핀 공정무역 생산지 해외연수 사례연구」, 《인적자원개발연구》, 22권 2호(2019), 1~30쪽.

4 　김선화·황선영·응우옌하프엉·장승권, 「베트남 공정무역의 발전: 공정무역조직 사례연구」, 《동남아시아연구》, 28권 2호(2018), 1~45쪽.

이미 게재되었다. 6장⁵은 2019년 초 라이프인(LIFEIN, http://www.lifein.news/)의 투고 기사로 연재되었던 내용이다. 그리고 2장은 국제개발협력학회 2017년 하계 학술 대회에서 발표한 내용을 기반으로 수정한 것이다.

이 책의 모든 연구는 국내외 공정무역단체들과 한국 소비자생활협동조합 관계자들의 적극적인 협조가 없었다면 이루어지지 못했을 것이다. 그동안 해온 현장에서의 고민과 실천이 학술적인 연구 성과가 될 수 있도록 도움을 주신 공정무역마을운동 관계자들에게도 깊은 감사를 전한다. 그리고 쿠피협동조합이 공정무역 연구를 할 수 있도록 지원해 준 서울시와 경기도 관계자, 그동안 함께 연구해 준 성공회대학교 일반대학원 협동조합경영학과 교수와 학생 조합원 모두에게 고마움을 표하고 싶다. 마지막으로 출판된 논문의 재출간을 승인해 준 모든 학회지 관계자분들과 온라인으로 발표된 기사의 재출간을 승인해 준 라이프인 관계자들에게 감사드린다.

2020년 4월

장승권

---

5   "공정무역의 변화를 모색한다"(총 6회 연재 기사, 2019년 1월 2일~2월 6일).
  http://www.lifein.news/news/articleView.html?idxno=3172(2019.1.2).
  http://www.lifein.news/news/articleView.html?idxno=3193(2019.1.9).
  http://www.lifein.news/news/articleView.html?idxno=3217(2019.1.16).
  http://www.lifein.news/news/articleView.html?idxno=3234(2019.1.23).
  http://www.lifein.news/news/articleView.html?idxno=3262(2019.1.30).
  http://www.lifein.news/news/articleView.html?idxno=3274(2019.2.6).

1장 공정무역의 가치사슬과 주류화

한국의 공정무역 사례

장승권·김선화·조수미

* 이 장은 장승권·김선화·조수미, 「공정무역의 가치사슬과 주류화: 한국의 공정무역 사례」, ≪국제지역
연구≫, 25권 4호(2016), 97~131쪽을 일부 수정·보완하여 실었다.

1. 서론

글로벌 비즈니스의 성장과 기술혁신은 전 인류의 삶의 질 향상에 영
향을 미쳤다. 그러나 국가 간의 빈부격차와 불평등은 개선되지 않고 있
다(Nicholls and Opal, 2005). 공정무역[1]은 기존 관행 무역을 비판하며 '원조
가 아닌 무역'으로 제3세계 생산자들의 노동환경과 삶의 질을 개선하도록
지원하기 위해 시작된 대안운동이다. 1950년대부터 선진국 NGO들과 종교
단체들은 자선 무역(charity trade) 혹은 개발 무역(development trade)이라는 이
름으로 제3세계 생산자들로부터 생산품을 구매했다(Low and Davenport,
2005). 이후 소비국에 공정무역 제품만을 거래하는 공정무역단체(Fair Trade
Organizations, FTOs)[2]들이 생겨나면서 공정무역의 기반이 형성되기 시작했
다. 1980년대 후반, 공정무역 제품을 인증하는 시스템이 구축되면서 공정무

---

[1] 공정무역이라는 용어는 1985년 2월 런던에서 개최된 '무역과 기술 회의'에서 처음 사용
되었다. 초기에는 공정무역의 철학과 원칙을 가진 비영리단체를 중심으로 공정무역을
실행했고, 소비자는 생산자와 제품에 관한 진실을 이야기하는 단체를 신뢰하며, 다른
근거를 요구하지 않았다(Wills, 2010).

[2] 공정무역단체 또는 기업들은 공정무역을 통한 이익을 생산자에게 돌려주기 위한 목적
으로 설립되었고, 모든 생산품은 공정가격, 직접거래, 장기적 관계 형성을 포함한 공정
무역의 원칙을 기반으로 거래가 이루어진다. 법적 형태는 개인기업, 협동조합, 주식회
사, 생산자 소유 기업, 사회적기업, 비영리단체 등으로 다양하다. 무역 조건을 개선해
가난한 생산자들을 빈곤에서 벗어나게 해야 한다는 목적은 유사하지만 전략은 서로 다
르다(Nicholls and Opal, 2005).

역단체가 아닌 일반 유통 기업들도 공정무역 제품을 취급할 수 있게 되었다.

공정무역은 네 가지 변화의 흐름을 보인다. 첫째, 다국적기업이나 일반 유통업체 등이 공정무역 제품을 판매하면서 공정무역이 주류화되고 있다(Velly, 2015). 2010년 국제공정무역기구(Fairtrade International, FI)[3]의 인증 제품이 약 7조 원, 비인증 제품이 약 1조 2000억 원의 시장규모를 형성했다(Doherty, Davies and Tranchell, 2012). 공정무역 제품의 소비는 영국, 프랑스, 이탈리아 등 유럽과 북미 지역에서 대부분 이루어진다. 특히 영국의 공정무역 인증 제품 판매량은 2014년 기준으로 약 2조 4000억 원으로 가장 규모가 크다.[4] 아시아는 일본·한국·홍콩 등에서 공정무역 제품이 소비되고 있다.

둘째, 공정무역이 규모화되고 있다. 초기에는 제3세계 소농 등을 대상으로 거래가 이루어졌지만, 최근에는 대규모 농장이 공정무역 생산자로 참여하고 있다. 이전에는 소농들 삶의 지속가능성을 확대한다는 측면이 중요했다면, 최근 대규모 농장이 참여하면서 농업 노동자들의 삶의 질과 권리도 이슈로 제기되고 있다(Stevis, 2015).

셋째, 공정무역의 관점이 다양화되고 있다. 공정무역은 급진적 관점과 실용적 관점으로 나뉜다(Raynolds et al., 2007; Renard, 2003). 급진적 접근은 공정무역을 조직의 미션으로 삼는 공정무역단체 간의 거래를 중심으로 경제 모델을 변화시키려는 접근이다(Renard, 2003). 그에 반해 일반 유통업체가 공정무역 인증마크를 획득해 주류 시장에서 공정무역 제품을

---

3   1997년 FLO(Fairtrade Labeling Organization)라는 이름으로 설립해 국제공정무역기구(Fairtrade International)로 기관명이 변경되었다. 현재 국제적으로 가장 큰 공정무역 인증 기구이다.

4   Fairtrade International, http://annualreport.fairtrade.net/en/global-fairtrade-sales(검색일: 2016. 7.21).

제조하고 유통하는 것이 실용적 접근이다. 그러나 현재는 이 두 가지 관점이 명확히 분리된다고 보기는 어렵다. 실제 공정무역의 목적과 실천, 인증시스템 등이 세분화되고 있으며, 양자의 절충점을 찾아가면서 관점도 다양해지고 있다(Huybrechts, 2012).

넷째, 지역을 기반으로 공정무역마을운동이 확산되고 있다. 공정무역마을운동은 2002년에 영국 가스탕에서 시작되어 2016년 9월 말 현재 28개국 1832개의 도시와 마을 등이 공정무역마을(Fair Trade Towns, FTTs)로 인정받았다.[5] 지방정부와 공정무역단체, 학교, 지역 상점 등의 다양한 이해관계자들이 참여해 공정무역 소비를 증진하고, 인식을 확산하는 운동이 활발하게 전개되고 있다(Smith, 2015). 이러한 지역화 현상은 유럽, 북미, 아시아, 아프리카, 남미로 확산 중이며, 지역의 사회·문화·정치적 특성이 공정무역 운동과 상호작용하며 다양한 실천이 전개되고 있다(Fisher, 2012; Smith, 2015).

한국은 2002년에 처음으로 아름다운가게에서 공정무역 수공예품을 수입·판매하기 시작했다. 국제개발협력단체, 사회적기업, 재단법인, 협동조합 등에서 공정무역 제품을 판매하고 인식 개선 활동을 벌이고 있으며, 최근에는 일반 소매 유통 기업에서도 공정무역 인증 제품을 수입해 판매한다. 2014년 기준 한국은 36개국에서 13가지 품목의 공정무역 제품을 수입하고 있으며, 공정무역단체를 중심으로 약 115억 원의 시장규모를 형성하고 있다(쿠피협동조합, 2015).

국제개발이라는 관점에서 보면, 공정무역은 제3세계 소규모 생산자들과 농업 노동자들의 빈곤 극복 및 경제적 자립을 지원하고, 생산자 그룹의 민주적 운영과 공동체 발전에 가치를 두고 있다. 공정무역은 지속

---

5   Fair Trade Towns International, http://www.fairtradetowns.org(검색일: 2016.9.30).

가능발전목표(Sustainable Development Goals, SDGs) 1, 2, 5, 8, 12, 13, 16, 17 달성에 기여하고 있다. 특히 "목표 1: 모든 곳에서 모든 형태의 빈곤을 없앤다"는 국제공정무역기구의 핵심 미션이다(Fairtrade International, 2015a).

기존 관행 무역과 공정무역을 구별할 수 있는 핵심은 가치사슬이다. 공정무역은 생산자로부터 최종 소비자에 이르기까지의 원재료 생산, 제조, 가공, 유통 과정에서 관행 무역과 구분된다. 가치사슬 내에서의 권력의 문제는 참여자가 가치사슬 내에서 얼마나 많은 가치를 전용(appropriation)할 수 있는가라는 문제와 연결된다(Cox, 1999). 공정무역은 관행 무역을 하는 다국적기업의 가치사슬 지배력을 비판하며 이를 변화시키려 한다(Hutchens, 2009). 많은 공정무역 연구자들이 공정무역 가치사슬 연구를 통해 특정 이해 관계자의 참여가 공정무역에 미치는 영향을 파악해 왔다(Reed, 2009; Doherty, Davies and Tranchell, 2012). 공정무역 가치사슬 연구는 생산자와 소비자를 연결하는 과정에 참여하는 주체들의 권력관계를 파악하고 가치 창출을 점검한다. 공정무역 가치사슬의 구성 방식에 따라 전개되는 양상이 다르게 나타난다(Doherty, Davies and Tranchell, 2012).

이 장에서는 공정무역 가치사슬에 관한 도허티, 데이비스와 트랜첼(Doherty, Davies and Tranchell, 2012)의 연구를 중심으로 한국의 공정무역 가치사슬을 분석하며 시사점을 도출하려고 한다. 공정무역의 주류화 과정에서 유럽과 북미 소비국에서 나타나는 문제점과 주요 쟁점을 검토하고, 한국의 공정무역을 건강하게 주류화하기 위해 필요한 접근을 제시했다.

해외에서는 공정무역 주류화에 관해 분석하는 연구(Reed, 2009; Doherty, Davies and Tranchell, 2012; Doherty, Bezencon and Balineau, 2015; Velly, 2015), 공정무역 인증과 인증기관에 관한 연구(Reinecke and Ansari, 2015; Wilson and Mutersbaugh, 2015), 공정무역 조직(Huybrechts, 2012; Nicholls and Huybrechts, 2016)과 거버넌스 연구(Davies, 2009), 비즈니스 관점에서 공정무역 가치사

슬의 연구과제를 제시한 연구(Karjalainen and Moxham, 2013), 생산자에게 미치는 영향 연구(Keahey, 2015; Lyon, 2015; Smith, 2015), 공정무역마을운동에 관한 연구(Fisher, 2012; Lyon, 2014; Malpass et al., 2007; Peattie and Samuel, 2015; Samuel and Emanuel, 2012; Smith, 2015) 등 많은 연구가 수행되어 왔다.

그러나 국내에서는 공정무역 관련 연구가 많지 않고, 연구의 초점도 특정 영역에 맞추어져 있다. 공정무역 구매 의도와 구매 행동을 연구(차태훈·하지영, 2010; 유소이, 2012; 이희열·정혜련, 2012; 황윤용 외, 2013)하거나, 윤리적 소비 관점에서 공정무역을 연구하고(현소은, 2009), 공정무역 생산지 사례를 국제개발협력, 혹은 지역학 관점에서 연구했다(엄은희, 2010; 손혁상·김남경, 2013; 김이재, 2015). 다시 말해 공정무역의 생산부터 소비까지 전반적인 거래관계를 분석한 연구는 찾아보기 어렵다. 이 장은 공정무역 가치사슬을 분석함으로써 지금까지 국내 연구와 다르게 접근한다.

2. 이론적 논의

1) 공정무역의 정의와 원칙

국제개발협력단체, 시민 단체, 공정무역단체, 일반 기업 등의 참여가 확대되고, 공정무역 공급사슬이 다양해지면서 공정무역의 정의와 원칙에 대한 논의가 활발히 이루어져 왔다. 현재까지 공정무역 운동과 연구에서 많이 인용되는 정의는 2004년도 공정무역 협의 기구 파인(FINE)[6]이

---

6   파인(FINE)은 국제공정무역기구(Fairtrade International, FI), 세계공정무역기구(World Fair Trade Organization, WFTO), 유럽공정무역연합(The European Fair Trade Association,

표 1-1 공정무역의 핵심 원칙

원칙		의미
1	취약한 생산자들을 위한 시장 접근성	구매자들이 기존 시장에서 배제된 생산자들과 거래할 수 있게 하고, 무역 사슬을 짧게 해 생산자들이 최종 판매 가격으로부터 최대한 많은 이익을 얻게 한다.
2	지속가능 공정한 무역 관계	생산자와 소비자의 파트너십을 통해 생산 비용을 함께 책임진다. 생산자들의 상황을 파악해 가격과 지불 정책이 결정되어야 하고 장기적인 무역 관계를 통해 정보를 공유하고 계획을 세워야 한다.
3	역량 구축 및 강화	생산자 조직들이 시장을 이해하고 지식, 기술 등을 발전시킬 수 있도록 해야 한다.
4	소비자 인식 증진과 옹호	소비자들은 공정무역단체들이 글로벌 무역 시스템을 더욱 공정하게 만들 수 있도록 지원한다.
5	사회적 계약으로서 공정무역	공정무역은 구매자와 소비자가 공정가격 지불, 선지급, 생산자 역량 강화 지원과 같은 관행 시장에서 기대하는 것 이상을 동의해야 하는 사회적 계약으로서, 생산자들은 공정무역으로부터 얻은 이익을 사회·경제적 조건을 향상시키는 데 사용해야 한다.

자료: World Fair Trade Organization and Fairtrade Labeling Organizations International(2009: 5).

정의한 것이다. 파인(2004)에 따르면, 공정무역은 대화와 투명성, 존중에 기초해 국제무역에서 좀 더 공평한 관계를 추구하는 거래 기반의 파트너십이다. 저개발 국가에서 경제발전의 혜택으로부터 소외된 생산자와 노동자들에게 더 나은 거래조건을 제공하고 그들의 권리를 보호하여 지속가능한 발전에 기여해야 한다. 또한 소비자들에게 지지받고 있는 공정무역단체들은 생산자 지원, 의식 고양, 기존 무역 관행 변화를 위한 캠페인에 적극 참여해야 한다.

공정무역의 핵심 원칙은 〈표 1-1〉의 내용과 같다. 이 원칙은 2009년에 공정무역의 주요 기관인 국제공정무역기구와 세계공정무역기구가 합의

EFTA), 유럽월드숍네트워크(Network of European World Shops, NEWS)가 공정무역 운동을 전략적으로 조정하기 위해 설립한 협의 기구로 여러 차례 공정무역의 정의를 수정해 왔다(Nicholls and Opal, 2005).

해 정리한 것이다.

공정무역 원칙은 공정무역 정의를 구체화하고, 공정무역을 실행할 때 지켜야 할 점을 명시하고 있으며, 공정가격(fair price) 지불, 생산자 역량 강화, 장기적 파트너십 형성, 가치사슬을 짧게 구성할 것을 권고하고 있다. 이러한 정의와 원칙은 공정무역 가치사슬과 관행 무역의 가치사슬을 구분하는 기준이 된다. 생산자 선택, 거래 방식, 지불 가격 및 지급 방식, 생산자와의 관계 형성 방식, 구매 이외의 생산자 지원 등이 가치사슬 구성에 반영된다.

하지만 다양한 주체가 공정무역에 참여하면서 정의와 원칙에 대한 해석과 실천은 다양해졌다. 일반 기업들은 공정무역 인증시스템을 통해 공정무역 제품을 거래하는 데 집중하고 있으며, 공정무역단체들은 생산자들과의 직접적이고 장기적인 거래를 하는 데 초점을 맞춰 운동을 진행하고 있다. 이러한 복잡한 양상 속에서도 공정무역을 구분 짓는 세 가지 대표적 특징을 중심으로 공정무역과 관행 무역의 차이를 드러내고자 한다.

2) 공정무역의 특징

(1) 공정가격

관행 무역에서는 비용 절감을 위해 생산자로부터 최저 가격으로 수입해 오는 것을 선호한다. 그러나 공정무역에서는 생산자들이 삶을 유지하는 데 이러한 거래 방식이 어려움을 겪게 하는 요인임을 인지하고, 생산자들의 삶을 지속가능하게 하는 공정가격을 책정하고 지불하는 것을 원칙으로 여긴다. 공정가격은 생산 비용, 생활비용 등 공정무역 기준을 충족시키는 비용을 모두 포함하는 것으로서 생산지의 상황과 시장가격에 따라 변동되나, 시장가격과 공정가격 중 높은 쪽으로 결정된다(Nicholls and Opal, 2005).

공정가격은 공정무역 인증시스템마다 책정 기준이 다르지만, 공정가격을 반드시 포함한다. 하지만 레인포레스트(Rainforest)와 같은 친환경 인증이나 우츠(UTZ) 같은 지속가능 인증은 환경과 노동자 처우 개선 등의 원칙을 포함하고 있으나, 거래 가격과 프리미엄에 대해서는 기준을 두지 않는다(The French Fair Trade Platform, Fair World Project and FairNESS, 2015). 즉, 공정무역을 친환경 인증이나 지속가능 인증과 비교하면 모두 윤리적 소비라는 틀 안에 있지만, 공정무역만이 공정가격을 핵심으로 본다는 점이 다르다.

(2) 생산자 지원
공정무역은 정의와 원칙에 따라 공정가격 외에도 저개발국 생산자들의 역량 강화와 공동체의 발전을 위한 별도의 지원을 하고 있다. 생산자를 지원하는 방법은 〈표 1-2〉과 같이 두 가지 방식이 있다.

소셜 프리미엄(social premium)은 생산자에게 지급하는 공정무역 제품 가격 자체에 프리미엄을 더해 지급하는 방식이다. 그 책정 기준은 인증시

표 1-2 **생산자 지원 방식**

구분	소셜 프리미엄	생산자 지원금
정의	국제공정무역기구의 원칙 중 하나로 공정가격 외에 생산자 공동체에 전달되는 지원금이다.	생산자 역량 강화 혹은 공동체 발전을 위해 공정무역단체들이 직접 전달하는 기금 혹은 사업비를 일컫는다.
결정 방식	생산자 공동체의 민주적 의사결정에 따라 사용처를 결정하고, 금액은 국가, 품목 등에 따라 다르게 책정된다.	생산자 단체의 성장과 발전을 위한 기금으로 주로 사용되며 국제개발 활동과 연계해 지원한다. 금액과 사용처는 생산국 공정무역단체와 소비국 지원 단체의 협의하에 결정된다.
특징	주로 공정무역인증기구를 통해 지원하며, 생산자 단체가 공정무역 인증을 받은 경우에만 해당된다.	소비국 공정무역단체는 주로 거래하는 생산자 단체를 지원한다.

자료: 쿠피협동조합(2015: 57)의 표 재수정.

스템마다 다르지만 대부분 국제공정무역기구의 기준을 따른다. 소셜 프리미엄은 생산자 공동체에 지급되며, 공동체는 민주적 의사결정을 통해 프리미엄을 다양하게 사용한다(Fairtrade International, 2015b). 반면 생산자 지원금은 공정무역 제품에 포함되는 것이 아니라, 수입국 공정무역단체들이 생산자 단체에 직접 전달하는 것이다. 여기엔 특정한 기준이 없으며, 금액과 지원 형태도 거래하는 단체들 간의 파트너십에 따라 다르다.

소셜 프리미엄과 생산자 지원은 접근 방법이 다르지만, 공정무역이 국제개발협력과 긴밀하게 연결되어 있다는 점을 잘 보여준다. 소셜 프리미엄과 생산자 지원금은 생산자 공동체의 생산설비 보완을 위한 공장 건립, 역량 강화를 위한 교육과 훈련, 마을을 위한 병원과 학교 건립, 도로 정비 등에 사용된다. 생산자들의 지속가능한 발전을 위해서는 생산자 커뮤니티의 발전이 수반되어야 하기 때문이다.

최근에는 소셜 프리미엄과 생산자 단체를 지원하는 방식을 넘어서 공정무역 생산자 단체가 소비국 공정무역단체의 거버넌스와 지분 구성에 참여해 주요한 의사결정을 함께하고, 공동으로 공정무역 브랜드를 개발하는 사례가 등장하고 있다(Davies, 2009). 공정가격을 지불하고, 소셜 프리미엄이나 생산자 단체를 직접 지원해 주더라도 가치사슬상의 권력관계 변화는 한계가 있어, 생산자 단체들이 소비국의 공정무역단체 운영에 참여하면서 권력관계를 재구성해 가는 접근이다(Hutchens, 2009).

(3) 공정무역 인증

공정무역 인증은 1980년대 후반 공정무역 제품을 인증할 수 있는 막스 하벨라르 마크가 개발되면서 시작되었다(Nicholls and Opal, 2005). 이후 1997년에 17개의 국가 인증 이니셔티브가 결합해 국제공정무역기구를 설립했다(Nicholls and Opal, 2005). 2003년부터 국제공정무역기구와 FLOCert

로 나뉘어, FLOCert에서 인증을 진행한다. 국제공정무역기구는 제3자 독립기관으로서 공정무역 가치사슬의 전 과정에 해당되는 제품 인증 기준을 만들고, FLOCert는 감사와 모니터링을 통해 공정무역 제품을 인증한다. 공정무역 인증을 받으려는 가치사슬 참여 조직들은 보고서를 제출해야 하고 인증 비용을 지불해야 한다(Wilson and Mutersbaugh, 2015).

공정무역 제품 인증은 소비자들이 제품을 신뢰하도록 하며, 제품에 인증마크를 부착하면서 공동 마케팅이 가능해지고, 일반 기업들도 인증을 받아 공정무역 제품을 판매하는 것을 가능하게 했다(Grolleau and BenAbid, 2001). 공정무역 제품 인증 도입 당시 인증은 혁명과 같은 것이었고, 인증을 통해 '신뢰의 제도화'가 가능해졌다. 1990년대 인증은 윤리적 표준으로 사회운동의 기준을 충족하는 수단으로서 기능했다. 공정무역 인증은 공정무역 가치사슬을 변화시켰다. 신뢰 기반 연대 네트워크에서 표준 기반의 상품 가치사슬로 변화시켰다(Wilson and Mutersbaugh, 2015).

기존 공정무역 인증시스템에 만족하지 못하는 기관들은 자체 프로그램을 만들거나,[7] 공정무역 인증시스템을 바꾸기도 한다.[8] 또한 일부 기업들은 공정무역 인증시스템을 중단하고, 구매 계약을 웹사이트에 게재해 고객들이 스스로 감시하거나, 제품에 대해 공정무역 인증을 받은 협동조합에서 구매하며 공정가격을 지불한다는 것을 홍보하기도 한다(Nicholls and Opal, 2005). 공정무역 제품 인증을 받는다면, 누구나 그리고 어디에서

---

[7]　글로벌 대기업은 자체 표준, 행동 규범을 개발해 제3자 인증, 모니터링, 통제를 피하고 그 역할을 내부적으로 해결하기도 한다(Macdonald, 2007). 이 기업들은 제품의 질과 생산량을 높이고, 생산 방법을 향상시키는 데 관심이 있으나(Ruben and Zuniga, 2011), 생산자의 사회적 측면을 돌보거나, 농업 노동자의 급여에 대해서는 고려하지 않는다는 비판을 받기도 한다(Auroi, 2003).

[8]　공정무역 인증은 인증기관별로 인증 기준이나 방법이 다양하다. 그리고 기관의 목적이나 이념 지향에 따라서 다르게 나타나고 있다(Reinecke, Manning and Von Hagen, 2012).

나 공정무역 제품을 팔 수 있게 되면서 공정무역은 주류화될 수 있었다. 인증시스템을 도입한 이후, 공정무역 제품의 판매량과 판매처는 급격히 증가해 왔다. 하지만 이에 대한 비판도 다양하게 일어나고 있다. 대기업이나 다국적기업이 공정무역 인증 제품을 판매하는 데 참여하면서 공정무역을 자신들의 이미지를 포장하는 용도로 이용하고 있다는 비판이다. 그리고 공정무역 인증기관이 선진국에 자리하면서, 생산자들에게 인증 비용을 부과하고 인증 절차를 수용하는 수동적 존재로 기능하게 만들며 또 다른 권력관계를 양산하고 있다는 비판을 받는다(Wilson and Mutersbaugh, 2015). 이러한 비판에 동의하는 일부 공정무역단체들은 인증시스템에 참여하기를 거부하고 생산자와 직접 관계를 형성하며 공정무역을 하기도 한다.

3) 공정무역 가치사슬과 주류화

(1) 공정무역 가치사슬 유형

공정무역에 대한 접근은 급진적 관점과 실용적 관점으로 나뉜다(Raynolds et al., 2007; Renard, 2003). 급진적 접근은 세계공정무역기구[9]의 네트워크를 기반으로 공정무역단체 간의 거래를 하면서, 관행 무역을 변화시키려고 하는 접근이다(Renard, 2003). 이에 비해 일반 유통업체가 공정무역 제품 인증마크를 획득해 일반 시장에서 공정무역 제품을 유통하고 판매하는 것이 실용적 접근이다(Velly, 2015). 그러나 이러한 두 가지 지배적 관점으로 명백히 나뉘지는 않는다. 그보다는 절충점을 찾아가면서 공정무역의 관점과 실천, 인증

---

9   1989년에 생산자 조직, 수입업자, 공정무역 제품을 판매하는 세계월드숍이 모여 국제대안무역연맹(The International Federation for Alternative Trade)을 창립했고, 2009년에 세계공정무역기구로 명칭을 바꾸었다(Huybrechts, 2012).

시스템, 가치사슬 등이 다양해지고 있다(Huybrechts, 2012).

공정무역에 참여하는 다양한 참여 주체들의 실천과 이들이 미치는 영향을 알기 위해서는 가치사슬을 보아야 한다. 공정무역 가치사슬 연구는 글로벌 가치사슬(Global Value Chain, GVC) 연구에서 시작되었다. 글로벌 가치사슬은 전 세계적으로 재화와 서비스를 생산하고 가치를 창출하는 데, 조직들의 거버넌스, 상품과 서비스의 이동, 정보와 기술의 흐름, 가치사슬상의 권력관계를 보는 이론이다. 그간 공정무역 연구자들은 GVC를 유형화한 연구(Gereffi, Humphrey and Sturgeon, 2005) 등을 이용해 공정무역 가치사슬을 유형화하고 가치사슬 간의 차이와 특징을 연구했다(Reed, 2009; Doherty, Davies and Tranchell, 2012). 리드(Reed, 2009)는 〈표 1-3〉과 같이 참여 주체의 참여 정도에 따라 거버넌스 모델이 다르고, 이에 따라 공정무역 가치사슬이 달라질 수 있다는 것을 보여준다.

기업이 참여했을 때 생산자와의 관계는 소비국에 있는 기업에 의해 통제되고 공정무역 원칙 준수도 제한적이라는 것을 보여준다. 기업은 공정무역 인증이 요구하는 수준에서만 공정무역 원칙을 준수한다. 공정무역 가치사슬은 참여 주체에 따라 다르게 구성된다. 사회적경제를 기반으로 한 공정무역단체인지, 또는 전체 상품 중 일부만 공정무역 인증 제품으로 판매하는 일반 기업 혹은 유통업체인지에 따라서 다르다. 즉, 공정무역 가치사슬에 참여하는 주체가 공정무역을 미션으로 받아들여 사업을 하는가(mission driven), 혹은 시장 수요, 경제적 이익을 위해 공정무역 제품을 취급하는가(market driven)에 따라 가치사슬은 다르게 구성된다(Raynolds and Greenfield, 2015).

리드(Reed, 2009)가 제시한 〈표 1-3〉의 네 가지 분류를 도허티, 데이비스와 트랜첼(Doherty, Davies and Tranchell, 2012)은 〈표 1-4〉와 같이 일곱 유형으로 세분화했다. 〈표 1-4〉는 유럽, 특히 영국에서 진행되는 공정무역 가치사슬

표 1-3 공정무역 가치사슬 분류

가치사슬 유형	일반 기업의 참여 정도	거버넌스 모델
사회적경제 100%(유형 1)	없음	연대 기반 관계
사회적경제 우세(유형 2)	소매	연대 기반 관계
기업 우세(유형 3)	인증, 소매	통제된 시장 관계
기업 100%(유형 4)	생산, 인증, 소매	통제된 시장 관계

자료: 리드(Reed, 2009: 9).

을 분석했고, 참여자의 특징과 역할에 따라 주류화의 문제점을 정리했다.

〈표 1-4〉를 보면, 공정무역단체부터 다국적기업까지 공정무역 참여자에 따라 어떻게 공정무역의 가치가 포섭되고 희석되는지 알 수 있다. 유형 1처럼 공정무역단체 혹은 사회적경제 조직들만 참여하는 가치사슬의 경우에는 생산자와 소비자의 관계가 비교적 직접적이고 강한 파트너십을 갖는다. 가치사슬에 참여하는 모든 조직이 공정무역 가치에 동의하고 이를 지키고 발전시키기 위해 많은 노력을 기울이기 때문이다. 유형 2, 3은 유통 단계에서 공정무역단체가 아닌 일반 유통업체들이 참여하는데, 공정무역단체가 판매 단계에 참여하더라도 소비자들에게 공정무역의 가치를 전달하는 데는 한계가 있다. 유형 4, 5, 6, 7처럼 가치사슬 전반에 일반 기업이 통제력을 행사하게 되면, 공정무역의 가치가 포섭되고 희석되는 문제가 발생한다. 가치사슬 통제력에 대한 문제는 공정무역 인증 제품을 거래할 수 있는 라이선스를 가진 기업이라도 예외 없이 적용된다. 인증을 위한 원칙 준수도 공정무역 원칙과 가치를 지키기 위한 노력을 인증 수준 이상으로 요구하지 못하기 때문이다.

이 연구에 따르면, 참여 조직의 특성과 참여 정도에 따라 공정무역 가치가 훼손될 수 있다. 생산자와 소비자의 거래를 통해 저개발 생산국의

표 1-4　공정무역 가치사슬

유형	가치사슬	참여자	양상	포섭/희석
1	FTO/ 사회적경제 가치사슬(100% 공정무역)	FTO들 간의 거래 (예: CTM Altromercato)	생산자와 강한 관계, 소비자 활동가들의 구매	없음
2	일반 유통기업이 참여하는 FTO 가치사슬	FTO들이 일반 유통 기업에 유통 (예: Divine Chocolate, Cafedirect)	FTO들과 생산자 간의 강한 관계, 유통업체는 순수하게 유통만 담당 공정무역 상품 구매 용이	포섭과 이미지손상 가능성 있음, 희석은 없음
3	슈퍼마켓에 자체 브랜드로 제공하는 FTO	FTO들이 슈퍼마켓에서 자체 브랜드로 판매 (예: Agrofair)	FTO들과 생산자 간의 강한 관계	제한된 포섭, 이미지 손상 심함, 희석은 없음
4	라이선스가 있는 일반 기업이 지배	라이선스가 있는 일반 기업 및 유통회사(예: 스타벅스)	일반 기업이 강한 통제력 행사, 일반 기업은 공정무역 상품만 하는 건 아님	공정무역원칙 및 인증의 포섭과 희석, 이미지 손상 심함
5	라이선스가 없는 일반 기업 지배	슈퍼마켓 자체 인증 상품	슈퍼마켓이 공정무역 기준을 따르지 않고, 생산자들과 최소한의 관계만 유지	이미지 손상 심함, 포섭과 희석도 존재
6	라이선스가 있는 일반 제조업자가 일반 유통업체에 공급	다국적기업 (예: P&G, Cadbury)	다국적기업에 의해 통제되고 투명성이 제한되어 있음	포섭과 희석이 심함
7	기업과 플랜테이션 생산	다국적기업 (예: Chiquita, Dole)	다국적기업이 가치사슬 통제, 공정무역 최저가격, 소셜프리미엄 지급	포섭과 희석이 심함

주: FTO(공정무역단체), 라이선스(License: FLO인증마크 사용허가권).
자료: Doherty, Davies and Tranchell(2012: 10~11).

빈곤 문제를 해결하고 지속가능한 삶을 지원하려는 운동, 그리고 국제개발협력으로서 공정무역을 고려했을 때 참여 조직에 따라 공정무역의 가치가 어떻게 얼마나 훼손되는지 보는 것은 운동 방향을 설정하는 데 시사점을 준다.

(2) 주류화

공정무역의 주류화는 공정무역 시장규모가 커지고, 소비가 급증하면서 생산자에게 돌아가는 이익이 커지는 긍정적 측면이 있는 반면, 공정무역 가치를 훼손시키는 부정적 측면도 있다. 공정무역 인증마크는 제품을 중심으로 가치사슬을 표준화하는 데 기여했다. 이는 공정무역 시장이 성장하는 데 중요한 역할을 했고, 이를 통해 기업들은 일부 제품만 공정무역 방식으로 전환해 시장의 규모를 키워왔다. 〈표 1-4〉와 같이 기업의 참여 정도와 참여 방식에 따라 가치사슬을 유형화할 수 있다.

한편 관행 무역을 해온 대규모 유통업체와 다국적기업들이 공정무역 제품 인증을 통해 공정무역 가치사슬에 참여하면서 공정무역이 페어워싱·희석·포섭되는 문제를 겪고 있다.

공정무역의 가치에 반대되거나 위배되는 행동을 하는 기업이 공정무역 제품을 판매하고 홍보할 때, 공정무역의 가치가 기업의 좋지 않은 이미지에 영향을 받을 수 있다. 공정무역 인증마크는 기업 전체의 가치사슬 인증이 아닌 특정 제품의 가치사슬에 대한 원칙 준수 및 인증 표준을 검수한다. 그렇기 때문에, 비윤리적인 기업이 자사의 이미지 회복 혹은 소비자 설득을 위해 제품 하나에 대해 공정무역 인증을 받아 판매하면 비윤리적인 기업이 공정무역 제품을 판매한다고 소비자에게 인식되어 공정무역의 가치가 훼손될 수 있다. 이를 페어워싱이라고 한다.

거대 유통업체나 다국적기업의 전체 매출 규모에서 공정무역 제품이 차지하는 비중은 매우 작지만, 이것이 공정무역 시스템 내에서 차지하는 비중이 매우 커지는 경우가 발생한다. 이 경우 공정무역 인증기관 등은 기업의 요구에 반응할 수밖에 없는 상황이 된다. 이는 포섭을 의미한다. 예를 들어, 스타벅스는 자사의 전체 커피 판매량 중 약 1%만 공정무역 인증을 받았다. 그러나 스타벅스가 2008년도 한 해에 트랜스페어 USA(Transfair

USA)에 낸 인증 비용이 트랜스페어 USA 운영 예산의 17%나 되었다(Jaffee, 2010). 글로벌 기업들의 공정무역 제품 판매량이 커지면서, 기업은 품질관리와 비용 절감 그리고 이윤추구 등의 이유로 공정무역 제품의 가치사슬을 더욱 통제하려고 한다(Reed, 2009).

포섭 현상이 심화되면 공정무역 인증 기준에 상업 가치가 더 포함되면서 공정무역의 원칙과 가치가 약화될 수 있다. 공정무역 원료의 함유 비율을 낮추는 등 인증 기준을 조정하면서, 본래 의미를 희석시킬 수 있는 것이다. 미국의 페어 트레이드 USA(Fair Trade USA)는 공정무역 인증시스템에 참여한 대기업의 요구로, 그들의 요구로 공정무역 마크를 붙일 수 있는 공정무역 원료 포함 비율 기준을 낮췄다. 이는 공정무역 원칙의 희석을 의미한다(Jaffee, 2010).

이러한 문제가 있었지만, 주류화의 성과와 영향력은 무시할 수 없다 (Doherty, Davies and Tranchell, 2012). 일반 기업들이 공정무역 제품 인증에 참여하면서 부분적이기는 하나 일반 기업의 가치사슬이 변화되는 측면이 있다. 이는 기존 관행 무역의 문제점을 비판하고 공정한 원칙들을 준수하려는 공정무역 운동의 성과이기도 하다. 스위스의 소비자협동조합들이 판매하는 모든 바나나를 공정무역으로 전환시키는 사업 전략을 통해 공정무역 바나나 소비량을 증가시켰고, 그 결과 일반 기업들도 바나나 품목에 대해 공정무역 원칙을 지키게 되는 변화가 일어났다.

공정무역의 주류화 과정은 피할 수 없다. 어떻게 주류화되어 가는지가 중요하다. 유럽 국가별로 공정무역이 주류화되는 과정을 살펴보면, 모든 국가가 동일한 방식으로 주류화되는 것은 아니다. 국가별로 사회·문화적 차이, 공정무역을 주도한 주체가 누구냐에 따라 다르게 주류화되고 있다.

(3) 국가별 공정무역 가치사슬과 주류화

유럽은 국가별로 공정무역 시장과 발전 경로가 다르게 형성되어 왔다. 〈표 1-5〉는 도허티, 베젠콘과 발리노(Doherty, Bezencon and Balineau, 2015)가 유럽 주요 국가들의 공정무역 시장의 발전을 비교한 것이다. 영국은 도허티, 데이비스와 트랜첼(Doherty, Davies and Tranchell, 2012)이 정리한 일곱 가지 유형의 가치사슬이 모두 나타나며, 전 세계적으로 공정무역 인증 제품 시장 규모가 가장 크다. 이에 비해 이탈리아는 공정무역단체를 중심으로 시장을 형성하면서, 주류화에 보수적으로 접근하고 있어 공정무역 시장의 규모와 인지도가 작다. 스위스의 경우에는 소매 유통업체가 공정무역 제품 판매를 주도하면서 대다수의 유통 채널에서 공정무역 제품을 구매할 수 있다. 이는 1인당 소비와 인지도를 높이는 데 중요한 역할을 했다. 하지만 공정무역 제품을 소매점 중심으로 판매하는 데만 집중하고 있기 때문에, 적극적으로 공정무역 캠페인을 하는 영국보다 공정무역 인지도가 낮다.

표 1-5 **유럽 각국의 공정무역 비교**

국가	1인당 소비* (유로)	인지도 (%)	가치사슬	산업구조	제품 카테고리
스위스	38.6	90	주로 4번	소매에 집중, 강한 브랜드	화훼, 식물, 바나나
영국	29.65	96	초기: FTO 중심의 2, 3번 현재: 1~7번	소매에 집중	초콜릿, 설탕, 바나나
프랑스	5.42	61	1~7번, 2, 3번 이후 4, 5번 FTO가 20% 점유	유기농 중심으로 공정무역 제품 수입	음료(hot), 초콜릿
이탈리아	1.01	28	주로 1, 2번(CTM), 4, 5, 6번 (TransFair Italy)	강한 커피 브랜드 (Lavazza)로 공정무역 커피 수입 저조	수공예, 아이스크림 원료, 초콜릿

주: *는 공정무역 인증 제품의 소비를 말한다.
자료: Doherty, Bezencon and Balineau(2015: 316).

국가별로 공정무역을 추진하는 주요 주체가 다르고, 이로 인해 공정무역에 대한 실천이 다르게 전개되고 있다. 이는 공정무역 시장을 형성하고 주류화하는 데 공정무역 참여 주체의 의지에 따라 주류화의 길이 달라질 수 있다는 것을 의미한다. 하지만 주류화는 피할 수 없는 상황이다. 핵심 이슈는 주류화의 부작용을 최소화하면서 공정무역 시장의 성장을 이끌어내는 것이다.

3. 연구 방법과 연구 대상

1) 자료수집 방법

이 장은 2013년부터 3년간 '서울특별시 공정무역 교육·연구 지원 사업'을 수행하면서 수집한 자료를 기반으로 했다(쿠피협동조합, 2013a, 2013b, 2013c, 2014, 2015).

연구 초기인 2013년도에는 국내외 공정무역 관련 문헌 연구, 조사 단체들의 발간 자료, 언론보도 자료, 국외 공정무역 관련 기관들이 발간하는 문서 등을 검토했다. 이를 통해 공정무역의 국제적 흐름과 쟁점, 한국 공정무역의 현황을 파악했다. 2013년에 국내 아홉 개 공정무역단체와 생협 관계자 12명을 면접조사 했다.

2014년에는 국제적으로 진행되는 공정무역마을운동에 관한 흐름과 현안을 연구했고, 2015년에는 국내 공정무역의 가치사슬을 중심으로 구체적인 자료를 수집했다. 2015년에는 국내 10개 공정무역 관련 기관의 14명의 대표와 실무자를 대면 면접 했으며, 세 개 단체는 서면조사를 했다. 그리고 공정무역 관련 기관의 대표 및 실무자들과 간담회를 실시했다. 사전에 단체 발간 자료와 제품 정보를 바탕으로 가치사슬을 그려보고, 단체를 방문해 직접 확인하고 수정하는 작업을 거쳤다.

이 장은 유럽 등 공정무역 시장이 잘 형성된 국가의 공정무역 가치사슬과 국내 공정무역에 나타나는 가치사슬을 비교하면서 시사점을 제시하는 것을 목적으로 하기 때문에 공정무역단체와 공정무역 제품을 취급하는 일반 기업의 가치사슬을 개별적으로 설명하기보다는 가치사슬 전체를 종합해 분석하고, 문제점도 제시했다.

2) 연구 대상

이 장의 연구 대상은 공정무역 거래를 하는 공정무역단체다. 그리고 국제공정무역기구의 한국사무소와 여기서 공정무역 제품 인증을 받고 거래하는 일반 기업도 연구 대상으로 했다. 공정무역단체들을 중심으로 하는 거래가 큰 비중을 차지하지만, 일반 기업 대상의 공정무역 제품 수와 거래 규모도 조금씩 늘고 있기 때문이다.

이 장의 연구 대상인 한국 공정무역단체들은 주로 한국공정무역단체협의회에 속해 있고, 일부 신설 단체들은 개별적으로 공정무역 거래를 하고 있다. 이 장에서 공정무역단체로 정의한 조직들은 〈표 1-6〉과 같다.

아름다운커피, 페어트레이드코리아와 아시아공정무역네트워크는 시민 단체를 기반으로 시작했으며, 기아대책(기아대책 행복한 나눔)과 한국YMCA(카페티모르)는 국제개발협력을 하면서 공정무역을 시작했다. 아이쿱생협이나 두레에이피넷은 국내에서 생산되지 않는 품목을 조합원들에게 공급하면서 공정무역을 시작했다. 11개 공정무역단체 중 아이쿱생협의 공정무역 판매 규모가 가장 큰 부분을 차지하고, 조합원의 요구에 따라 수입하는 물품의 대부분은 공정무역 제품이다. 〈표 1-6〉의 단체별 현황

표 1-6 한국 공정무역단체 현황

단체명	방법	시작 연도	조직 형태	고용 현황	판매처 (개)	주요 품목
아름다운커피*	대면	2002	재단법인 (사회적기업)	44	269	커피, 초콜릿
두레에이피넷	대면	2004	주식회사 (협동조합자회사)	7	110	설탕, 커피
카페티모르	대면	2005	주식회사 (사회적기업)	12	96	커피
아이쿱생협**	대면	2007	협동조합	5	158	설탕, 바나나
페어트레 이드코리아	대면	2007	주식회사 (사회적기업)	14	11	의류, 수공예
얼굴있는거래	대면	2007	개인 회사	2	1	커피, 축구공
기아대책 행복한나눔	대면	2007	재단법인 (사회적기업)	3	30	커피
어스맨	서면	2011	주식회사	3	22	수공예, 건과일
더페어스토리	서면	2012	주식회사 (예비 사회적기업)	8	6	수공예
아시아공정무역 네트워크	대면	2012	주식회사 (사회적기업)	10	95	건과류, 건과일
이피쿱	서면	2013	노동자 협동조합	5	22	커피

주: * 아름다운커피는 2014년 아름다운가게에서 독립한 조직이기 때문에 공정무역 시작 연도를 아름다운가게가
공정무역을 시작한 2002년으로 표기했다.
** 아이쿱생협의 고용 현황은 공정무역에 관여하는 직원 수를 의미한다.
자료: 쿠피협동조합(2015: 41~42).

은 2014년을 기준으로 조사한 것이다.

4. 한국의 공정무역 가치사슬

1) 한국의 공정무역 현황

한국은 2002년부터 공정무역 거래를 시작했다. 아름다운가게에서 공

정무역 수공예품을 수입·판매하면서 처음 시작되었고, 이후 두레에이피넷에서 마스코바도 설탕을 거래하면서 민중교역이라는 이름으로 공정무역에 참여했다. 2005년에는 한국YMCA가 국제개발협력 차원에서 지원했던 동티모르 생산자들이 재배한 커피를 수입해 판매하기 시작했다. 시민단체에서 시작했지만, 협동조합, 국제개발협력단체가 공정무역에 참여하면서 공정무역의 참여 주체는 다양해졌다. 공정무역단체들의 조직 형태는 재단법인, 협동조합, 주식회사 등으로 다양하고 사회적기업 인증을받은 곳도 5곳이 있다.

2011년에는 국제공정무역기구의 한국사무소가 설립되면서 공정무역단체, 생협, 일반 유통 판매 업체들이 공정무역 인증마크가 부착된 공정무역 제품을 판매할 수 있게 되었다.

한국은 2014년 기준으로 11개 공정무역단체들이 115억 정도의 시장규모를 형성하고 있고, 공정무역 인증마크를 받은 제품을 판매하는 24개 조직이 공정무역으로만 약 56억 원의 매출을 올리고 있다. 그중 매출액이 국제공정무역기구(FI)와 한국공정무역단체협의회(KFTO)의 통계자료에 중복되어 집계된 단체도 있다(쿠피협동조합, 2015: 41~45). 공정무역단체들과 공정무역 제품을 수입하는 업체가 조금씩 늘고 있으며, 특정 품목의 제품을 다양화하기 위해 거래 생산자를 늘리는 추세다. 현재 한국의 공정무역 시장은 공정무역에 관한 교육 및 캠페인을 전개하며, 공정무역 제품만을 취급하는 공정무역단체들과 국제공정무역기구 인증을 받은 완제품을 수입·유통·판매하는 일반 소매 유통 기업으로 나뉘고 있다.

한국의 공정무역단체들은 시민 단체, 협동조합, 국제개발협력단체, 개인 등 미션과 목적이 서로 다른 조직에서 출발했다. 이 중에서 10년 이상 공정무역 사업을 지속해 온 곳이 세 개 단체에 불과할 정도로 역사가 짧다. 비영리조직인 시민·사회 단체나 국제개발협력단체 등에서 시작한 공정무역단체들은 비즈니스 역량과 자원, 경험이 부족할 수밖에 없다. 공정무역의 목적과 원칙에 공감하고, 한국 사회에서 공정무역을 확산시키겠다는 의지로 활동해 온 것이다. 한국 공정무역단체들은 느리게 성장하더라도 공정무역 원칙을 지켜가며 공정무역을 하려고 노력하고 있었다. 매출 규모가 큰 단체들은 최저 가격이나 소셜 프리미엄을 지급하면서도 별도 기금을 마련해 추가로 생산자에게 필요한 부분을 지원하고 있다. 그리고 단체별로 사업 시작 시기부터 지속적으로 관계를 맺어온 생산자 그룹이 있으며, 사업을 성장시키고 상품을 다양화하기 위해 신규 생산자들을 꾸준히 찾고 있었다. 그 과정에서 직거래뿐만 아니라 중개인을 통한 수입, 완제품 수입도 병행하고 있었다.

2) 한국의 공정무역 가치사슬

한국 공정무역단체와 일반 유통업체들은 15개 공정무역 품목을 36개국의 103개 조직을 통해 수입하고 있다(쿠피협동조합, 2015). 수입 국가는 아시아 12개국, 중남미 8개국, 아프리카 7개국 등이며, 유럽과 미국에서 제작한 공정무역 완제품도 수입하고 있었다. 일부 공정무역단체 중 유럽과 미국에서 공정무역 인증을 받은 완제품을 수입해 상품군을 다양하게 구성하려는 시도가 있었으며, 일반 유통업체는 대부분 공정무역 인증을 받은 완제품을 수입해 일반 유통경로를 통해 판매하고 있었다.

한국에서는 도허티, 데이비스와 트랜첼(Doherty, Daives and Tranchell, 2012)이 분류한 1, 2, 4, 6번 유형이 나타난다. 공정무역단체나 사회적경제 조직들이 공정무역 생산자 단체와 거래를 하는 1번 유형과 일부 공정무역단체들에서 일반 유통 기업에 공정무역 제품을 납품하는 유형 2가 나타나고 있다. 또한 공정무역 라이선스가 있는 일반 기업에서 공정무역 제

표 1-7   한국의 공정무역 가치사슬 현황

유형	수입 업체	유통업체	조직 수
생산자 직거래	공정무역단체	공정무역단체	64개
중개인	일반 수입 업체	공정무역단체	13개
완제품 재수입 (인증)	일반 수입 업체	공정무역단체	4개
	일반 수입 업체	일반 유통업체	22개

자료: 쿠피협동조합(2015: 56).

품 일부를 수입·판매하는 유형 4도 나타나고 있으며, 유형 6에 해당하는 다국적기업에서 제조한 공정무역 제품이 시중에 유통되고 있다.

〈표 1-7〉에서 보듯이 공정무역단체는 64개의 공정무역단체로부터 직접 제품을 수입해 오고 있었으며, 13개의 일반 수입업체로부터 공정무역 제품을 수입해 오고 있었다. 또한 네 개 조직으로부터 완제품을 수입해 오고 있으며, 일반 유통업체들은 22개 조직으로부터 완제품을 수입해 오고 있다. 일반 유통업체에서 판매되는 제품 중 생산자 단체를 알 수 없는 경우가 12개, 국가를 알 수 없는 경우가 10개, 둘 다 모르는 경우가 9개로 이러한 경우들은 생산자와의 파트너십과 가치사슬의 투명성을 중요시 생각하는 공정무역의 원칙에 부합하지 않는다.

공정무역단체들은 어느 국가, 어느 생산자로부터 물품을 수입해 오는지를 표기해 공정무역 원칙을 비교적 잘 준수하며 훼손시키기 않으려고 노력하지만, 일반 유통업체들에서는 공정무역의 의미나 원칙을 알리거나 생산자를 표시하는 행위 등이 잘 이루어지지 않는다. 이처럼 일반 유통업체들이 공정무역의 의미를 제대로 인식하지 못한 채 물품을 수입하면 공정무역의 가치가 소비자에게 전달되지 않을 뿐만 아니라 의미가 훼손될 수밖에 없다.

일반 기업들이 공정무역 제품의 유통 및 판매에 참여하면서 공정무역 제품은 다양한 경로로 소비가 되고 있지만, 그에 따라 공정무역의 페어워싱·포섭·희석 현상이 나타난다. 한국은 아직 초기 단계여서 주류화의 부작용이 크지는 않지만, 공정무역 제품인지 모르고 소비되는 제품이 늘고 있다. 향후 공정무역 시장이 커지고, 일반 소매 유통 기업이나 다국적기업의 참여가 늘어나면 선진 소비국에서 겪는 현상이 한국에서도 유사하게 나타날 수 있다. 공정무역이 주류화되는 과정에서 발생하는 부작용을 최소화하기 위해, 공정무역단체를 중심으로 공정무역 원칙을 잘 지킴으로써 건강한 주류화가 진행되도록 해야 한다.

3) 한국 공정무역단체의 가치사슬

한국 공정무역단체의 가치사슬은 〈그림 1-1〉에서 보듯이 복잡하다. 공정무역 후발 주자로서 공정무역이 활성화된 서구 공정무역의 영향을 받아 일부 제품의 경우 공정무역 제품 인증을 받고 있었고, 공정무역 제품군을 다양하게 구성하기 위해 공정무역 완제품을 수입하거나, 중개상을 통해 다른 생산자의 제품을 수입하고 있었다.

공정무역단체가 공정무역 제품을 수입하고 유통하는 과정을 보면 〈그림 1-1〉과 같이 네 가지 형태의 가치사슬이 나타난다. 첫째, 생산자와 장기적으로 긴밀한 관계를 형성하면서 공정무역 제품을 직접 수입한다. 둘째, FLOCert로부터 제품 인증을 받거나 세계공정무역기구의 회원 단체인 생산자로부터 원료를 수입해 현지나 국내에서 제조 또는 가공업체에 의뢰해 상품을 개발·판매한다. 셋째, 유럽이나 미국의 공정무역단체에서 제조한 완제품을 수입해 판매한다. 넷째, 특정 제품에 한해 전체 가치사슬 단계마다 공정무역 인증을 받는다.

대부분 네 가지 가치사슬이 한 단체에서 동시에 일어나고 있거나, 이

그림 1-1　한국 공정무역단체의 가치사슬

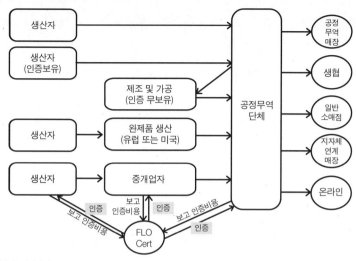

* 저자가 작성했다.

중에서 최소 두세 가지 가치사슬 유형이 일어나고 있다. 완전 인증, 부분 인증, 비인증의 가치사슬이 복잡하게 전개되고 있는 것이다. 특히 미국 이나 유럽의 공정무역 기업에서 제조한 완제품을 수입하는 것은 국내 공 정무역단체들의 개발 역량이 부족하거나 수요가 적어 국내에서 제조하 려면 비용이 많이 들어가는 상품이다.

공정무역 제품 인증에 대해서는 공정무역단체별로 견해 차이를 보이 고 있다. 많은 공정무역단체들이 공정무역 제품 인증을 받는 것이 꼭 필 요하다고 판단되는 경우에만 제품 인증을 추진하고 있고, 대개는 세계공 정무역기구에 소속되어 공정무역단체임을 인정받은 곳에서 수입하는 것 을 선호한다.

네 가지 가치사슬은 시장규모가 작은 상황에서 상품군을 다양화하고, 부족한 자원을 보완하기 위한 실천으로 공정무역단체들의 규모에 비해 가치사슬이 복잡하게 구성되어 있다. 한국의 공정무역단체들은 도허티,

데이비스와 트랜첼(Doherty, Davies and Tranchell, 2012)이 분류한 유형 1과 2가 한꺼번에 나타나고 있고, 한국 공정무역단체들의 가치사슬이 복잡한 이유는 단체들이 규모의 경제를 이루어내지 못하고 작은 시장에서 다양한 품목을 공급해야 하기 때문이다. 시장규모가 커지면 복잡한 가치사슬도 변화할 것이고, 이를 위해서는 지방자치단체 및 시민 단체 등과의 협력을 통해 판매망을 확대해 나가야 하며, 국제개발협력단체와의 협력을 통해 생산자 조직 역량 개발 및 품질관리 등을 해나가야 한다.

판매 방식도 공정무역 제품만을 판매하는 공정무역 매장, 생협 매장, 대형 소매점과 개인사업자 카페, 지방자치단체에서 지원하는 카페, 온라인 등으로 다양한데, 판매에 관한 정보 축적과 관리를 통해 공정무역 제품 수요에 대한 빠른 파악과 대응이 필요하다. 공정무역 추진 방향은 서구와 유사하지만 한국 공정무역단체의 비즈니스 수준이나 시장규모는 작다. 한국 공정무역단체의 비즈니스 역량은 더욱 강화되어야 하며, 내부적으로 부족한 자원을 국제개발협력 기관, 사회적경제 조직, 시민·사회 단체, 정부와의 협력을 통해 보완해 나가야 한다.

4) 한국 공정무역단체의 생산자 지원

생산자와의 파트너십과 생산자 역량 강화는 공정무역의 핵심 요소이다. 한국의 공정무역단체는 개별적으로 주요 생산자와 지속적으로 관계를 맺고 있다. 하지만 단체별로 관계 맺는 방식이 다르다. 생산자에게 무엇이 필요한가에 따라 생산자 지원 전략이 다르다. 또한 생산자가 생산하는 제품과 생산자의 특성에 따라서도 다르다.

한국의 생산자 지원은 소셜 프리미엄을 통한 지원과 생산자 지원금을 통한 지원으로 구분할 수 있다. 국제공정무역기구 인증시스템의 대상이 아닌 물품에 대해 국내 공정무역단체는 소셜 프리미엄 지급보다 일정 비율로 공정가격에 프리미엄을 추가 지급하는 경우가 있다. 인증시스템에 속하지 않은 공정무역단체들은 소셜 프리미엄의 측정 기준과 지급 기준을 각기 다르게 책정한다. 2014년 기준으로 단체들이 밝힌 금액은 2억 3000만 원 정도다. 생산자 지원금은 2014년 기준 약 9억 3000만 원으로, 모든 공정무역단체들이 별도의 생산자 지원을 하는 것은 아니다. 그리고 거래하는 모든 생산자 조직에 지급하는 것이 아니라, 장기적이고 직접적으로 관계를 맺는 특정 단체에 지급하거나, 상황에 따라 협의를 통해 선택적으로 지원한다(쿠피협동조합, 2015: 57~58).

한국의 공정무역단체들은 생산자 단체와 직접적인 관계를 형성하고, 교류하는 것을 중요시한다. 생산자 단체를 지원하는 기금은 자체적으로 조성하거나 한국국제협력단(KOICA), 국내 국제개발협력단체로부터 일부 지원을 받고 있다.

네 개 단체의 생산자 지원을 사례로 살펴보자. 아름다운커피나 카페 티모르는 KOICA로부터 일부 지원을 받아 커피 생산자들이 역량을 강화하도록 지원했다. 두레에이피넷과 아이쿱생협은 자신들이 직접 만든 기금을 통해 생산자 단체가 필요로 하는 센터 건립 등을 지원했다. 두레에이피넷은 일본의 대안 무역 단체 ATJ(Alter Trade Japan)를 통해 필리핀의 마스코바도 산지와 2004년부터 거래를 시작하여 현재까지 꾸준히 거래를 하고 있을 뿐만 아니라 조합원들과의 교류 등을 통해 공정무역 산지와 지속적으로 협력하고 있다. 아이쿱생협은 필리핀 공정무역단체인 필리핀 공정무역센터(Philippines Fair Trade Center, PFTC)와 공정무역 마스코바도와 거래를 시작했고, 이후 안티케 지역에 공정무역 센터를 설립하는 등 생산자를 지원하고 있다(쿠피협동조합, 2015).

국내의 다른 공정무역단체들도 적게나마 생산자 단체를 지원하고 있

표 1-8 공정무역 생산자 개발 사례

구분	아름다운커피	카페티모르	두레에이피넷	아이쿱생협
국가	네팔	동티모르	필리핀	필리핀
생산자명	굴미커피 생산자 조합	피스커피 9개 소그룹	ATC	PFTC, AFTC
생산자 조직 형태	생산자 협동조합	생산자 그룹	대안 무역 회사	협동조합 연합 공정무역단체
거래 물품	커피	커피	마스코바도	마스코바도
거래 시작 연도	2006년	2005년	2004년	2007년
지원금 (단위: 원)	약 1억 5000만 (2013)	약 8억 (2005~2015)	약 7500만 (2005~2015)	약 4억 (2005~2015)
지원금 출처	자사, 코이카	자사, 코이카	자사	자사
유형	생산자 조직 역량 개발	생산자 조직 역량 개발	생산자 협력	생산자 협력, 신규 생산자 지원
주요 활동	협동조합 분리, 비즈니스 역량 강화, 가공 시설 설립	생산자 역량 강화, 사회적기업 설립	생산자 조직과의 교류	신규 생산자 지원 및 교류, 센터 설립

자료: 쿠피협동조합(2015: 98).

고, 그 방식도 다양하게 나타난다. 한국 공정무역단체의 역사, 시장규모 등을 보면 아직 시작 단계로, 생산자 지원 규모는 크지 않다. 이런 상황에서 만약 다국적기업이나 대기업 등 거대 자본을 보유한 기업들이 적극적으로 공정무역에 참여하기 시작하면 공정무역의 의미는 손상될 수 있다. 이를 최소화하기 위해서는 국내 공정무역단체들과 국제개발협력 기관들의 협력이 필요하다. 협력 관계를 형성해 기관별로 핵심 역량을 투입한다면 생산자들의 역량 강화 측면에도 도움이 될 것이며, 한국에서 공정무역은 건강하게 주류화될 수 있을 것이다. 국제개발협력단체들은 생산자 커뮤니티의 발전과 생산자 역량 강화를 위한 훈련 등에 전문성이 있기 때문에 협력을 통해 이를 활용하면 생산 품질 향상과 커뮤니티 성장에 많은 도움이 될 것이다.

5. 결론

공정무역은 생산자와 소비자의 거래를 통해 파트너십을 형성하고 가치를 창출하는 운동이다. 따라서 공정무역 가치사슬을 이해해야만 공정무역이 전개되는 전체 상황을 조감할 수 있다. 이 장에서는 먼저 공정무역 시장이 상당한 규모로 커진 유럽의 공정무역 가치사슬이 어떠한 유형으로 나타나는지 살펴보고, 한국의 공정무역 가치사슬은 어떠한지 유럽에 대비해 살펴보았다.

도허티, 데이비스와 트랜첼(Doherty, Davies and Tranchell, 2012)의 공정무역 가치사슬 유형으로 보면 1, 2, 3번을 제외하고는 일반 유통업체나 다국적기업이 참여하는 가치사슬에서 공정무역 가치가 훼손되고 있다. 공정무역이 주류화되는 과정에서 나타나는 페어워싱, 포섭, 희석을 최소화하기 위해서는 공정무역단체를 중심으로 주류화가 진행되어야 한다. 공정무역이 주류화되면서 서구에서는 공정무역 운동 차원의 의제들을 거의 다루지 않는 주류 기업이 공정무역 시장을 장악하고 있다(Huybrechts, 2012). 공정무역 시장이 작은 한국에서는 아직까지 이러한 현상이 나타나고 있지 않지만, 대기업이나 다국적기업에서 적극적으로 공정무역 제품을 제조·유통·판매하기 시작하면, 한국도 마찬가지로 공정무역에 대한 일반인들의 인식이 확산되기 전에 공정무역의 의미가 가치가 손상될 우려가 크다.

한국의 공정무역은 도허티, 데이비스와 트랜첼(Doherty, Davies and Tranchell, 2012)의 유형처럼 가치사슬이 뚜렷이 구분될 만큼 시장규모가 크지 않다. 공정무역단체들은 직거래를 선호하지만, 다양한 제품 취급의 요구에 대응하기 위해 여러 방법으로 공정무역 제품을 수입하고 있다. 일반 유통업체는 인증마크가 있는 공정무역 제품을 수입한다. 이들 대부분은 국내 공정무역단체의 제품을 가치사슬 내에 포함시키지 않고, 공정무역의 의미나 제품의 특성이 드러나도록 소비자와 커뮤니케이션하고 있지 않다.

한국 공정무역이 주류화되는 과정에서 발생할 수 있는 부작용을 최소화하기 위해서는 네 가지가 필요하다. 첫째, 공정무역단체의 가치사슬을 투명하게 관리해야 하며, 추적 가능해야 한다. 현재 공정무역단체들 또한 제품을 수입하는 과정에서 중개상을 통하거나 일부는 유럽과 미국의 완제품을 수입해 오는데, 이는 공정무역 제품의 소비자 가격을 상승시키며, 제품의 투명성 또한 저하시키는 요소로 작용할 수 있다. 공정무역단체들은 중개상의 유통경로를 철저히 모니터링해야 한다. 그리고 생산자와의 커뮤니케이션을 강화해, 수입국 소비자의 요구가 제품 생산에 반영될 수 있게 해야 한다.

둘째, 수입·제조·유통·판매 과정의 데이터를 축적해 다양한 지표를 통해 공정무역의 성과를 가시화해야 한다. 생산자 단체부터 소비국의 공정무역단체까지, 데이터가 철저히 관리되어야 한다. 현실적으로 단체들의 자원과 역량의 한계로 가치사슬 단계별로 데이터를 모으고 관리하기가 쉽지 않다. 이것이 제대로 이루어지지 않으면 성과 측정을 하기 어렵다. 공정무역 원칙을 기반으로 데이터를 수집하고 관리해야만 공정무역 성과를 측정하고 평가하는 것이 가능하다. 이를 기반으로 일반 유통업체에서 수입해 오는 공정무역 제품에 대한 비교 평가와 모니터링이 가능해질 수 있다.

셋째, 한국의 공정무역단체를 중심으로 시장규모를 키우기 위해서는 국제개발협력단체, NGO, 종교 단체, 정부와 지방자치단체, 시민들과의 협력을 기반으로 한 공정무역마을운동이 활성화되어야 한다. 그동안 공정무역이 비즈니스를 기반으로 개인 소비에 초점을 맞춰 전개되어 왔다면, 공정무역마을운동은 마을이나 도시를 기반으로 다양한 집합적 주체들이 다양한 방식으로 참여할 수 있게 만들었다. 지방정부 또한 공정무역마을운동에 참여하는 주체로서 역할을 부여받고 정치적으로 공정무역을 옹호하기 위한 조례 제정 및 인력과 예산 지원 그리고 공공 조달을 집행한다. 중앙정부와 지방자치단체에서 소비하는 커피와 차를 공정무역 제품으로 대체할 수 있고, 정부 청사의 매점과 카페에 공정무역 제품을 유통해 소비를 촉진할 수 있다. 현재 서울시와 인천시가 공정무역 도시를 선언하고 공정무역 제품 판매와 인식 제고를 위해 다양한 시도를 하고 있다. 공정무역마을운동이 활성화되어 시민들이 공정무역에 대한 인식을 강화해 나간다면, 일반 유통업체에서 진행하는 공정무역 제품 판매에 대한 감시와 모니터링 기능도 자연스럽게 작동할 것이다. 하지만 현재 한국은 공정무역마을운동이 활발하지 않은 상황이다. 공정무역마을운동의 확산을 위해서는 지역단위의 다양한 커뮤니티를 중심으로 시민교육과 인식개선 활동을 확대해 나가야 하며, 다양한 조직의 협력과 연대가 필요하다.

넷째, 국제개발협력단체 및 정부와의 협력을 통해 생산자 개발과 역량을 강화해야 한다. 한국의 공적개발원조(ODA)는 2015년 현재 2조 원 규모이다. 그러나 제2차 국제개발협력 기본계획(2016~2020)을 확정하며, ODA 재원을 2020년까지 국민총소득 대비 0.2%까지(약 4조 원 규모) 달성하겠다는 계획을 발표했다(기획재정부 보도자료, 2015.11.10). 정부는 제2차 국제개발협력 기본계획(2016~2020)을 통해 아시아 중심의 지원 기조를 유지하되, 아프리카의 비중을 점진적으로 확대하고 최빈국을 대상으로 무상원조 위주의 지원을 강화할 예정이라고 발표했다. 특히 개발도상국 소녀·보건·교육 분야, 농촌 개발 분야를 중점 지원해 지속가능발전목표 이행에도 기여할 계획이라고 발표했다.

공정무역은 국제개발협력의 일환으로 진행되었다(Doherty, Davies and Tranchell, 2012). 따라서 정부, 국제개발협력단체 등과 협력을 통해 공동 목표와 계획을 수립하고, 자원과 역량을 공유한다면 생산자 지원이라는 공정무역의 목표에 더 가까이 갈 수 있다. 정부, 국제개발협력단체, 공정무역단체들이 연대해 생산자를 공동으로 개발해 나간다면 공정무역의 성과는 더욱 커질 수 있을 것이다. 정부는 ODA 자금의 일부를 공정무역 생산자 개발을 위한 예산 지원에 사용하고, 인력 지원과 모니터링을 통해 사업 성과와 효과성을 측정할 수 있다.

국제개발 민간단체는 단체의 역량과 자원을 활용해 생산지를 개발하고, 현지에서 생산자들이 경제적으로 자립할 수 있는 여건을 조성할 수 있다. 생산자들이 공정무역 인증을 받는다면, 한국은 물론이고 해외 공정무역단체까지 판매를 확대할 수 있을 것이다. 공정무역단체들은 생산자 개발 단계부터 정부와 민간 국제개발협력단체와 협의해 생산자 공동체를 지속가능하게 할 생산 품목을 선정하고, 국내 단체들은 판로를 개척해야 한다. 정부, 국제개발협력단체, 공정무역단체 등 삼자 간에 장기 계획을 수립해 공동으로 생산자를 발굴한다면 ODA 측면에서나 공정무역의 목표 달성이라는 측면에서 의미가 있을 것이다.

공정무역 거래를 통해 생산자에게 경제적·사회적 이익이 돌아갈 수 있도록 규모를 확장해야 한다. 그러나 시장이 확대되면서 주류화에 따르는 문제를 피하기는 어렵다. 사회적 목적과 경제적 목적을 동시에 추구하는 개발 협력 방식에서 비즈니스 규모를 성장시키면서도 사회적 목적을 훼손하지 않는 방법에 대한 고민과 실천이 필요하다. 만약 사회적 목적이 훼손된다면 규모를 축소해야 하는지, 공정무역 참여 주체를 선별적으로 제한해야 하는지, 일반 유통업체에 대한 감시와 모니터링 기능을 강화해야 하는지, 시민의식을 높여 자정작용을 높여가야 하는지 등은 공정무역이 지속되는 한 계속될 쟁점이다.

이 장은 공정무역에 대한 다양한 해석과 실천 과정을 가치사슬을 중심으로 살펴보았다. 향후에는 공정무역 가치사슬 내의 모든 참여자의 관계를 면밀히 살펴보고 평가하는 심화 연구가 필요하다. 가치사슬 단계별로 실제 가치 전달 및 점유 등을 측정하는 연구가 수행되면, 한국 공정무역단체의 활동이 좀 더 명확히 드러날 것이며, 공정무역의 성과 또한 분명해질 것이다. 그리고 공정무역의 정의와 원칙에 얼마나 부합해 움직이고 있는지도 파악할 수 있을 것이다.

참고문헌

김이재. 2015. 「공정여행과 공정무역을 연계하는 커피의 가능성 탐색: 베트남 중부의 커피공간을 중심으로」. ≪한국사진지리학회지≫, 25권 4호, 87~101쪽.

손혁상·김남경. 2013. 「사회적 기업의 국제개발협력 참여 연구: 농업, 공정무역, 적정기술 사례분석」. ≪세계지역연구논총≫, 31권 1호, 81~108쪽.

엄은희. 2010. 「공정무역 생산자의 조직화와 국제적 관계망 필리핀 마스코바도 생산자 조직을 사례로」. ≪공간과 사회≫, 33권, 143~182쪽.

유소이. 2012. 「윤리적 제품에 대한 소비자 구매 갭(Gap)」. ≪소비자문제연구≫, 41권, 1~18쪽.

이희열·정혜련. 2012. 「공정무역 제품 인지도가 프랜차이즈 기업 이미지와 구매의도에 미치는 영향에 대한 연구」. ≪한국외식산업학회지≫, 8권 1호, 187~209쪽.

차태훈·하지영. 2010. 「공정무역 제품구매에 대한 탐색적 연구」. ≪소비문화연구≫, 13권, 1~20쪽.

쿠피협동조합. 2013a. 『한국 공정무역 사업의 경영효율성 증대 방안 연구: 가치사슬 분석을 통한 한국 공정무역 사업의 경영효율성 증대방안』. 한국공정무역단체협의회(미간행).

_____. 2013b. 『공정무역의 민관거버넌스 모델 탐구: 세계 공정무역도시 우수 사례 연구를 통한 국내 공정무역도시의 발전 방향 모색』. 한국공정무역단체협의회(미간행).

_____. 2013c. 『사회적경제에 기반한 한국공정무역단체의 사례연구: 가치사슬 모형을 바탕으로 한 국내외 공정무역단체 사례연구』. 한국공정무역단체협의회(미간행).

_____. 2014. 『한국 공정무역마을 활성화를 위한 인증도입 방안』. 서울특별시(미간행).

_____. 2015. 『서울시 공정무역 현황 및 공정무역도시 전략 연구』. 서울특별시(미간행).

현소은. 2009. 「착한 소비(윤리적 소비)와 공정무역(대안무역)」. ≪마케팅≫, 43권 11호, 7~10쪽.

황윤용·오민정·박종철. 2013. 「도덕적인 소비자들이 모두 공정무역제품을 선호하는가?」. ≪마케팅연구≫, 28권 6호, 137~160쪽.

Auroi, C. 2003. "Improving Sustainable Chain Management through Fair Trade." *Greener Management International*, No.43, p.25.

Cox, A. 1999. "Power, Value and Supply Chain Management." *Supply Chain Management: An International Journal*, Vol.4, No.4, pp.167~175.

Davies, I. A. 2009. "Alliances and Networks: Creating Success in the UK Fair Trade Market." *Journal of Business Ethics*, Vol.86, No.S1, pp.109~126.

Doherty, B., I. A. Davies and S. Tranchell. 2012. "Where now for Fair Trade?" *Business History*, pp. 1~29.

Doherty, B., V. Bezencon and G. Balineau. 2015. "18. Fairtrade International and the European Market." in L. T. Raynolds and E. A. Bennett(eds.). *Handbook of Research on Fair Trade*. Northhampton, MA: Edward Elgar Publishing.

Fairtrade International. 2015a. "Sustainable Development Goals and Fairtrade: the case for partnership." http://www.fairtrade.net/fileadmin/user_upload/content/2009/resources/15-10_Sustainable_Development_Report.pdf(검색일: 2016.9.23).

_____. 2015b. "Scope and Benefits of Fairtrade." http://www.fairtrade.net/fileadmin/user_upload/content/2009/resources/2015-Monitoring_and_Impact_Report_web.pdf(검색일: 2016.9.23).

Fisher, E. 2012. "The Fair Trade Nation: Market-Oriented Development in Devolved European Regions." *Human Organization*, Vol.71, No.3, pp.255~267.

Gereffi, G., J. Humphrey and T. Sturgeon. 2005. "The Governance of Global Value Chains." *Review of International Political Economy*, Vol.12, No.1, pp.78~104.

Grolleau, G. and S. BenAbid. 2001. "Fair Trading in Markets for Credence Goods." *Intereconomics*, Vol.36, No.4, pp.208~214.

Hutchens, A. 2009. *Changing Big Business: The Globalisation of the Fair Trade Movement*. Northhampton, MA: Edward Elgar Publishing.

Huybrechts, B. 2012. *Fair Trade Organizations and Social Enterprise: Social Innovation through Hybrid Organization Models*. New York: Routledge.

Jaffee, D. 2010. "Fair Trade Standards, Corporate Participation, and Social Movement Responses in the United States." *Journal of Business Ethics*, Vol.92, No.2, pp.267~285.

Karjalainen, K. and C. Moxham. 2013. "Focus on Fairtrade: Propositions for Integrating Fairtrade and Supply Chain Management Research." *Journal of Business Ethics*, Vol.116, No.2, pp.267~282.

Keahey, J. 2015. "25. Fair trade and racial equity in Africa." in L. T. Raynolds and E. A. Bennett(eds.). *Handbook of Research on Fair Trade*. Northhampton, MA: Edward Elgar Publishing.

Low, W. and E. Davenport. 2005. "Has the Medium (roast) become the Message? The Ethics of Marketing Fair Trade in the Mainstream." *International Marketing Review*, Vol.22, No.5, pp.494~511.

Lyon, S. 2014. "Fair Trade Towns USA: Growing the Market within a Diverse Economy." *Journal of Political Ecology*, Vol.21, pp.145~160.

_____. 2015. "24. Fair trade and indigenous communities in Latin America." in L. T. Raynolds and E. A. Bennett(eds.). *Handbook of Research on Fair Trade*. Northhampton, MA: Edward Elgar Publishing.

Macdonald, K. 2007. "Globalising Justice within Coffee Supply Chains? Fair Trade, Starbucks and the transformation of supply chain governance." *Third World Quarterly*, Vol.28, No.4, pp.793~812.

Malpass, A., P. Cloke, C. Barnett and N. Clarke. 2007. "Fairtrade Urbanism? The Politics of Place beyond Place in the Bristol Fairtrade City Campaign." *International Journal of Urban and Regional Research*, Vol.31, No.3, pp.633~645.

Nicholls, A. and B. Huybrechts. 2016. "Sustaining Inter-organizational Relationships Across Institutional Logics and Power Asymmetries: The Case of Fair Trade." *Journal of Business Ethics*, Vol.135, No.4, pp.699~714.

Nicholls, A. and C. Opal. 2005. *Fair Trade: Market-Driven Ethical Consumption*. London: Sage Publications.

Peattie, K. and A. Samuel. 2015. "Places Where People Matter: The Marketing Dynamics of Fairtrade Towns." *Social Business*, Vol.5, No.3, pp.237~254.

Raynolds, L. T. and N. Greenfield. 2015. "2. Fair Trade: Movement and Markets." in L. T. Raynolds and E. A. Bennett(eds.). *Handbook of Research on Fair Trade*. Northhampton, MA: Edward Elgar Publishing.

Raynolds, L. T., M. A. Long, D. L. Murray and J. Wilkinson. 2007. "2. Fair/Alternative Trade: Historical and Empirical Dimensions." in L. T. Raynolds, D. L. Murray and J. Wilkinson(eds.). *Fair Trade: The Challenges of Transforming Globalization*. New York: Routledge.

Reed, D. 2009. "What Do Corporations Have to Do with Fair Trade? Positive and Normative Analysis from a Value Chain Perspective." *Journal of Business Ethics*, Vol.86, No.1, pp.3~26.

Reinecke, J. and S. Ansari. 2015. "When Times Collide: Temporal Brokerage at the intersection of markets and developments." *Academy of Management Journal*, Vol.58, No.2, pp.618~648.

Reinecke, J, S. Manning and O. Von Hagen. 2012. "The Emergence of a Standards Market: Multiplicity of Sustainability Standards in the Global Coffee Industry." *Organization Studies*, Vol.33, No.5~6, pp.563~581.

Renard, M. C. 2003. "Fair Trade: Quality, Market and Conventions." *Journal of Rural Studies*, Vol.19, No.1, pp.87~96.

Ruben, R. and G. Zuniga. 2011. "How Standards Compete: Comparative Impact of Coffee Certification Schemes in Northern Nicaragua." *Supply Chain Management: An International Journal*, Vol.16, No.2, pp.98~109.

Samuel, A. and L. Emanuel. 2012. "Fairtrade Towns: Place(ing) Responsibility, Spaces and Flows." *An International Journal of Urban and Extra Urban Studies*, Vol.2, No.2, pp.191~201.

Smith, A. M. 2015. "11. Fair trade places." in L. T. Raynolds and E. A. Bennett(eds.). *Handbook of Research on Fair Trade*. Northhampton, MA: Edward Elgar Publishing.

Smith, S. 2015. "23. Fair Trade and Women's Empowerment." in L. T. Raynolds and E. A. Bennett(eds.). *Handbook of Research on Fair Trade*. Northhampton, MA: Edward Elgar Publishing.

Stevis, D. 2015. "6. Global Labor Politics and Fair Trade." in L. T. Raynolds and E. A. Bennett(eds.). *Handbook of Research on Fair Trade*. Northhampton, MA: Edward Elgar Publishing.

The French Fair Trade Platform, Fair World Project and FairNESS. 2015. "International Guide to

Fair Trade Labels." http://www.fairforlife.org/client/fairforlife/file/International_Guide_to_Fair
_ Trade_Labels_komp.pdf(검색일: 2016.9.23).

Velly, R. L. 2015. "Fair trade and mainstreaming." in L. T. Raynolds and E. A. Bennett(eds.).
Handbook of Research on Fair Trade. Northhampton, MA: Edward Elgar Publishing.

Wills, C. 2006. "Fair Trade: What's it all about." in FINE(ed.). *Business Unusual: Successes and
Challenges of Fair Trade*. Brussels: Fair Trade Advocacy Office.

Wilson, B. R. and T. Mutersbaugh. 2015. "16. Fair Trade Certification, Performance and Practice." in
L. T. Raynolds and E. A. Bennett(eds.). *Handbook of Research on Fair Trade*. North
hampton, MA: Edward Elgar Publishing.

World Fair Trade Organization and Fairtrade Labeling Organizations International. 2009. "A
Charter of Fair Trade Principles." http://www.fairtrade.net/fileadmin/user_upload/content/
2009/about_us/documents/Fair_Trade_Charter.pdf(검색일: 2016.9.23).

2장 공정무역마을운동

국제 및 한국 공정무역마을 제도 생성

김선화·장승권

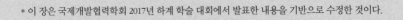
* 이 장은 국제개발협력학회 2017년 하계 학술 대회에서 발표한 내용을 기반으로 수정한 것이다.

1. 서론

20세기 중반 이후 유럽과 북미를 중심으로 개도국 생산자에게 공정한 가격을 지불해 빈곤퇴치에 기여하고, 기존 무역 관행을 변화시키고자 공정무역이 시작되었다(Nicholls and Opal, 2005; Raynolds and Bennett, 2015). 공정무역은 "무역을 통한 개발"로 설명되기도 한다. 원조만으로는 빈곤 문제를 해결할 수 없다는 문제의식하에 생산자들의 시장 접근성을 높이기 위해 시작되었다(Nicholls and Opal, 2005). 초기에는 생산자와의 직거래를 통해 생산자의 삶을 지원하려는 국제개발협력단체와 공정무역단체(Fair Trade Organizations, FTOs)가 중심이 되어 운동을 전개했다(Nicholls and Opal, 2005). 이후 1980년대 말에 공정무역 제품의 판매를 확대하기 위해 공정무역 제품 인증 체계가 만들어졌다. 제품 인증 체계가 구축된 이후에 일반 기업에서 생산하는 제품도 공정무역 제품 인증 절차를 밟으면 일반 소매점에서 판매할 수 있게 주류화[1]되면서 공정무역은 빠르게 성장하기 시작했다 (Doherty, Davies and Tranchell, 2012).

---

[1] 공정무역의 주류화는 슈퍼마켓, 커피숍과 음식 체인점과 같은 '주류' 유통 채널에 공정무역 제품이 진입하고, 대규모 농장, 다국적 농업을 하는 '관행(conventional)' 생산자와 협력을 증가시키는 것이다. 공정무역 제품이 모든 소비자에게 도달하는 것을 목적으로 모든 장소에서 이용할 수 있는 상품을 만드는 것이다. 하지만 공정무역의 원칙을 훼손시키는 등의 주류화에 따른 문제점에 대한 다양한 연구들이 진행되고 있다(Velly, 2015)

기존의 공정무역은 개인화된 소비를 확산하는 데 초점을 맞춰왔다. 공정무역 제품 인증을 통해 슈퍼마켓과 같은 일반 소매점에서 쉽게 구매할 수 있거나, 공정무역단체들이 운영하는 소매점을 통해 판매하는 데 주목해 왔다. 최근까지 공정무역의 확산은 제품을 매개로 윤리적 소비를 강조하는 방식으로 전개되었기 때문에, 공정무역의 의미를 전달하기에는 한계가 있었다.

공정무역마을운동은 기존 방식과 달리 공정무역을 통해 지방정부와 학교, 사무실, 지역 상점, 비영리단체 등의 다양한 행위자가 국제적·지역적으로 파트너십을 형성하며 공동체를 변화시켜 가는 운동이다. 공정무역마을운동은 2000년에 영국 가스탕에서 시작해 유럽, 북미, 아시아, 아프리카, 남미로 확산되고 있다. 2019년 7월 현재 33개국 2195개 도시와 마을이 공정무역마을[2]로 인정[3]받았으며, 아시아에서는 한국, 일본, 레바논, 인도, 대만의 마을들이 인정받았다(http://www.fairtradetowns.org/). 한국은 인천시, 서울시, 부천시, 화성시, 하남시, 경기도가 공정무역 도시가 되었다.

공정무역마을은 국제공정무역마을운영위원회(International Fair Trade Towns Steering Committee)가 제시한 다섯 가지 목표를 기반으로 각국의 공정무역마을운영위원회(National Fair Trade Towns Steering Committee)가 기준을 정하고, 이를 달성하면 국가별 공정무역마을운영위원회가 국제공정무역마을운영위원회에 통보한다. 국제적으로 공정무역마을위원회는 다섯 가지

2　국제공정무역마을운영위원회는 국가공정무역마을운영위원회로부터 인정을 받은 공정무역마을을 Fair Trade Towns(FTTs)로 명기하고 있다.

3　영국에서는 award로 표기하는데, 이 장에서는 인정으로 번역했다. "If the application is successful, celebrate! A certificate and Fairtrade Town Identity will be awarded to the group"(The Fairtrade Foundation, 2016: 27).

목표를 제시하고 있지만 지역적으로 지역의 행위자들은 사회, 정치 상황 등 여러 가지 요인을 고려하며 구체적인 제도를 생성해 왔다. 지역 행위자(actor)의 의지와 실천(practice)이 담기도록 제도화한 것이다.

이 장은 국내외에서 일어나고 있는 공정무역마을 인정 제도가 생성되는 과정을 제도실천행동(institutional work)[4] 관점으로 분석한다(Lawrence and Suddaby, 2006; Lawrence, Suddaby and Leca, 2009, 2011; Lawrence, Leca and Zilber, 2013). 그리고 그 분석 내용이 국내 공정무역마을운동에 주는 시사점을 제시하려 한다.

2. 제도주의 이론 리뷰

1) 제도주의와 제도실천행동

제도실천행동은 거시 수준 제도(macro-level institution)와 미시 수준 활동(micro-level activity)의 상호 의존성을 개념화하기 위해 발전된 이론(Bourdieu and Wacquant, 1992; Giddens, 1984)과 맥을 같이한다. 신제도주의는 조직행동을 제약하거나 가능하게 하는 합리적 공식구조의 제도적 동형화 과정(isomorphic process)에 초점을 맞춰왔다(Meyer and Rowan, 1977). 이에 반해 제도실천행동은 행위자의 행위성과 실천이 기존 제도와 상호작용하면서 제도를 생성·유지·변화·와해하는 과정에 초점을 맞춘다(Lawrence and

---

4   제도실천행동(institutional work) 관점의 Work는 '미래 지향적이며, 사회적 상황을 재형성하려는 의미'를 내포하는 의도(intentionality)와 노력(effort)이 담긴 의도적 행동을 강조하고 있어 '실천행동'으로 번역했다(Lawrence, Suddaby and Leca, 2011).

Suddaby, 2006).

신제도주의(neoinstitutional theory)에서 제도란 공유된 의미체계로서 사회생활에 의미와 안정성을 부여하는 인지적·규범적 규칙과 규제 요소들로, 의미의 집합 또는 인지 프레임을 말한다(Scott, 2001). 신제도주의는 외부의 제도적 압력으로 조직이 유사해지는 과정에 관심을 기울여왔다(DiMaggio and Powell, 1983). 여기서 조직이나 개인은 능동적 행위자가 아닌, 주어진 제도를 내면화하는 수동적 존재로 간주되고, 제도가 허용하는 범위 내에서 행동을 할 때 정당성을 인정받는다(Scott and Davis, 2007). 신제도주의 연구는 동일한 의미체계를 공유하고, 공통된 규제 과정의 적용을 받는 조직 연구에 집중되어 왔다(Scott, 2001). 연구 방법도 대규모 데이터와 설문조사를 사용해 왔다. 이는 조직과 제도가 생성·유지·변화·와해되는 구체적인 활동을 드러내지 못했으며, 행위성(agency)이 드러나는 것을 덮어버렸다(Johnson et al., 2007).

개인과 조직의 행동은 제도를 생성·유지·와해할 수 있으며, 제도는 개인과 집합적 행위자(collective actor)의 행동, 느낌, 생각에 심오한 영향을 미칠 수 있다(Lawrence and Suddaby, 2006). 제도실천행동은 신제도이론과 달리 행위자의 의도, 노력, 실천이 제도 변화를 이끌어내는 지점에 초점을 맞춘다.

제도실천행동에서 실천행동(work)의 개념에는 의도(intentionality)와 노력(effort)의 의미가 내포되어 있다. 의도는 미래지향적이며, 사회적 상황을 재형성하려는 의미가 담겨 있다(Lawrence, Suddaby and Leca, 2011). 제도실천행동은 사회적 실천(social practices)과 관련되어 있으며, 제도와 실천이 연결되어 제도에 영향을 미치는 데 초점을 맞춘다(Lawrence, Suddaby and Leca, 2011). 그래서 제도실천행동은 행위성을 강조한다. 행위성은 개인이 사회적으로 부여된 역할을 충족할 때 활동적이고 성찰적으로 제도를 유지하기 위해 풍부한 이해를 허용하는 습관과 실천행동을 의미한다. 그리고 행위자들에게 배태된 제도 맥락 안에서 전략적으로 반응하는 계속된 활동을 의미한다. 제도실천행동 관점의 제도는 결정론적이지도 선형적이지도 않다. 이 점이 기존 제도주의 이론과 구분된다(Lawrence, Suddaby and Leca, 2011). 제도실천행동은 개인과 집합적 행위자들의 의식, 기술, 성찰에 초점을 맞춘다. 그리고 제도를 유지·관여하고 변화시키는 행위자들의 집합적 실천을 이해한다. 하지만 혁신을 이끄는 실천은 기존 제도에서 배태된 것이고, 그것이 발생한 분야의 자원과 기술에 의존한다(Lawrence and Suddaby, 2006).

2) 제도실천행동 유형

로런스와 수다비(Lawrence and Suddaby, 2006)는 새로운 제도 생성과 관련된 아홉 유형의 제도실천행동을 수립했다. 이들은 규율과 소유권, 경계를 재구성하는 정치적 실천으로 옹호, 정의, 권리부여를 제시한다. 행위자의 신념 체계를 재조정하는 세 가지 실천으로는 정체성 구성, 규범적 결사체 변화, 규범적 네트워크 구성이 제시되었다. 그리고 의미체계의 경계가 되는 추상적 범주를 변화시키도록 디자인하는 세 가지 실천으로는 모방, 이론화, 교육이 있다. 아홉 가지의 제도실천행동 유형을 로런스와 수다비(Lawrence and Suddaby, 2006)는 다음과 같이 설명하고 있다.

첫째, 옹호(advocacy)는 직접적이고 의도적인 사회적 설득을 통해 정치적이고 규제력이 있는 지지를 동원하는 것이다. 지지층을 대변하기 위해 설립된 공식조직이나 이해집단의 중요한 구성 요소이자, 특정 행위자의 이익을 의도적이고 직접적으로 대변하는 행위이다. 자원을 위한 로비, 새로운 것을 제안하거나 기존 법을 공격하는 것 등 정치나 사회운동에 의해 달성된다. 이것의 목적은 새로운 제도나 실천을 창조하는 데 필요한 사회적·정치적 그리고 물적 자원의 할당을 재정의하는 것이다. 행위자들이 정당성을 획득하는 것이 핵심이다. 이것은 광고나 소송과 같은 제도적 행동도 포함한다.

둘째, 정의(defining)는 정의하는 것을 목적으로 하는 활동과 관련된다. 지위나 정체성을 부여하는 규칙 체계의 구성, 구성원을 정의하는 것, 분야 내의 지위 위계를 정의하는 것, 실천 표준을 정의하는 것을 포함한다. 또한 규칙 체계를 공식화하고 지켜야 할 범주를 구성하며 공식 승인 과정, 분야 내의 행위자들의 표준과 인증을 확장한다. 제도적 행동을 제약하기보다는 가능하게 하는 규칙 생성에 초점을 맞춘다. 정의하는 실천행동을 통해 가능성이 있는 제도와 실천 또는 미래의 파라미터를 구축할 수 있다. 새로운 제도가 형성될 수 있는 경계나 틀을 정의하거나 재정의하는 것을 목적으로 하는 과정으로, 행위자들의 규칙을 정하는 것과 관련된다.

셋째, 권리부여(vesting)는 재산권을 부여하는 규칙구조의 창조를 목적으로 한다. 재산권을 재할당하거나, 새로운 행위자 집단들을 창조하고 그들 사이의 교환관계를 재정의하는 것이다. 때로는 시장의 규칙을 변화시킴으로써 새로운 행위자나 새로운 분야의 역동성을 창조하는 거시적 과정을 포함하기도 한다. 국가나 권력 기구, 이해관계가 있는 행위자들 사이의 규제적 거래를 협상하는 것을 의미하기도 한다. 강압적이거나 규제적인 권한을 공유하는 것과 관련이 있다.

이 세 가지는 정치적 실천행동의 유형이다. 옹호 실천행동은 지위나 특권을 주는 규칙을 정의하는 데 선도적 역할을 하고, 이는 권리부여를 위한 토대가 된다. 또한 권리부여 실천행동은 옹호를 끌어내는 능력을 가진 행위자를 제약하거나 구성한다. 제도 변화는 제도, 제도 구조, 실천을 재구성한다.

넷째, 정체성 구성(constructing identities)은 행위자들이 활동하는 분야와 행위자 사이의 관계를 설명한다. 정체성의 구성은 전문가의 발전과 관련이 있다. 새로운 전문가가 출현하거나, 기존 전문가가 변화된다. 전문가 정체성은 전문가 그룹 외부로부터 구성되거나 스스로 구성한다. 행위자들의 일이나 역할 정체성을 새롭게 구성하고, 외부와의 네트워크를 형성하면서 활동 범위를 넓혀나가고 역할을 행할 행위자의 지위를 부여한다.

다섯째, 규범적 결사체의 변화(changing normative associations)는 실천의 집합과 이러한 실천의 도덕적·문화적 토대 간 연결을 재구성한다. 이것은 기존 제도에 병행하거나 보충적으로 새로운 제도를 이끌어낸다. 또, 기존 제도에 직접적으로 도전하지 않으나 문제를 제기한다. 여기엔 다른 분야의 이념이나 실천을 도입하는 것을 포함한다. 정부나 학교 등에서 비즈니스 실천을 도입하면서 변화를 이끌어가는 것을 예로 들 수 있다.

여섯째, 규범적 네트워크의 구성(constructing normative networks)은 규범적으로 허용된 실천을 통해 조직을 연결하고, 규범 준수, 모니터링, 평가와 관련된 동료 그룹을 형성하는 것을 의미한다. 비영리조직, 학교, 정부 등의 다양한 집합적 행위자들을 포함한 규범적 네트워크를 구성하는 것이 포함된다. 각 행위자는 독립적인 동기와 이해가 있더라도 네트워크를 구성하는데, 이것이 사전에 존재하는 제도화된 실천의 집적소가 된다. 여기서 새로운 제도는 기존의 제도나 활동과 병행된다. 네트워크는 새로운 제도의 기반을 제공한다. 핵심은 다양한 행위자들의 느슨한 연합을 통해 새로운 제도에 영향을 미치는 규범적 네트워크를 구성한다는 것이다. 새로운 제도적 구조는 행위자들의 활동을 지원하거나 보충한다.

이상의 세 가지 제도실천행동 유형은 제도를 뒷받침하는 역할, 가치, 규범에 주의를 기울인다. 이러한 유형은 제도의 규범적 구조를 정의하는데, 이는 맥락에 따라 다르다. 정체성의 구성 유형은 행위자, 규범적 결사체의 변화는 규범, 규범적 네트워크의 구성은 행위자와 행위자 사이의 상호작용을 관찰할 수 있다.

일곱째, 모방(mimicry)은 당연시되어 왔던 실천, 기술, 규칙에 영향을 미칠 가능성이 있다. 기존 제도와 새로운 혁신 사이의 격차를 강조하기보다는, 이를 줄이면서 새로운 제도를 형성한다. 기존 템플릿과 새로운 템플릿의 병렬은 새로운 구조를 이해하고 수용 가능하게 만들면서, 기존 실천의 문제점을 지적한다.

여덟째, 이론화(theorizing)는 추상적 범주의 발전과 구체화, 원인과 결과 사슬의 정교화와 관련이 있다. 이론화의 중요한 측면은 해당 분야 인지 지도의 일부가 되는 새로운 개념과 실천에 대해 이름을 짓는 것이다. 이름 짓기는 이론화를 위한 토대를 제공하며, 개념에 대한 소통과 정교화를 가능하게 한다.

아홉째, 교육(educating)은 행위자들이 새로운 제도를 지지하는 데 필요한 기술과 지식을 교육하는 것이다. 새로운 제도를 창조하는 것은 새로운 실천의 발전, 통제 메커니즘과 실천을 연결하는 것과 관련이 있기 때문에 중요한 인지적 실천행동이다. 컨퍼런스, 워크숍, 행동에 대한 템플릿을 제공하는 것 등이 포함되며, 이는 글로벌 운동을 육성하는 데 도움이 된다.

이상의 마지막 세 가지 제도실천행동 유형은 주로 제도의 인지 측면에 초점을 맞췄다. 신념, 가정, 프레임은 의미 있고 이해할 만한 상호작용 패턴을 제공해 행동에 영향을 미친다. 모방은 새로운 실천과 구조를 정교하게 하고 정당화하기 위해 존재하는 행동 패턴을 가지고 오는 것이며, 이론화는 새로운 제도를 지지할 수 있는 개념과 신념을 발전시키는 것이다. 교육은 새로운 구조와 상호작용하거나 새로운 실천을 할 때 필요한 지식을 행위자에게 제공한다. 이 세 가지 유형은 행위자들이 혁신을 행하는 노력과 위험에 대해 대안을 제공한다.

제도가 생성되기 위해서는 이해관계가 있는 행위자들의 노력이 담긴 숙련된 실천이 중요하다. 그리고 기술과 자원도 관련이 있다. 제도 생성에서의 핵심은 규칙을 구축하는 역량, 규칙을 강화하는 보상과 승인을 구성하는 역량이다. 이 장에서는 제도 생성 시에 나타나는 아홉 가지 유형에 대해 설명했지만, 이 외에 다른 유형이 나타날 수도 있다. 로런스, 레카와 질버(Lawrence, Leca and Zilber, 2013)는 제도 생성·유지·와해의 실천행동이 동시에 일어날 수 있으며, 때로는 동일한 행위자들에 의해 수행되기도 한다는 것을 설명한다. 이는 제도가 즉시 중단되거나 유지되거나 만들어질 수 있다는 것을 의미한다.

3. 연구 방법

이 장은 문헌 연구와 면접조사를 토대로 구성했다. 필자들은 기존 연구와 관계 기관들의 문헌을 검토하고, 국내외 관계자들과의 인터뷰를 통해 공정무역마을의 연구 흐름과 현안, 쟁점을 살펴보며, 공정무역마을에 관한 정책과 방향을 제시하는 연구를 진행했다(쿠피협동조합, 2013a, 2013b, 2013c, 2014, 2015, 2016, 2017, 2018). 그 과정에서 국제공정무역마을운영위원회, 영국공정무역재단, 국제공정무역기구, 웨일스 정부, 일본공정무역포럼 등의 공식 웹사이트[5]를 검색해 게재된 공식 문서를 검토하고 분석했다.

---

5   웹사이트는 다음과 같다(검색일: 2016.9.4).
    영국 공정무역재단(Fairtrade Foundation), www.fairtrade.org.uk
    영국 가스탕 공정무역 타운(Garstang The World's First Fairtrade Town), http://www.garstangfairtrade.org.uk/history/index.html
    국제공정무역마을운영위원회(International Fair Trade Towns), http://www.fairtradetowns.org/
    공정무역 웨일스(Fair Trade Wales), http://fairtradewales.com/fair-trade-nation
    영국 웨일스 정부(The Welsh Government), http://gov.wales/topics/international/walesforafrica/

그리고 필자들은 한국공정무역마을위원회의 위원으로 참여하면서 한국의 공정무역마을 제도 생성에 직접 참여하고 있다. 연구자 중 한 명은 1기 한국공정무역마을위원회(2013~2015)에 참여했고, 다른 한 명은 2기와 3기 한국공정무역마을위원회(2017~현재)에서 활동 중이다. 한국공정무역마을의 인정 기준을 설정하고, 조직을 구성하는 데 참여하고 있다.

2013년부터 현재까지 공정무역과 공정무역마을운동에 관해 연구를 하면서 국내외 공정무역 관계자들을 만나 면접조사를 했다. 2014년에 공정무역마을과 관련해 영국을 현지 조사하면서 영국공정무역마을운영위원회의 국가 코디네이터와 면담했고, 최초로 공정무역마을운동이 시작된 영국 가스탕에서 활동했던 활동가, 영국 웨일스의 공정무역마을운동 관계자 등을 면접했다. 그리고 2013, 2014, 2017년, 전 세계 공정무역마을에 관한 활동가와 연구자들이 모이는 국제 공정무역마을 컨퍼런스(International Fair Trade Towns Conference)에 참여해 공정무역마을운동의 현안과 동향을 살펴보고 관계자들과 만났다. 2016년에는 WFTO-ASIA 총회에 참석해 인도, 타이완, 홍콩 등에서 진행되는 공정무역마을운동에 관한 정보를 얻을 수 있었다.

이 장은 2013년부터 수행된 공정무역마을운동에 관한 문헌 연구와 면접조사에 기반으로 해 공정무역마을 제도 생성 과정을 제도실천행동 관점을 적용해 분석한 것이다. 국제적으로 공정무역 분야에서 가장 크고 성공적인 캠페인이면서 지역적 상황과 상호작용하면서 제도화되는 공정무역마을운동에 대해 분석하고, 한국의 공정무역마을운동에 시사점을 제시하고자 한다.

---

fair-trade/gumutindo-coffee-coop/?lang=en

일본공정무역포럼(Fair Trade Forum Japan), http://www.fairtrade-forum-japan.com/

4. 국제 공정무역마을운동의 제도 생성

2000년 영국 가스탕에서 처음으로 공정무역마을을 선언한 이후, 국제적으로, 그리고 국가별로 공정무역마을 인정 제도가 만들어지고 있다. 이 절에서는 제도실천행동을 바탕으로 공정무역마을 인정 제도가 국제적으로·지역적으로 생성되어 온 과정을 설명한다.

1) 옹호

공정무역마을운동은 2000년에 영국 가스탕 지역의 시장, 교장, 사업가 등이 함께 모여 지역 농산물과 공정무역 제품의 사용을 약속하고, 합의한 목표를 달성하면서 시작되었다. 가스탕의 공정무역 활동가들은 공정무역마을을 영국 전역으로 확산시키기 위해 영국 공정무역재단[6]과 함께 공정무역마을 목표와 행동 지침을 정했다. 영국 공정무역재단은 공정무역마을운동을 촉진하기 위해 전국공정무역마을 이니셔티브(the Fair Trade Town Initiative Nationwide)를 발족했다. 목표를 달성하면 도시, 섬, 지방 등을 공정무역마을로 인정했다. 영국은 공정무역재단이 중심이 되어 공정무역마을 지위를 부여하는 체계를 정립했다.

영국에서 시작된 공정무역마을운동은 유럽으로 확산되기 시작했다.

---

6   공정무역재단은 1992년에 국제개발과 공정무역 등을 실행하는 비영리조직 CAFOD, Christian Aid, Oxfam, Traidcraft, Global Justice Now와 the National Federation of Women's Institutes에 의해 설립되었다. 지금은 더 많은 단체들이 참여하는 독립적인 비영리조직이다. 공정무역 제품 인증기관인 국제공정무역기구(Fairtrade International)의 국가 이니셔티브로 공정무역 마크(Fairtrade Mark)를 사용할 수 있는 자격을 부여하는 기관이며 공정무역 확산을 위해 마을운동을 지원하고, 각종 교육자료를 제작·보급하고 있다(www.fairtrade.org.uk).

표 2-1 　국가별 공정무역마을 현황(2019년 7월 현재)

대륙	국가별 공정무역마을 수
유럽	영국(635), 아일랜드(48), 벨기에(239), 이탈리아(46), 스웨덴(63), 노르웨이(37), 오스트리아(200), 스페인(18), 핀란드(15), 덴마크(1), 네덜란드(85), 독일(614), 룩셈부르크(29), 체코(12), 폴란드(2), 에스토니아(1), 프랑스(31), 스위스(6)
오세아니아	호주(8), 뉴질랜드(4)
북미	미국(45), 캐나다(26)
남미	브라질(3), 코스타리카(1), 에콰도르(2), 파라과이(1)
아시아	일본(4), 레바논(9), 한국(4), 인도(2), 타이완(1)
아프리카	가나(2), 카메룬(1)
총계	33개국 2195개

자료: http://www.fairtradetowns.org/

2003년에는 아일랜드에서, 2005년에는 벨기에와 이탈리아에서 공정무역마을이 등장했다. 2006년 11월, 런던의 사우스뱅크 대학교에서 열린 유럽 공정무역마을 컨퍼런스에서 지역공동체와 사적·공적 조직들 사이에 연결을 강화하는 절차를 정리했고, 공정무역마을 모델을 각 국가의 요구를 충족할 수 있는 전략으로 발전시키기 위해 논의했다. 그리고 2012년 폴란드 포즈난 컨퍼런스 결과로 국제공정무역마을운영위원회가 설립되었다 (Crowther, 2014). 이 운동이 시작된 지 20년이 안 되었지만, 현재 전 세계에 2000개 이상의 공정무역마을이 있다.

초기에는 유럽을 중심으로 시작되었지만, 최근에는 일본, 한국, 대만과 같은 소비국들이나, 공정무역 제품을 수출하는 아프리카와 남미 지역의 국가들에서도 확산되고 있다.

2) 정의

공정무역마을운동이 확산되면서, 국제공정무역마을운영위원회(International Fair Trade Towns Steering Committee)[7]는 국가별로 공정무역마을이 되기 위한 다섯 가지 목표를 제시하고, 이를 달성할 것을 권고하고 있다. 첫째, 지역 의회는 공정무역을 지지하고 공정무역 물품을 사용하는 데 동의하는 결의안을 통과시킨다. 둘째, 지역의 매장과 카페, 음식점 등에서 공정무역 물품을 쉽게 구입할 수 있어야 한다. 셋째, 다수의 지역 일터와 커뮤니티 조직에서 공정무역 물품을 사용한다. 넷째, 미디어를 통한 홍보와 대중의 지지를 이끌어내야 한다. 다섯째, 지역 공정무역위원회는 공정무역마을 지위를 유지하기 위해 꾸준히 노력해야 한다. 국가별로 캠페인을 진행할 때 다섯 가지 목표에 더해 국가별로 적합하다고 판단되는 목표를 추가할 수 있으나, 기본 목표를 제거하지 않을 것을 강력히 권고하고 있다(International Fair Trade Towns, 2015). 벨기에에서는 여섯 번째 목표로 지역 생산자 지원을 추가했고, 일본에서는 공정무역뿐만 아니라 지역 경제 활성화를 목표로 추가했다(Crowther, 2014).

공정무역마을 인정은 국가별로 진행된다. 공정무역마을운동을 추진하려는 국가는 국가의 전문가와 활동가들은 공정무역마을운영위원회를 설립한다. 다섯 가지 기준별 세부 목표는 국가별로 공정무역마을운영위원회에서 정한다. 공정무역마을 인정 기준에는 지역 주민들이 손쉽게 공정무역 제품을 구매할 수 있도록 지역의 인구당 공정무역 제품을 판매하는 매장 수를 포함시키고 있다. 예를 들어 일본은 인구 3만 명 이상 지역의 경우 인구 1만 명당 한 개 점포가 있어야 한다는 기준을 정했다. 그리고 영국 런던의 경우는 인구 16만 명 초과 시 1만 명당 소매점 한 개, 2만

---

7 국제공정무역마을운영위원회는 영국, 미국, 벨기에, 폴란드, 스웨덴, 페루, 일본의 국가 공정무역마을 코디네이터 및 세계공정무역기구 라틴아메리카 이사, 지역 코디네이터 등으로 구성되어 전 세계적으로 공정무역마을을 촉진하는 활동을 하고 있다.

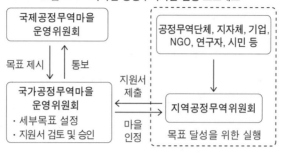

그림 2-1 국가별 공정무역마을 인정 프로세스

명당 음식점 한 개가 있어야 하며, 런던의 자치구 3분의 2가 공정무역자
치구로 인정을 받으면 런던을 공정무역도시로 인정하도록 세부 기준을
세웠다(쿠피협동조합, 2015: 114).

공정무역마을운동이 일어나면서, 국제적으로 그리고 국가별로 공정
무역마을운영위원회 지위가 생겼다. 공정무역마을 인정 과정을 조정하
고, 국제공정무역마을운영위원회와 각국 공정무역마을운영위원회 사이
에서 소통하는 코디네이터 지위도 생성되었다. 공정역마을운영위원회는
공정무역 전문가와 지역 활동가 등이 참여하는 민간 조직이다. 한 국가
내에서 공정무역마을로 인정받고 싶은 지역에서 지방정부, 기업, NGO,
종교 단체 등 다양한 이해관계자가 모여 공정무역위원회를 구성한다. 목
표가 달성되면 공정무역마을운영위원회에 신청서를 제출하고, 심사를
통과하면 공정무역마을로 인정된다. 공정무역마을운영위원회는 국제공
정무역마을위원회에 이를 통보해 공식 웹사이트(http://www.fairtradetowns.
org/)에 공정무역마을로 등록하게 한다.

3) 네트워크 확산

공정무역마을 인정 기준은 지역 행위자들의 의지와 노력을 담아 실

천하도록 제도화되어 있다. 제시된 목표에는 참여해야 하는 행위자의 범위와 역할을 정의함으로써 지역의 공정무역 활동가, 지방정부, 지역 커뮤니티, 미디어 등의 실천을 확대하도록 기준을 설정하고 있다. 그리고 국가별로 마을운동이 다양하게 전개될 수 있도록 개방적으로 목표를 구성하고, 국가별 상황을 고려해 세부 기준을 수립한다.

공정무역마을 인정 기준에서 인구당 공정무역제품의 판매처와 사용처 수를 확보하는 것은 달성하기 쉽지 않은 목표다. 기존의 판매처를 설득해 공정무역 제품을 취급하도록 하거나 신규 매장을 개설해야 한다. 그렇게 하기 위해서는 소매점이나 음식점을 운영하는 이들을 새로운 행위자로 참여시켜야 하며, 이들이 공정무역 제품을 취급하도록 협상해야 한다.

공정무역마을로 인정받기 위해서는 지방정부도 반드시 참여해야 한다. 지방정부의 참여가 적극적인 곳에는 정부가 예산을 지원하고, 조례를 제정하고, 공정무역 물품의 소비 및 판매를 확대하기 위한 공공 조달과 공공 구매를 시행한다. 웨일스의 경우 정부가 주도적으로 공정무역마을운동에 예산을 할당하고 인력을 배치하면서 영국 중앙정부와 구별되는 지원을 하고 있다(Fisher, 2012).

공정무역마을로 인정을 받기 위해서는 기존 공정무역 비즈니스에 관여해 왔던 공정무역단체, 공정무역 인증기관, 개별 소비자 등의 기존 행위자를 포함해 공정무역운동에 적극적으로 참여하지 않았던 지방정부, 학교, NGO, 사무실, 소매점 등의 집합적 행위자와 개인들이 참여하도록 규정하고 있다. 이로 인해 공정무역운동의 위치는 이동하고 있다. 〈그림 2-2〉처럼 기존의 공정무역은 인식 개선, 생산자 지원 등의 시민사회 영역의 접근과 소비 확산을 주도해 온 시장 중심의 접근으로 이루어져 왔다. 그러다 보니 거래 당사자들이나 인증기관, 활동가들이 중심이 되어 개인의 소비에 초점을 맞춰 운동을 전개해 온 측면이 있다.

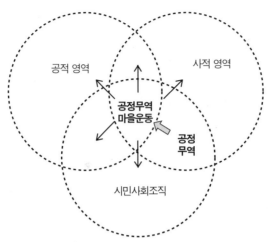

그림 2-2 **공정무역마을운동의 위치**

자료: Mook et al.(2009)을 재구성했다.

이에 비해 공정무역마을운동은 지방정부 및 의회가 조례를 통과시키고, 공공 조달에 공정무역을 포함하는 등 공공 영역에서의 역할을 새롭게 부여하면서 〈그림 2-2〉와 같이 위치의 변화와 네트워크 확대가 이루어지고 있다.

공정무역마을로 인정받기 위해서는 다양한 집합적 행위자들의 정치적·물질적·사회적 지원이 필요하다. 지방정부가 자치법규를 제정해 공정무역을 지지하고, 공정무역마을운동에 예산을 배분하며, 공공 조달에 공정무역을 포함하는 것은 정부 차원에서 공정무역마을운동에 권한을 부여하는 것이다. 그리고 기존에 공정무역 제품을 취급하지 않았던 지역 커뮤니티, 사무실, 학교, 판매점 등에서 공정무역 제품을 사용할 것을 약속하고 실천하는 것은 행위자 집단을 확장시키면서 협상을 통해 교환관계를 재정의하는 것을 의미한다.

4) 모방과 변화

공정무역마을운동은 다양한 접근과 실천을 하며 성장해 온 공정무역을 토대로 운동이 확장되었다. 공정무역이 처음 시도된 이후 공정무역단체들이 공정무역의 성장을 이끌어오면서 소비자협동조합, 일반 유통 소매 기업 등이 참여하기 시작했고, 대기업, 다국적기업, 플랜테이션 농장 등이 참여하면서 주류화되었다(Doherty, Davies and Tranchell, 2012). 공정무역은 자본주의 구조 안에서 이루어지는 국제 개발 프로젝트인 동시에 비즈니스다(Nicholls and Opal, 2005). 모든 이해관계자에게 경제적 이익을 좀 더 공정하게 배분하는 혁신적 공급 체계를 통해 생산과 소비를 연결하는 '생산자-소비자' 관계의 모델로서, '남반구-북반구', '공급자-구매자' 관계에서 전형적으로 나타나는 정보와 힘의 불균형을 개선하려고 한다. 생산자가 기본 생활수준에 도달할 수 있을 뿐만 아니라 발전할 수 있는 수준으로 상품가격을 결정하는 것을 추구한다(Nicholls and Opal, 2005). 공정무역은 시장가격과 공정가격(fair price) 중 높은 쪽으로 가격을 결정하고(Nicholls and Opal, 2005), 공동체 발전 기금(social premium)과 생산자 지원금을 제공하면서 생산자 공동체의 개발을 지원하고 있다(장승권·김선화·조수미, 2016).

공정무역에 다국적기업과 대기업이 참여하면서, 공정무역 시장은 빠르게 확산되어 왔다. 기업들은 이미지 제고와 평판 관리를 위해 기업의 핵심 전략이 아닌 기업의 사회적 책임(corporate social responsibility) 차원에서 공정무역을 시작했다(Karjalainen and Moxham, 2013; Reed, 2009; Wilson and Mutersbaugh, 2015). 기업은 공정무역 상품의 수량, 다양성, 가시성을 증가시켜 왔다. 하지만 공정무역이 주류화되면서 거대 기업이 공정무역 상품 시장을 잠식하고 있으며, 공정무역 가치를 훼손하는 일이 발생하고 있다(Reed, 2009; Doherty, Davies and Tranchell, 2012). 그리고 선진국 주도의 인증을 실행하면서 생산자 조직에서 인증 기준을 따르는 어려움과 인증 비용의 부담을 비판하기도 한다(Wilson and Mutersbaugh, 2015).

공정무역 주류화는 국제공정무역기구를 중심으로 한 시장 주도의 실용주의 접근과 개도국의 생산자 조직과 공정무역단체들로 구성된 세계공정무역기구의 급진주의 접근 사이에 갈등을 낳고 있다(Hutchens, 2009). 그리고 국가별로 두 기구 사이가 분열되는 양상을 보이기도 한다(Doherty, Bezencon and Balineau, 2015). 더불어 공정무역단체들의 급진성도 줄어드는 상황이다(Huybrechts, 2012). 하지만 거기서 멈추지 않고 다양한 시도가 이루어지고 있다. 공급사슬과 공정무역단체 거버넌스에 생산자들을 포함시킴으로써 사업에 관한 의사결정을 함께하고, 브랜드를 통해 시장에 참여하는 접근이다(Davies, 2009; Hutchens, 2009). 공정무역은 이러한 흐름이 혼합되어 나타나고 있으며, 국가별로 공정무역 운동이 다르게 전개되고 있다(Doherty, Bezencon and Balineau, 2015).

국제공정무역마을운영위는 FINE의 정의[8]를 따르도록 권하고 있다(International Fair Trade Towns, 2015). FINE의 정의는 공정무역운동에서 가장 널리 사용되어 왔고, 이를 바탕으로 국가별 또는 조직별로 공정무역 제품을 인정하는 기준과 범위를 다르게 구성해 왔다. 공정무역운동에서 공정무역 제품의 기준과 범위는 주요 쟁점이 되어왔다. 지역별로 공정무역마을운동을 전개할 때 또한 어떤 물품을 공정무역 제품으로 할 것인가에 관

---

8   공정무역은 대화와 투명성, 존중에 기초해 국제무역에서 좀 더 공평한 관계를 추구하는 거래 기반의 파트너십이다. 공정무역은 특히 저개발국가에서 경제발전의 혜택으로부터 소외된 생산자와 노동자들에게 더 나은 거래조건을 제공하고 그들의 권리를 보호함으로써 지속가능한 발전에 기여해야 한다. 소비자들에게 지지받고 있는 공정무역 조직들은 생산자 지원, 의식 고양, 보편적 무역 관행 변화를 위한 캠페인에 적극적으로 참여해야 한다(FINE, 2004).

한 기준은 참여하는 행위자들 사이에 합의가 필요한 부분이다.

공정무역 제품을 인정하는 방식에는 크게 두 가지 흐름이 있다. 단일 마크 모델과 빅텐트 모델이다. 영국, 아일랜드, 스칸디나비아에서 공정무역마을운동을 할 때 해당 국가들은 국제공정무역기구의 자회사 FLOcert에서 인증한 공정무역 마크가 있는 제품을 공정무역 제품으로 인정하면서 운동을 발전시켜 왔다. 이 국가들은 단일 마크를 중심으로 운동을 전개한다(International Fair Trade Towns, 2015).

반면 빅텐트 모델은 넓은 범위에서 공정무역 상품의 판매를 촉구하는 포괄적 모델이다. 미국이 대표적 사례인데, 공정무역마을운동을 전개할 때 공정무역 제품으로 페어트레이드 아메리카(Fairtrade America), 페어 퍼 라이프(Fair for Life) 등 다양한 인증 제품과 수공예품을 포함한다(International Fair Trade Towns, 2015). 최근에는 많은 국가들이 인증·비인증 제품을 모두 공정무역 제품으로 인정하는 빅텐트 모델을 수용하고 있다.

국가별로 공정무역마을 인정을 위한 세부 목표를 수립할 때 공정무역 제품의 범위를 구성하는 과정은 자국의 공정무역운동의 토대 위에서 결정된다. 세부 목표는 국가별·지역별로 전개해 온 공정무역운동의 역사 및 사회, 문화, 정치 상황과 연결되어 있고, 이러한 복합적 요소들이 반영된다. 이 과정에서 기존의 공정무역운동의 중심 역할을 해왔던 인증기관들이 마을운동을 적극적으로 지원하고 있다. 자국의 공정무역 제품을 인증해 주는 기관인 영국공정무역재단이 그러하고, 미국의 공정무역 인증기관 페어트레이드 USA(Fair Trade USA)도 미국 공정무역마을위원회에 사무실과 인력을 지원한다(International Fair Trade Towns, 2015; Lyon, 2014).

이미 존재해 왔던 공정무역 영역의 행위자, 실천, 기술, 규칙 등에 기반으로 기존에 참여하지 않았던 행위자들 및 지역과 상호작용 하며 새롭게 제도를 생성해 가고 있다. 혁신을 이끄는 실천은 기존 제도에서 나온 것이며, 그 제도의 자원과 기술에 의존한다(Lawrence and Suddaby, 2006).

5) 의미체계 구성

공정무역마을운동은 이름 짓기, 교육, 이론화를 통해 의미체계를 구성하고 있다. 공정무역에 관한 여러 캠페인과 활동 중에서도 '공정무역마을'은 전 세계적으로 확산되어 글로벌 캠페인으로 발전해 왔다. 공정무역마을은 지역 특성에 따라 공정무역마을, 공정무역도시, 공정무역섬 등으로 명명하고 있지만, 공정무역마을이라는 통일된 정체성이 있다. 그리고 '공정무역마을', '공정무역학교', '공정무역대학', '공정무역종교기관'으로 명명함으로써 공정무역을 적극 지지하며, 공정무역 제품을 사용하는 공간과 커뮤니티라는 의미를 부여한다. 제도를 생성하면서 새로운 실천에 대해 이름을 짓는 것은 의미체계의 경계를 형성하고 이론화하는 과정이다.

국제공정무역마을운영위원회와 국가별 공정무역마을운영위원회는 공식 웹 사이트를 통해 공정무역마을을 만드는 데 필요한 방법과 관련 자료를 작성해 정부, 학교, 대학 등 행위자의 특성에 맞게 접근할 수 있는 방법을 제공한다. 또한 캠페이너들이 활용할 수 있는 자료를 제공하며 다양한 홍보 방법 등을 소개한다. 영국과 EU에서 공정무역 공공조달을 할 때 필요한 안내서 등이 그 예이다. 공정무역을 확산시키기 위해서는 정부의 정책 변화뿐만 아니라 공공조달에 공정무역을 포함시킬 필요가 있기 때문에 직접 구매, 견적, 입찰을 통한 방법 등도 소개하고 있다(Laurence Amand-Eeckhout, 2012; www.fairtrade.org.uk).

공정무역마을 인정 과정에 참여하는 행위자들은 이러한 자료를 참고해 필요한 기술과 지식을 획득한다. 그리고 지역의 행위자들은 이러한 기본 자료들을 바탕으로 지역 현실에 맞는 교육자료를 개발하고 지역의 다양한 행위자가 운동에 동참할 수 있도록 교육 및 캠페인 자료로 활용한다.

공정무역마을운동이 확산되면서 공정무역마을에 관한 연구들이 등장하고 있다(Fisher, 2012; Lyon, 2014; Malpass et al., 2007; Peattie and Samuel, 2015; Samuel and Emanuel, 2012; Smith, 2015). 이 연구들은 참여 관찰과 심층 면접을 통한 질적연구가 대부분이다. 그리고 지역의 행위자들의 실천을 통해 전개되는 운동의 특성상 장소와 연결된 논의들이 주를 이룬다(Malpass et al., 2007; Peattie and Samuel, 2015; Smith, 2015). 그리고 정치적 이슈(Fisher, 2012)와 관련한 연구들도 있다. 주로 지역의 특성과 공정무역운동의 결합으로 인해 지역의 행위자들이 어떻게 변화되어 가는지 연구한다.

영국 브리스톨에서는 공정무역마을운동을 전개하면서 '원조'와 '자선'이 의무적인 정치 행동으로 변화되어 왔다. 공동체 행동에 참여하면서 소비에 대한 인식이 변화하고, 브리스톨이라는 장소가 집합적 정치 영역이 되었다. 공정무역도시운동이 시작되면서 브리스톨은 노예무역을 통해 부를 축적했던 부정적 이미지에서 벗어나 공정무역 도시로 새로운 이미지를 얻었다. 브리스톨시 정부는 공공 조달에 관한 조례를 바꿔 공정무역을 공공 조달에 포함시켰다. 브리스톨에서 공정무역마을운동은 정치적으로 중립적 접근을 취했고, 공정무역 소비를 좋은 시민의 실천으로 의미화했다. 공정무역마을운동은 공정무역을 브리스톨의 상징적 이미지로 만들면서, 공정무역이 특정 장소에서 배태되도록 했다(Malpass et al., 2007).

기존의 공정무역운동이 전개되는 가운데 공정무역마을운동이 진행되며 겪는 갈등이 연구되기도 했다. 미국의 경우 기존 미션 주도의 공정무역운동과 시장 주도의 공정무역 제품 판매 사이의 갈등관계가 마을운동을 전개하는 과정에서도 드러났다. 이는 더 많은 공정무역 상품을 구매하도록 공동체 구성원, 기관, 정부를 설득할 때 문제가 되기도 한다. 공정무역에 대기업들이 참여하면서 공정무역 활동가들의 옹호 활동이 대기업을 마케팅해 주는 것처럼 보이고, 활동가들의 위치가 모호해지는 상황이 생긴다고 평가하기도 한다. 그러나 지역을 기반으로 대안 경제 실천을 촉진하기 위한 정치를 하는 과정에서 활동가와 소비자들이 공동체에 대해 비판적으로 생각할 수 있는 기회를 확장하고, 공정무역 담론과 실천을 재구성하는 기회가 형성될 수 있다. 공정무역마을운동을 통해 형성된 정체성과 관계는 고정된 것이 아니고, 집합적 노력을 통해 변화될 수 있다(Lyon, 2014).

공정무역마을운동 연구를 통한 이론화뿐만 아니라 국제 컨퍼런스를 통해서도 각국은 실천 경험을 나누고, 지식을 공유한다. 국제공정무역운영위원회는 매년 국제 컨퍼런스를 통해 국가별 공정무역마을운영위원회, 활동가, 연구자들이 모이는 장을 마련한다. 이 자리를 통해 지역별로 진행되는 마을운동에 관한 정보와 지식을 교환하고, 국제 네트워크를 형성한다. 이곳에서 새로운 실천 방법을 알게 되고, 지역사회에 적용할 수 있는 방법들을 고민하게 된다.

5. 시사점

한국의 경우, 인천시는 2010년(http://field.incheon.go.kr/articles/298), 서울시는 2012년(서울특별시, 2013.5.10), 서울시 성북구는(김동홍, 2013.2.8) 2013년, 부천시는(≪한겨레≫, 2016.12.5) 2016년에 공정무역 도시를 선언했다. 지방정부 주도로 공정무역마을 지위를 부여받기 위한 활동을 시작한 것이다. 서울시는 공정무역도시 선언 이후, '서울특별시 공정무역 지원 및 육성에 관한 조례'(서울특별시조례 제5384호, 2012.11.1.제정)를 제정했다. 공정무역마을 인정을 위한 첫 번째 목표를 실천한 것이다. 2013년부터 서울특별시 공정무역위원회를 구성해 운영하고 있으며, 서울특별시 청사 지하에 공정무역 가게 '지구마을'을 열어 공정무역 제품을 전시 및 판매를 하고 있다. 이는 공정무역 제품 판매와 소비를 촉진해야 하는, 공정무역마을의 목표 2번과 3번을 지원하기 위한 서울시의 의지가 담긴 실천이다.

서울시는 2013년부터 공정무역 교육, 연구, 커뮤니티 지원, 캠페인, 국제행사, 지구마을 운영 등을 해마다 지원해 왔다(쿠피협동조합, 2018). 그리고 서울시 사회적경제주간 행사에 공정무역단체들을 참여시켜 제품을 소개하고 판매할 기회를 제공하며(서울특별시 사회적경제과, 2015; 서울특별시 사회적경제과, 2016c), 각종 행사나 회의에서 공정무역 제품을 부분적으로 사용하고 있다. 그리고 공정무역의 날을 중심으로 공정무역을 알리기 위한 노력을 하고 있다(서울특별시 사회적경제과, 2016a, 2016b).

서울시는 공정무역마을 선언 이후에 공정무역마을 인정을 받기 위해 서울시의 자원 및 예산 지원, 시 차원에서 공정무역 제품 이용 및 판매처를 확대하려는 노력을 하고 있다. 제도 생성의 아홉 가지 유형 중에서 옹호, 권리부여, 교육이 진행되고 있다.

이러한 노력으로 인해 인천시, 서울시, 부천시, 화성시, 하남시, 경기도가 공정무역도시로 인정을 받았다. 이 외에도 서울시 성동구, 경상남도 진주시 등이 공정무역도시운동에 참여하고 있고, 공정무역학교, 공정무역대학 등을 하겠다는 커뮤니티들이 증가하고 있다.

공정무역마을 지위를 부여받기 위해서는 전략적으로 다양한 행위자들의 노력이 담긴 실천이 필요하다. 지방자치단체뿐만 아니라, 공정무역단체, 지역의 소매점, 사무실 등의 다양한 행위자가 참여하고, 실천이 동반되어야만 목표 달성이 가능하도록 제도화되어 있기 때문이다. 공정무역도시가 되고자 선언한 지방자치단체 외에도 다양한 지역에서 공정무역마을 지위를 부여받기 위해 선행해야 하는 실천은 다음과 같다.

첫째, 지방자치단체와 지역의 민간 행위자들은 상호 간의 공정무역마을 목표 달성을 위해 협력해야 한다. 상호 간에 제시된 목표를 이해하고 합의된 전략을 수립하며 행동에 옮겨야 한다. 공정무역마을은 정부와 지역의 다양한 행위자가 공통의 목표를 향해 실천을 하도록 제도화되어 있다.

둘째, 공정무역마을 인증뿐만 아니라 기업, 각종 기관, 학교 등의 집합적 행위자들이 적극적으로 공정무역을 지지하고 공정무역 제품을 소비할 수 있도록 지위를 부여하고 참여를 확산시켜야 한다. 한국은 2002년에 아름다운가게가 설립되어 공정무역 수공예품을 판매하면서 공정무역을 시작했다. 유럽이나 북미에 비해 공정무역의 역사가 매우 짧으며, 2002년 이후 소비자생활협동조합, 국제개발협력단체, 시민사회 단체, 일반 기업 등에서 공정무역 원료나 완제품을 수입해 판매하고 있다. 공정무역마을운동은 그동안 개인 소비를 중심으로 한 운동에서 집합적 행위자들이 참여하는 커뮤니티 중심의 운동으로써 실천 방식을 변화시킨 것으로(William and Davenport, 2007), 집합적 소비로 시장규모를 키울 수 있는 기회가 될 수 있다.

셋째, 공정무역 제품을 구입하고 소비할 수 있는 방식을 다양화해야한다. 현재 공정무역 제품을 구매할 수 있는 소매점이 부족한 실정이다. 일반 소매점뿐만 아니라 중앙정부와 지방정부가 보유한 시설을 위탁운영 하는 소매점과 카페 등에서 공정무역 제품을 취급하고 판매해야 한다. 그리고 일반 음식점뿐만 아니라 정부, 학교, 사무실, 단체 등에서 공정무역 제품의 소비를 늘려야 한다. 수많은 회의와 모임에서 공정무역 제품을 이용하는 실천을 확산시켜 나가야 한다.

넷째, 공정무역 및 공정무역마을에 대한 인식을 높이기 위한 교육과 캠페인의 실천이 확대되어야 한다. 2018년에 서울 시민 1000명을 대상으로 공정무역에 관한 인식 조사를 했을 때, 87%의 시민들이 "공정무역에 대해 들어본 적은 있다"고 응답했고, 이 중 10.2%가 "공정무역에 대해 정확하게 알고 있다"고 응답했다. 응답자 중 공정무역 제품을 구매해 본 경험이 없는 이들이 35.1%로 나타났으며, 그 이유로는 "어디서 구매해야 하는지를 몰라서", "무엇이 공정무역 제품인지 몰라서" 등이 높은 비율을 보였다(쿠피협동조합, 2018). 조사 결과는 공정무역을 홍보하고 캠페인을 진행할 때 소통할 내용과 방법에 대한 시사점을 제공한다.

다섯째, 지역사회에서 공정무역마을운동을 확산하기 위해 누구와 연대해 나갈 것인지를 전략적으로 결정하고 네트워크를 형성해야 한다. 공정무역에 관련된 행위자들과의 연대를 강화하는 것도 필요하지만, 공정무역에 참여하지 않는 다양한 행위자를 마을운동에 참여시키는 것도 중요하다. 사회적경제 조직들을 중심으로 로컬 푸드 운동과 연대할 수도 있고, 국제개발협력 기관, 종교단체 등과 연대를 강화해 나갈 수도 있다. 그리고 국제 연대도 강화해 나가야 한다. 2014년에 서울에서 세계공정무역기구 아시아(WFTO-ASIA) 컨퍼런스를 개최해[9] 20여 개국에서 300여 명의 공정무역 관계자들이 참여했고, 한국공정무역단체협의회나 일부 공정무역단체들이 세계공정무역기구에서 진행하는 국제회의나 국제 공정무역마을 컨퍼런스에 지속적으로 참여하면서 국제 네트워크를 형성했다. 유럽과 북미의 다양한 행위자들뿐만 아니라 생산자 조직과의 연대를 확대하고 정보를 교환하는 것은 공정하고 장기적인 파트너십을 목적으로 하는 공정무역운동의 취지에 부합하는 것이다.

지역별로 공정무역마을 선언 이후 달성까지 걸리는 시간은 다르다.

---

9   세계공정무역기구 아시아는 20개국에 134개의 회원이 참여하고 있고, 2년에 한 번 세계공정무역기구 아시아의 멤버들이 공정무역 안에서 관계를 강화하고 공정무역의 최신 동향을 나누는 컨퍼런스를 개최한다.

공정무역 제품 판매 매장이 많고, 공정무역 인지도가 높은 유럽에서는 쉽게 달성하는 편이지만, 공정무역에 대한 인지도가 낮은 지역일수록 달성이 어렵다. 공정무역마을의 달성 시간을 단축하는 것보다 지방자치단체, 공정무역단체, 지역 커뮤니티 등과의 상호 협의와 실천을 통해 공정무역마을이 지역사회에 건강하게 뿌리내리게 하는 것이 중요하다.

6. 결론

이 장은 공정무역마을 제도 생성 과정을 제도실천행동 관점으로 분석해, 공정무역마을을 만들고자 하는 다양한 행위자들에게 시사점을 제시했다. 분석 결과 공정무역마을 지위를 부여하는 제도가 생성되는 과정에서 다섯 가지 실천이 나타나고 있었다. 다섯 가지 유형 간에 순서가 있거나, 중요도가 다른 것은 아니다. 공정무역마을운동은 지역을 기반으로 한 다양한 행위자가 지역 특성을 반영해 다양한 실천을 하도록 인정 제도가 마련되어 있다. 국제적으로 공정무역마을운동에 동참하는 지역들은 '공정무역마을'이라는 공통의 이름을 사용하고 있지만, 지역별 행위자들은 지역의 문화, 사회, 정치, 환경 등 다양한 요소와 상호작용하면서 지역 특성이 반영된 다양한 실천을 하고 있다. 지역 행위자들의 능동적이고 자율적인 참여가 가능하도록 제도화한 것이다.

공정무역마을 인정 제도가 생성되는 과정을 제도실천행동 관점으로 분석하는 과정에서 한국의 지역들이 공정무역마을로 인정받으려면 무엇을 선행해야 하는지도 알 수 있었다. 공정무역마을운동에서는 다섯 가지의 국제적인 실천이 나타나고 있지만, 공정무역마을 제도를 생성하기 위해 이 다섯 가지를 모두 실천해야 하는 것은 아니다. 제도실천행동으로 분석해 본 결과, 공정무역마을은 특정 행위자들에게 역할을 부여하면서 실천을 유도하고 있었고, 지역·사회·정치·문화적 특성을 반영할 수 있도록 느슨하게 제도화되어 있다. 그리고 지역을 기반으로 공동체 인식과 실천의 변화를 이끌어내고 있으며, 생산자와의 관계 또한 재구성되고 있었다.

현재 국내의 여러 지역이 공정무역마을 지위를 획득하려는 의지를 보이고 있다. 이들이 어떠한 실천을 통해 목표를 이루며, 지역 특성을 반영한 제도를 생성해 나가는지에 대한 연구가 필요하다.

참고문헌

김동흥. 2013.2.8. "성북구, '공정무역 선도구, 성북' 선언". ≪머니투데이≫. http://www.mt.co.kr/
   view/mtview.php?type=1&no=2013020813211826275&outlink=1(검색일: 2016.9.4).

기획재정부. 2015.11.10. "정부, 제2차 국제개발협력 기본계획('16~'20) 확정". http://www.mofa.go.
   kr/webmodule/htsboard/template/read/korboardread.jsp?typeID=6&boardid=235&seqno=
   357022&c=TITLE&t=&pagenum=3&tableName=TYPE_DATABOARD&pc=&dc=&wc=&lu=
   &vu=&iu=&du=(검색일: 2016.9.4).

서울특별시. 2012.5.10. "서울시, 세계 공정무역 도시되기 위한 첫 걸음 뗀다". http://spp.seoul.go.
   kr/main/news/news_report.jsp?searchType=ALL&searchWord=&list_start_date=&list_end_date=
   &pageSize=&branch_id=&branch_child_id=&pageNum=1&communityKey=B0158&boardId=
   12635&act=VIEW(검색일: 2016.9.4).

서울특별시 공정무역 지원 및 육성에 관한 조례(제정 2012.11.1, 서울특별시조례 제5384호).

서울특별시 사회적경제과. 2015. 공정무역도시 서울 추진(예산서, 399쪽). http://opengov.seoul.go.kr/
   budget/4135257(검색일: 2016.9.4).

_____. 2016a. 매체배정 요청(공정무역)(사회적경제과-2547), http://opengov.seoul.go.kr/sanction/
   8210021(검색일: 2016.9.4).

_____. 2016b. 공정무역 교육과정 신설 요청(사회적경제과-3335). http://opengov.seoul.go.kr/
   sanction/8354489(검색일: 2016.9.4).

_____. 2016c. 2016 서울 사회적 경제 기념행사 중 공공구매 부스운영 안내(사회적경제과-5792).
   http://opengov.seoul.go.kr/sanction/8891093 (검색일: 2016.9.4).

장승권·김선화·조수미. 2016. 「공정무역의 가치사슬과 주류화: 한국의 공정무역 사례」. ≪국제지역연
   구≫, 25권, 97~131쪽.

쿠피협동조합. 2013a. 『한국 공정무역 사업의 경영효율성 증대 방안 연구: 가치사슬 분석을 통한 한국
   공정무역 사업의 경영효율성 증대방안』. 한국공정무역단체협의회(미간행).

_____. 2013b. 『공정무역의 민관거버넌스 모델 탐구: 세계 공정무역도시 우수 사례 연구를 통한 국내
   공정무역 도시의 발전 방향 모색』. 한국공정무역단체협의회(미간행).

_____. 2013c. 『사회적경제에 기반한 한국공정무역단체의 사례연구: 가치사슬 모형을 바탕으로 한 국내
   외 공정무역단체 사례연구』. 한국공정무역단체협의회(미간행).

_____. 2014. 『한국 공정무역마을 활성화를 위한 인증도입 방안』. 서울특별시(미간행).

_____. 2015. 『서울시 공정무역 현황 및 공정무역도시 전략 연구』. 서울특별시(미간행).

_____. 2016. 『서울시 공정무역 현황과 과제』. 서울특별시(미간행).

_____. 2017. 『서울시 공정무역 활성화 방안』. 서울특별시(미간행).

_____. 2018. 『"공정무역 도시 서울" 활성화 방안』. 서울특별시(미간행).

한겨레. 2016.12.5. "부천시, 공정무역도시 선포". http://www.hani.co.kr/arti/society/area/773303. html(검색일: 2017.5.29).

Bourdieu, P. and L. J. D. Wacquant. 1992. An Invitation to Reflexive Sociology. Chicago: University of Chicago.

Crowther, B. 2014. "Fair Trade Towns-Branching out around the world." http://wfto-europe. org/uncategorized/fair-trade-towns-branching-our-around-the-world/(검색일: 2016.10.25).

Davies, I. 2009. "Alliances and Networks: Creating Success in the UK Fair Trade Market." *Journal of Business Ethics*, Vol.86, No.S1, pp.109~126.

DiMaggio, P. J. and W. Powell. 1983. "The Iron Cage Revisited: Institutional Isomorphism and Collective Rationality in Organizational Fields." *American Sociological Review*, Vol.48, No.2, pp.147~160.

Doherty, B., V. Bezençon and G. Balineau. 2015. "Fairtrade International and the European Market." in L. T. Raynolds and E. A. Bennett(eds.). *Handbook of Research on Fair Trade*. MA: Edward Elgar Publishing.

Doherty, B., I. A. Davies and S. Tranchell. 2012. "Where now for fair trade?" *Business History*, pp.1~29.

Fairtrade Foundation. 2016. "The fairtrade town action guide." http://121860.w60.wedos.ws/media/ com_form2content/documents/c12/a184/f2069/UK%20FTT%20ACTION%20GUIDE.pdf(검색 일: 2016.10.25).

Fairtrade International. 2015. "Sustainable Development Goals and Fairtrade: the case for partnership." http://www.fairtrade.net/new/latest-news/single-view/article/sustainable-development-goals-and-fairtrade-the-case -for-partnership.html(검색일: 2016.10.25).

Fisher, E. 2012. "The Fair Trade Nation: Market-Oriented Development in Devolved European Regions." *Human Organization*, Vol.71, No.3.

Giddens, A. 1984. The Constitution of Society: Outline of the Theory of Structuration. Cambridge: Polity Press.

Golsorkhi, D., L. Rouleau, D. Seidi and E. Vaara. 2010. "Introduction: What is Strategy as Practice?" in D. Golsorkhi, D. Rouleau, D. Seidl and E. Vaara(eds.). *Cambridge Handbook of Strategy as Practice*. Cambridge: Cambridge University Press.

Hutchens, A. 2009. *Changing Big Business: The Globalisation of the Fair Trade Movement*. MA: Edward Elgar Publishing.

Huybrechts, B. 2012. *Fair Trade Organizations and Social Enterprise*. Oxford: Routledge.

International Fair Trade Towns. 2015. "International Fair Trade Towns Steering Committee Guidelines for Fair Trade Towns." http://www.fairtradetowns.org/media/com_form2content/

documents/c1/a188/f2/Int%20FTTs%20GUIDELINES%20Steering%20Comm%202015.pdf(검색
일: 2016.10.25).

Johnson, G., A. Langley, L. Melin and R. Whittington. 2007. *Strategy as Practice: Research Directions and Resources*. Cambridge: Cambridge university press.

Karjalainen, K. and C. Moxham. 2013. "Focus on Fairtrade: Propositions for Integrating Fairtrade and Supply Chain Management Research." *Journal Bus Ethics*, Vol.116, pp.267~282.

Keahey, J. 2015. "Fair trade and racial equity in Africa." in L. T. Raynolds and E. A. Bennett(eds.). *Handbook of Research on Fair Trade*. MA: Edward Elgar Publishing.

Laurence Amand-Eeckhout. 2012. "Fair trade in public procurement in the EU." http://121860.w60. wedos.ws/media/com_form2content/documents/c1/a245/f2/FT%20in%20EU%20Public%20Pro curement%207-12.pdf(검색일: 2016.10.25).

Lawrence, T. B. and R. Suddaby. 2006. "Institutions and Institutional Work." in S. R. Clegg, C. Hardy, T. B. Lawrence and W. R. Nord(eds.). *The Sage Handbook of Organization Studies*. London: Sage Publications.

Lawrence, T. B., R. Suddaby and B. Leca. 2009. Introduction: Theorizing and Studying Institutional Work. *Institutional Work: Actor and Agency in Institutional Studies of Organizations*. Cambridge: Cambridge University Press.

_____. 2011. "Institutional Work: Refocusing Institutional Studies of Organization." *Journal of Management Inquiry*, Vol.20, No.1, pp.52~58.

Lawrence, T. B., B. Leca and T. B. Zilber. 2013. "Institutional Work: Current Research, New Direct-ions and Overlooked Issues." *Organization Studies*, Vol.34, No.8, pp.1023~1033.

Levin, M and D. Greenwood. 2014. "A History of Qualitative Inquiry in Social and Educational Research." in N. K. Denzin and Y. S. Lincoln(eds.). *Handbook of Qualitative Research*, 4th ed. Sage publications, inc.

Lyon, S. 2014. "Fair Trade Towns USA: Growing the Market within a Diverse Economy." *Journal of Political Ecology*, Vol.21, pp.145~160.

_____. 2015. "Fair trade and indigenous communities in Latin America." in L. T. Raynolds and E. A. Bennett(eds.). *Handbook of Research on Fair Trade*. MA: Edward Elgar Publishing.

Malpass, A., P. Cloke, C. Barnett and N. Clarke. 2007. "Fairtrade urbanism? The Politics of Place beyond Place in the Bristol Fairtrade City Campaign." *International Journal of Urban and Regional Research*, Vol.31, No.3, pp.633~645.

Meyer, J. W. and B. Rowan. 1977. "Institutionalized Organizations: Formal Structure as Myth and Ceremony." *American Journal of Sociology*, Vol.83, No.2, pp.340~363.

Mook, L., J. R. Whitman, J. Quarter and A. Armstrong. 2015. *Understanding the Social Economy of the United State*. Toronto: University of Toronto Press.

Nicholls, A. and B. Huybrechts. 2014. "Sustaining Inter-organizational Relationships Across Institutional Logics and Power Asymmetries: The Case of Fair Trade." *Journal of Business Ethics*.

Nicholls, A. and Opal, C. 2005. *Market-Driven Ethical Consumption*. London: SAGA Publication.

Orlikowski, W. J. 2010. "Practice in Research: Phenomenon, Perspective and Philosophy." in D. Golsorkhi, L. Rouleau, D. Seidl and E. Vaara(eds.). *Cambridge Handbook of Strategy as Practice*. Cambridge: Cambridge University Press.

Peattie, K. and A. Samuel. 2015. "Places Where People Matter: The Marketing Dynamics of Fairtrade Towns." *Social Business*, Vol.5, No.3, pp.237~254.

Raynolds, L. T. and E. A. Bennett. 2015. "Introduction to Research on Fair Trade." In L. T. Raynolds and E. A. Bennett(eds.). *Handbook of Research on Fair Trade*. MA: Edward Elgar Publishing.

Raynolds, L. T. and N. Greenfield. 2015. "Fair Trade: Movement and Markets." In L. T. Raynolds and E. A. Bennett(eds.). *Handbook of Research on Fair Trade*. MA: Edward Elgar Publishing.

Reed, D. 2009. "What do Corporations have to do with Fair Trade? Positive and Normative Analysis from a Value Chain Perspective." *Journal of Business Ethics*, Vol.86, No.1, pp.3~26.

Reinecke, J. and S. Ansari. 2015. "When Times Collide: Temporal Brokerage at the Intersection of Markets and Developments." *Academy of Management Journal*, Vol.58, No.2, pp.618~648.

Samuel, A. and L. Emanuel. 2012. "Fairtrade Towns: Place(ing) Responsibility, Spaces and Flows." *An International Journal of Urban and Extra Urban Studies*, Vol.2, No.2, pp.191~201.

Scott, W. R. and G. F. Davis. 2007. *Organizations and Organizing*. New Jersey: Prentice Hall.

Scott, W. R. 2001. *Institution and Organizations*, 2nd ed. Thousand Oaks, CA: Sage.

Smith, A. M. 2015. "Fair Trade Places." in L. T. Raynolds and E. A. Bennett(eds.). *Handbook of Research on Fair Trade*. MA: Edward Elgar Publishing.

Smith, S. 2015. "Fair Trade and Women's Empowerment." in L. T. Raynolds and E. A. Bennett(eds.). *Handbook of Research on Fair Trade*. MA: Edward Elgar Publishing.

Velly, R. L. 2015. "Fair Trade and Nainstreaming." in L. T. Raynolds and E. A. Bennett(eds.). *Hand-book of Research on Fair Trade*. MA: Edward Elgar Publishing.

William, L. and Davenport, E. 2007. "To Boldly Go... Exploring Ethical Spaces To Repoliticise Ethical Consumption and Fair Trade." *Journal of Consumer Behaviour*, Vol.6, No.5, pp.336~348.

Wilson, B. R. and T. Mutersbaugh. 2015. "Fair Trade Certification, Performance and Practice." in L. T. Raynolds and E. A. Bennett(eds.). *Handbook of Research on Fair Trade*. MA: Edward Elgar Publishing.

3장 공정무역을 통한 협동조합 간 협동

두레생협의 공정무역 사례연구

김선화·장승권

* 이 장은 김선화·장승권, 「협동조합간 협동의 실천과정: 두레생협의 공정무역 사례연구」, ≪한국협동조합연구≫, 36권 2호(2018), 93~113쪽을 일부 수정·보완하여 실었다.

1. 서론

협동조합 간 협동(co-operation among co-operatives)은 ICA(International Co-operative Alliance, 국제협동조합연맹)의 협동조합 원칙 중 하나다. 이는 지역(local), 국가(national), 국제(international) 등 여러 차원에서 협동조합운동을 강화해 나갈 것을 권고하고 있다. 일반적으로 말하면, 같은 산업에서 경쟁 관계에 있는 조직들 간의 협동은 쉽지 않다. 그런데 협동조합들은 원칙적으로 서로 간의 협동을 강조하면서 일반 사업체와는 다른 실천을 해야 한다고 말한다. 그러나 실제로 협동의 동기와 필요성을 설명하는 경우는 많아도, 어떤 과정을 거치면서 서로 협동하는지를 이론적으로 설명하는 경우는 드물다. 장원석과 이지은(2009: 196)은 한국 생협들 간에 협동이 잘 이루어지지 않는다고 설명하면서, 근본적인 취지와 목적이 유사한 생협과 여타 협동조합 간의 협동을 강조하고 있지만, 이를 주제 삼아 본격적으로 연구하지는 않았다. 송재일(2015)은 협동조합법제 측면에서 협동조합 간 협동의 필요성과 이를 위한 정책을 논하고 있지만, 실제 사례를 분석하지는 않았다.

이 장의 목적은 협동조합들이 서로 협동하는 실천 과정을 사례연구로써 보여주는 것이다. 이를 위해 공정무역을 실천하면서 지역과 세계를 넘나들며 협동조합과 협동을 이뤄온 두레생협(두레)의 사례를 분석한다. 한국의 소비자생활협동조합인 두레는 공정무역을 실천하면서 일본의 생협과 관련 조직, 아시아의 생산자 조직, 한국의 다른 생협들과 협동을 확대하고 강화해 왔다. 두레의 공정무역은 국내외 협동조합들과의 복합적인 협동 과정을 볼 수 있는 좋은 사례이기 때문에 이를 통해 협동조합 간 협동의 실천 과정을 보여주려는 것이다.

협동의 실천 과정은 다양한 이론 모형으로 설명할 수 있다. 이 장에서는 그중 제도이론을 선택했으며, 협동의 실천을 협동조합 조합원 간의 선의나 의사결정자의 전략적 선택으로 해석하는 관점을 따르지 않을 것이다. 그보다는 협동이 행위자들의 의도가 담긴 실천 과정이며, 이에 대한 정당성을 확보하기 위해 행위자들이 다양한 노력을 하고 이를 지속하기 위해 제도로 만들어가는 과정이라고 설명할 것이다. 조직 연구에서 제도이론의 가장 큰 기여는 특정 분야에서 형성된 규범과 신념, 사회적 규칙과 조직이 상호작용하는 것을 분석하는 틀을 제공했다는 것이다(Scott and Davis, 2007). 물론 제도이론 내에서도 다양한 관점이 존재한다. 제도가 행위자의 행동을 규제하거나 통제하는 데 초점을 맞추기도 하고, 행위자들이 제도를 생성하거나, 변화시키거나, 와해시키는 과정에 집중하기도 한다. 이 장은 제도를 생성하거나 변화시키려는 행위자들의 집합적 실천에 초점을 맞춘다. 이 장에서 협동조합 간 협동은 행위자들의 집합적 실천을 통해 제도를 생성하는 과정으로 보기에 제도이론을 차용했다.

한국의 소비자생활협동조합(생협)들은 1980년대 이후에 한국에서 생산되는 친환경 유기 식품을 조합원들에게 판매하기 시작하면서 등장했다. 현재 친환경 유기 식품을 주요하게 취급하는 4개의 생협연합이 있으며, 2015년 기준으로 약 1조 원의 규모를 형성하고 있다(오수진, 2017: 39). 한국 생협들은 국내에서 생산된 안전한 먹거리를 조합원들에게 공급하려는 목적으로 운동을 전개했다(김기섭, 2012; 2016). 정도의 차이는 있으나 생협은 국내 생산자들이 안전하게 농산물을 생산할 수 있도록 다각도로 지원하면서 한국의 도농 교류, 로컬 푸드, 친환경 유기농과 같은 사회적 이슈를 지속적으로 확산시켜 왔다(신성식, 2013: 26). 한국 생협은 설립 당시부터 '국내' 친환경 유기 농산물의 생산과 소비를 위한 운영 구조와 실천을 전개해 왔다. 공통적으로 생협 조직을 운영할 때, '국내' 친환경 유기 농산물 생산, 유통, 판매를 당연시하는 의미체계를 형성하면서 제도화되어 왔다. 따라서 생협의 조합원들이 국내에서 생산되지 않는 품목, 예를 들어 설탕을 취급할 것을 요구하더라도 인지적·규범적으로 국내산 친환경 유기 식품의 생산과 소비 운동에 부합하지 않기 때문에 수입 식품을 취급하는 것을 반대하거나 최소화하려는 시도들이 있어왔다(김성희, 2012; 모심과살림연구소, 2017: 64).

이러한 분위기 속에서 2004년에 두레는 아름다운가게에 이어 한국에서 두 번째로 공정무역을 시작했다(장승권·김선화·조수미, 2016: 114). 조직 내부와 생협 분야의 수입 물품 취급에 대한 반대 의견이 많았지만 공정무역 설탕을 취급하기 시작했고, 계속해서 공정무역에 관해 다양한 활동을 전개하며 네트워크를 확장해 왔다. 그리고 2017년에 두레는 자회사 에이피넷(APNet)을 한살림, 행복중심생협(행복중심), 한국대학생활협동조합연합회(대학생협)가 함께 출자하는 다중 이해 관계자 협동조합 피플스페어트레이드협동조합(People's Fair Trade Coop, 피티쿱)으로 법인을 전환했다.

이 장의 연구 범위와 관련된 한국 생협의 공정무역 실천을 분석한 연구는 많지 않다. 김정희(2006)는 두레가 거래하는 공정무역 생산지인 필리핀의 여성 생산자들에 관해 연구했고, 엄은희(2010)는 아이쿱 생협이 거래하는 필리핀 생산자 조직을 연구했다. 조수미와 장승권(2016)은 아이쿱 생협의 공정무역 실천을 전략 이론을 통해 분석했으며, 장승권·김선화·조수미(2016)는 한국의 공정무역 전반을 가치사슬 관점에서 분석했다. 한국 생협의 공정무역 사례를 제도이론으로 분석한 연구는 없다. 따라서 이 장에 적합한 연구방법은 탐색적 사례연구이다(Yin, 2003). 연구를 수행하기 위해서 사례에 대한 문헌, 면접, 참여 관찰 등의 다양한 방법으로 자료를 수집해 분석했다.

이 장은 두레의 공정무역 실천이 협동조합 간 협동의 과정이었다는 것을 설명한다. 처음에는 공정무역을 실천할 목적이었으나, 실천을 수행하고 확장하기 위해서 협동조합 간의 협동을 실행한 것이다. 연구 질문은 다음과 같다. 두레는 공정무역을 실천하기 위해서 어떠한 실천행동을 해왔는가? 그리고 어떤 과정을 통해 협동조합 간의 협동이 이루어졌는가? 이 장의 기술 내용과 순서는 첫째, 분석 모형을 도출하기 위해 제도이론을 검토한다. 둘째, 연구 방법과 대상을 상세히 기술한다. 셋째, 발견한 내용을 기술한다. 마지막으로 연구 결과를 정리하고 추후 연구과제를 제시한다.

2. 제도이론

제도이론이 조직 연구에서 집중적으로 관심을 받기 시작한 것은 1970년대 신제도이론(neo-institutional theory)이 등장하면서부터이다. 그전에도 정치학, 경제학, 사회학에서 제도에 관심을 기울였던 학자들이 있었으나 조직 연구의 주목받는 관점은 아니었다(Scott and Davis, 2007: 258). 이에 비해 셀즈닉(Selznick, 1949)은 신제도이론(neo-institutional theory) 이전에 제도이론에 공헌한 학자로 주목할 필요가 있다. 셀즈닉(Selznick, 1949)은 조직이 초기의 목적과 계획하던 바와는 무관하게 다른 조직으로 변화된 과정을 연구했다. 그는 조직이 외부 환경의 영향하에서 정당성(legitimacy)을 확보하며 초기 목적과는 다른 조직으로 존속한다고 주장했다. 그의 연구는 합리적으로 디자인된 기술적 도구로서의 조직 개념에 대한 문제 제기를 담고 있다(Scott and Davis, 2007: 73).

　제도의 정의는 학문 분과에 따라 다양하다. 일반적으로 경제학자와 정치학자들은 규제적 요소를 강조하고, 사회학자들은 규범적 요소에 초점을 맞추며, 인류학자나 조직이론가들은 문화·인지적 요소를 강조하는 경향이 있다(Scott and Davis, 2007: 258). 이때 경제학자들의 접근과 사회학자들의 접근이 다른데, 제도경제학자 노스(North, 1990)는 거래 비용을 관리하기 위한 규칙 또는 거버넌스 시스템으로서 제도를 정의한다. 제도경제학자나 정치학자들은 인간의 행동을 규제하는 규칙들을 제도의 주된 요소로 보았다. 반면 제도사회학자들은 공유된 의미체계를 제도로 정의하며 공유된 규범과 가치에 초점을 맞춘다(Scott and Davis, 2007). 스콧(Scott, 2001: 48)은 제도를 문화·인지적 요소, 규범적 요소, 규제적 요소로 구분한다. 문화·인지적 요소는 공통의 상징 시스템과 공유된 의미로서 행위자가 당연하다고 여기는 것들을 의미하고, 규범적 요소는 사회적 의무와 같은 사회의 구성원들이 규범으로 여기는 것들을 의미하며, 규제적 요소는 법령, 명문화된 규칙과 같은 것을 의미한다.

　신제도이론은 제도적 압력에 의해서 조직이 유사한 구조나 제도를 선택하는 제도적 동형화(institutional isomorphism)에 관심을 기울였다. 신제도이론은 사회적으로 당연시되고 정당성 있는 조직 구조나 실천을 받아들여 안정적으로 재생산되는 현상을 제도화(institutionalization)라고 정의했으며(Meyer and Rowan, 1977; DiMaggio and Powell, 1983), 조직의 구조나 실천이 확산되고 제도화되는 구조적 단위, 즉 조직에 영향을 행사하는 무대를 조직 필드(organizational field)라고 명명했다(DiMaggio and Powell, 1983). 조직 필드에서 조직은 동일한 의미 시스템에 참여하고, 유사한 상징적 과정 속에서 공통된 규제를 적용받는다(Scott, 1994). 특정 조직 필드에 속한 조직들은 상호작

그림 3-1　제도와 행위의 순환

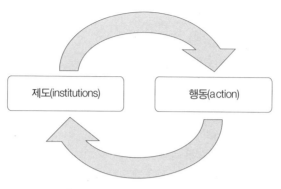

자료: Lawrence, Suddaby and Leca(2009: 7).

용을 통해 실제 성과와 상관없이 제도적 동형화 현상을 일으키는 것이다.

　　신제도이론에서는 행위자들의 행동을 합리적 행위자들의 목적 지향 적인 선택의 결과로 보지 않고, 제도적으로 바람직하며 당연하다고 정의 해 준 것을 따른다고 보았다. 또한 제도를 외부에서 주어진 환경으로 보 고 조직이 이 환경에 적응해 가는 과정에 대해 관심을 기울였다. 즉 〈그 림 3-1〉의 상단에 있는 화살표에 초점을 맞춰 개인이나 조직의 행동을 제 도에 의해 통제되는 것으로 간주한다(Lawrence, Suddaby and Leca, 2009: 3). 신제도이론은 조직이 제도적 요소들을 포함하고 있다는 것을 드러냄으 로써 기능주의와 합리주의가 지배하던 거시 조직 이론과 사회과학에 새 로운 패러다임을 제시했다. 또한 제도화가 진행되는 구체적인 구조와 메 커니즘, 그리고 그 결과에 대해 이론 모형을 제공함으로써 실증 연구를 증가시켰다(신동엽·이상묵·김선혁, 2008). 하지만 동형화 현상에 초점을 맞춤 으로써 조직의 재량권(discretion)이나 행위자에게 허용된 권력들을 설명하 지 못하는 한계를 지적받아 왔다(Scott and Davis, 2007: 276).

　　최근 조직 연구자들은 제도가 생성되고, 변화되고, 소멸되는 과정에 관심을 갖고, 조직을 제도의 수동적인 채택자가 아니라 능동적으로 대응해 가는 행위자로서 주목하기 시작했다(Scott and Davis, 2007: 277). 이후 제도적 기업가정신(institutional entrepreneurship)하에 행위자는 제도를 극적으로 형성할 수 있는 강력하고 영웅적인 인물로 묘사되는 경향을 띠었다(Lawrence, Suddaby and Leca, 2009: 3).

제도실천행동 관점은 제도적 기업가정신, 제도적 변화와 혁신, 탈제도화에 관한 작업을 연결하고 확장한 것으로, 제도를 생성·유지·와해하는 실천적 행동에 관한 개념이다(Lawrence, Suddaby and Leca, 2009: 1). 〈그림 3-1〉의 하부 화살표와 같이, 제도에 미치는 개인 또는 집합적 행위자 행동의 영향에 초점을 맞춰 연구했다. 제도실천행동 관점에서 제도는 제도를 재생산하거나 바꾸거나 파괴하기 위해 취하는 특정 행동의 산물로 보았으며(Lawrence and Suddaby, 2006: 216~220), 생성·유지·와해시키려는 개인 및 조직의 목적 있는 행동으로 묘사한다(Lawrence and Suddaby, 2006: 215). 이 개념은 의도적 행동을 강조하면서도 행위자들이 초기에 고안한 것과 다른 제도가 생성될 수 있다고 상정했고, 성취, 성공, 실패보다는 활동에 대한 연구에 초점을 맞췄다. 실천행동의 개념은 제도에 영향을 미치기 위해 행해지는 물리적 또는 정신적 노력으로 이해되며, 목표를 이루려는 노력과 연결되어 있다. 즉, 의도(intentionality)와 노력의 의미가 내포되어 있는 것으로, 의도는 미래 지향적이며, 사회적 상황을 재형성하려는 의미가 담긴 것이다(Lawrence, Suddaby and Leca, 2011).

행위자의 행위성은 제도를 유지하기 위해 풍부한 이해를 허용하는 습관과, 실천행동으로 행위자들에게 배태된 제도 맥락 안에서 전략적으로 반응하는 활동으로 정의한다. 또한 제도 내에서 행위자들은 다르게 인지하고 해석하면서 각기 다른 제약에 기반으로 지배적인 내러티브에 도전하는 다양한 스타일이 있으며(Hutchens, 2009), 행위자들은 바라는 목적을 달성할 수도 달성하지 못할 수도 있다(Lawrence and Suddaby, 2006).

제도실천행동 관점에서 제도란 결정론적이지도 선형적이지도 않다. 이 점이 기존 제도이론과 다른 점이다(Lawrence, Suddaby and Leca, 2011). 그리고 제도실천행동은 기존 제도이론과 달리 개인과 집합적 행위자들의 의식, 기술, 성찰에 초점을 맞춘다. 제도를 유지·관여·변화시키는 행위자의 집합적 실천을 이해하려는 것이다. 하지만 혁신을 이끄는 실천은 기존 제도에 배태된 것이고, 그것이 발생한 분야의 자원과 기술에 의존하고 있다(Lawrence and Suddaby, 2006).

로런스와 수다비(Lawrence and Suddaby, 2006)는 기존 조직 연구 논문을 분석해 제도가 생성·유지·와해되는 과정에서 다양한 실천행동을 관찰할 수 있다고 설명한다. 여기서 실천 관점은 의도하지 않고 기대하지 않는 방식으로 존재하는, 사회적이거나 기술적인 구조와 상호작용한다. 제도의 생성, 유지, 와해 시에 나타나는 실천행동은 이와 다르다. 제도를 생성하는 과정은 규칙 체계(rule system)의 정의(defining), 권리부여(vesting), 정체성 구성(constructing identities)과 규범적 네트워크 구성(constructing normative networks) 등의 실천행동을 수행한다. 제도 유지 과정에서는 감시 활동(policing), 신화화(mythologizing), 루틴화(routinizing) 등의 실천행동을 행한다. 제도가 와해되는 과정에서는 도덕적 토대의 분리(disassociating moral foundations), 가정과 신념을 손상시키는 행위(undermining assumptions and beliefs) 등이 진행된다. 이러한 실천행동은 인지, 규범, 사회적 행위, 자산과 같은 유무형 토대 등 모든 차원에서 일어난다. 제도실천행동 관점에서 실천행동은 동시에 수행될 수 있는데, 이는 제도가 중단되거나 유지되거나 만들어질 수 있다는 것을 의미한다(Lawrence, Leca and Zilbe, 2013). 이 과정에서 제도는 의도하거나 의도하지 않은 결과를 포함하게 된다(Lawrence, Suddaby and Leca, 2009; Lawrence, Suddaby and Leca, 2011). 하지만 결과보다는 행위자들의 실천으로서 제도를 이해하는 것이 중요하다.

자이츠마와 맥나이트(Zietsma and McKnight, 2009)는 캐나다 산림산업의 기존 제도가 와해된 상황에서 여러 개의 초기 제도가 생성되는 과정을 분석했으며 행위자들이 촉진(promotion), 지지자들과의 네트워크 구축, 규제 강화, 경쟁자와의 융합을 통해 제도를 생성한 것으로 보았다. 복센바움과 피더슨(Boxenbaum and Pedersen, 2009)은 제도실천행동(institutional work)의 사례로 스칸디나비아 지역의 제도주의를 연구했는데, 비공식 네트워크로 시작해 공식 연합(association)을 구성하고, 행위자들이 함께 워크숍, 컨퍼런스, 책 집필 등의 이론화(theorizing)를 하면서 스칸디나비아 지역 제도주의의 정체성 형성 과정을 분석했다. 가우어와 필립스(Gawer and Phillips, 2013)는 특정 기간 동안의 인텔사의 제도 논리의 변화를 제도실천행동 관점으로 연구했다. 이처럼 제도가 생성되는 분야의 사회적·문화적·지역적 상황이나 분야의 특성 등에 따라서 제도 생성 시 실천행동은 다르게 나타난다.

이 장에서는 제도실천행동 관점을 사용해 두레의 공정무역 실천 과정을 중심으로, 공정무역을 실천하기 위해 어떠한 실천행동을 수행했으며, 어떻게 조직 간 협력을 통해서 협동조합 간 협동의 제도를 생성해 왔는지 분석할 것이다.

3. 연구 방법 및 대상

1) 연구 방법

사례연구 방법론은 사례 기반 조사와 관련된 사회 세계를 조사하기 위한 것이다. 이 장의 사례는 두레라는 조직을 분석 단위로 한다. 조직을 분석 단위로 하지만 조직이 설립됐을 당시부터 현재까지를 모두 연구하는 것은 아니다. 두레가 조합원들로부터 안전한 설탕을 취급해 달라는 요청을 받을 당시인 2003년부터 2018년까지로 시간을 제한하며, 관찰한 활동의 범위도 공정무역에 관련된 활동으로 제한했다.

두레의 공정무역 실천에 관한 선행 연구가 없는 상황으로, 이 장은 탐색적 성격을 띤다(Yin, 2003). 행위자들의 의도와 실천의 복잡한 과정을 드러내기 위해서 사례연구 방법이 적절하다. 설명적 사례연구는 시간 경과에 따라 하나의 사례 또는 경계를 가진 여러 사례를 탐색하며, 다양한 정보원(관찰, 면접, 시청각 자료, 문서와 보고서 등)을 포함해 자료를 상세하게 수집하고, 사례 주제를 가지고 사례를 기술한다(Creswell, 1998).

이 장의 필진은 2013년부터 한국의 공정무역의 현황을 연구하면서 공정무역 분야의 변화를 관찰해 왔다. 저자들은 2017년과 2018년에 피티쿱의 창립총회, 사업 보고회, 두레의 생산자 초청 행사, 일본의 사업 파트너 얼터 트레이드 재팬(Alter Trade Japan, Inc. ATJ)[1] 초청 행사 등에 참석하면서 공정무역에 관해서 어떠한 내용을 전달하려는지 관찰했다.

연구를 위한 면접은 2018년 상반기에 진행했다. 협동조합 간의 협동이 일어나는 과정을 분석하기 위해서 두레생협연합 관계자뿐만 아니라 의사결정과 실행 과정에 참여한 대학생협, 한살림 관계자 또한 면접했다. 면접 대상자는 조직의 임원이거나, 해당 업무의 실무자로서 의사결정에 참여하거나, 실무에 직접 참여한 관계자들이었다.

면접은 약 1시간에서 2시간 동안 사무실에서 진행되었다. 제한된 시

---

1   ATJ는 1989년에 일본에서 설립되었으며 현지 법인으로 인도네시아에 새우를 가공 수출하는 얼터 트레이드 인도네시아(PT. Alter Trade Indonesia, ATINA)와 동티모르에서 커피를 수출하는 얼터 트레이드 티모르(Alter Trade Timor)가 있다(ATJ, 2018).

표 3-1 면접 개요

번호	기관명	직급	근무 경력	면접일 및 시간	장소
1	피티쿱	사업 총괄	4년	2018년 4월 16일(2시간)	사무실
2	피티쿱	생산자 파트	4년	2018년 4월 16일(1시간)	커피숍
3	대학생협	사무국장	8년	2018년 4월 17일(2시간)	사무실
4	두레생협연합회	회장	4년	2018년 4월 18일(2시간)	사무실
5	두레생협연합회	사무국장	2년	2018년 4월 18일(2시간)	사무실
6	한살림	전무	27년	2018년 4월 23일(1시간)	사무실

간 동안 필요한 정보를 얻기 위해서 사전에 정보를 모았고, 그것을 기반
으로 질문지를 구성했으며, 면접을 하면서 필요한 경우 추가적인 질문을
하는 반구조화된 면접을 했다. 공정무역을 했던 동기, 공정무역 실천 역
사, 생산지 방문 경험, 공정무역과 민중교역의 차이, 조직을 전환하기로
결정한 이유 등에 관해 질문했다. 면접에 참여했던 이들 중에 일부 면접
자의 경우 추가적인 정보를 얻고 확인하기 위해 여러 차례 전화, 이메일
등의 방식으로 소통했다. 면접 내용 중에 발췌하고 본문에서 인용한 내
용은 면접 참여자를 보호하기 위해서 면접 참여자가 누구인지 본문에 표
기하지 않았다.

2) 연구 대상

이 장은 두레의 공정무역 실천을 연구한다. 두레의 공정무역 실천을
파악하기 위해서는 두레가 속한 한국 생협이라는 조직 필드의 특성을 이
해할 필요가 있다.

한국 생협은 급격한 경제성장기에 시민사회운동 속에서 등장했다.

표 3-2 **연구 대상**

조직명	설립 연도	참여 생협 수	매장 수	조합원 수	공급액
두레생협연합회 (에이피넷 → 피티쿱)	1997년 (2004 → 2017)	29개 (4개)	115개	20만 명	1208억 원 (19.2억 원)

자료: 두레생협연합(2018a)과 면접을 참고해 저자가 작성했다.

한국 생협들은 국내산 식품의 안전한 생산과 소비에 초점을 맞춰 공급사슬과 대안 시장을 형성해 왔다(김기섭, 2012). 그들은 농산물을 직거래하면서 거래 비용을 줄이고 사람 간의 관계를 강화하는 시민 결사체로서 역할을 했다(허미영, 2008; 김기섭, 2016). 또한 국내산 친환경 유기농식품의 생산 조직과 소비 조직 간의 연대 관계 구축을 중시해 왔으며, 외국산 유기농식품과 유기농 자재를 수입하기보다는 지역 자급과 지역 순환을 실현하는 유기농업의 실천을 강조해 왔다(조완형, 2006: 133).

한국 생협의 또 하나의 특징은 일본 생협과 활발한 교류를 통해 일본 생협의 경영을 학습하고 운영 방식을 부분적으로 수용해 왔다는 것이다(정은미, 2012; 신성식, 2013: 28; 김기섭, 2016). 한국 생협들은 일본 생협의 공동 구매 방식을 참고했고, 자금을 차입하는 경우도 있었으며, 기술을 이전받기도 했다. 하지만 취급 품목, 조직 구성 등에 대해서는 차이가 있다(정은미, 2012). 두레는 1997년에 7개의 생협이 모여 설립되었는데, 두레에 속한 회원 생협 중에는 일본 생협을 견학한 이후에 설립된 곳도 있었다.[2]

2000년대 초반부터 생협의 조합원들은 국내산 생산품만을 취급해 오던 생협에 국내에서 생산되지 않는 품목, 특히 설탕을 취급할 것을 요구하기 시작했다(김기섭, 2012: 215). 당시 한국에서는 공정무역 개념이 도입

---

2   예를 들어 한성찬은 신용협동조합을 하면서 1985년에 일본의 생활협동조합을 견학했고, 이를 계기로 바른두레생활협동조합을 설립했다(김기섭, 2016: 131)

되기 전으로 모든 생협이 이 요구에 대응하지는 않았다. 두레는 2004년에 공정무역 설탕을 취급했고, 공정무역을 전담하는 자회사 에이피넷[3]을 설립했다(두레생협연합, 2017). 아이쿱 생협 또한 2007년부터 공정무역을 시작했다. 두레는 아름다운가게에 이어 한국에서는 두 번째로 공정무역을 시작했다(장승권·김선화·조수미, 2016). 2011년에 한국공정무역협의회(한공협)가 출범한 이후 두레생협연합의 자회사와 아이쿱 생협은 한공협의 회원 조직으로 참여하며 공정무역 제품의 판매와 함께 교육과 캠페인을 진행해 왔다. 2017년에 두레는 자회사 에이피넷을 한살림, 행복중심, 대학생협과 함께 다중 이해 관계자 협동조합으로 전환했다.

이 장은 두레의 공정무역 실천 과정을 분석하는 것에 초점을 맞추고 있어 연구 대상을 두레로 한정하고, 연구 범위도 두레의 공정무역 실천으로 제한했다. 두레의 공정무역 실천 과정에서 공정무역을 전담한 자회사인 에이피넷이 피티쿱으로 전환되었기 때문에 이는 두레의 활동 속에 포함시켜서 정리했다. 〈표 3-2〉는 두레와 피티쿱의 설립 연도, 공정무역 시작 연도, 조직의 규모에 대한 정보를 요약했다.

두레에 참여하는 회원 생협과 피티쿱에 참여하는 생협은 다르다. 두레는 29개의 회원 생협들이 참여하고 있으며, 피티쿱에는 두레, 한살림, 행복중심, 대학생협이 참여하고 있다. 공급액 또한 피티쿱에서 수입한 물품을 두레에 공급하기도 하지만 한살림, 행복중심에도 공급하고 있기 때문에 피티쿱의 공급액이 두레생협연합의 공급액에 모두 포함된다고 볼 수 없다.

〈표 3-3〉은 두레의 공정무역 실천을 연대순으로 정리한 것이다. 이후

---

3   APNet은 평화와 삶을 위한 대안적인 사람들의 네트워크(Alternative People's Network for Peace and Life)라는 의미를 담고 있다.

표 3-3   두레의 공정무역 주요 사건

연도	주요 사건
2000	한국의 두레, 한살림, 일본의 그린코프연합과 함께 '한일생협교류기금' 설치.
2003	두레 조합원들의 '안전한 설탕' 취급 요청. 두레생협연합회 대의원 총회, 민중교역(공정무역) 사업 진행 결정. 필리핀 네그로스 마스코바도 원당 생산지 첫 방문.
2004	ATJ와 민중교역(공정무역) 관련 업무 제휴. 필리핀 마스코바도 원당 수입 및 공급. 두레생협의 자회사 ㈜에이피넷(APNet) 설립.
2006	한국 두레생협연합회-필리핀 ATC* 간 협정 체결. - '네그로스 프로젝트' 1기 시작(2006~2007년, 12개 생산자 조직 574명 지원).
2008	커피 3종 (동티모르·페루·에콰도르산) 수입 및 공급 시작.
2009	호혜를 위한 아시아 민중기금(APF) 참여 및 창립총회 개최.
2010	두레생협연합회 회장단 및 실무자 팔레스타인 올리브유 생산지 방문.
2012	(사)한국공정무역단체협의회 창립 및 정회원 가입.
2014	흑통후추(인도), 무설탕건망고(필리핀), FD커피(멕시코), GEPA초콜릿(독일) 수입. 팔레스타인 전쟁 피해 생산지의 '올리브나무심기 프로젝트' 진행. 2014 WFTO ASIA 컨퍼런스 공동 주관.
2015	생캐슈넛(인도), 유기농 설탕(콜롬비아), GEPA 초콜릿 2종(독일) 추가 수입 시작. 네그로스 'BARC(바르크)' 프로젝트 협약식 체결 및 1기 시작.
2017	피티쿱 창립총회 개최 및 법인 전환.

주: * ATC(Alter Trade Corporation)는 1988년에 필리핀에서 설립되어, 설탕 노동자와 농민들의 삶을 지원하기
    위해 유기농이면서 공정무역 인증을 받은 마스코바도 설탕을 제조 수출한다(APF, 2018).
자료: 두레생협연합(2018b), 피티쿱(2018).

본론에서 자세히 분석하겠지만 두레가 공정무역 실천을 하는 데는 일본
생협과의 관계가 중요해서, 일본 생협과 협력한 사건을 포함했다. 그리
고 두레생협연합(2018b)에서 민중교역과 공정무역을 함께 표기하고 있어
서 연구진도 이들의 표기 방식을 따랐다.

4. 두레의 공정무역 제도실천행동

두레가 공정무역을 도입하면서 공정무역을 반대해 왔던 생협의 조직

필드로부터 정당성을 확보하고 제도를 생성하기 위해 어떠한 실천을 해 왔는지를 분석한다. 면접, 참여 관찰, 문헌 연구를 통해 사례분석을 한 결과, 세 가지 형태의 제도실천행동이 수행되었다는 것을 발견했다. 정체성 실천행동(identity work), 네트워크 실천행동(network work), 자산 공유 실천행동(enabling work)이다. 이러한 실천행동의 유형은 상호 간에 영향을 미쳤으며 상황과 시기에 따라 주되게 수행된 실천행동이 달랐다.

1) 정체성 실천행동

정체성 실천행동은 해당 조직이 속한 분야의 정체성과 새로운 실천 사이의 긴장을 줄이기 위한 조직의 실천을 언급한 것이다. 정체성은 행위자와 행위자가 운영하는 필드 사이의 관계를 정의한다(Bourdieu and Wacquant, 1992). 한국 생협은 '국내' 생산자들이 생산한 친환경 농산물 직거래 운동이라는 정체성을 형성하며 성장해 왔다. 한국 생협의 조직 필드는 국가의 식량 자급률을 높이고 유기농법을 통해 '국내' 생산자와 농지를 보호한다는 정체성이 강하게 형성되어 있어 해외에서 물품을 수입해 온다는 것은 강력한 반발을 불러일으켰다.

> 저희가 설탕을 취급할 때 내부뿐만 아니라 외부에서도 반대가 엄청났어요. 그때만 해도 생협은 국내 생산자를 보호하고, 국내 생산품에 대해서 적극적으로 지원하는 게 주된 생각이어서 두레가 설탕을 취급한다고 했을 때 굉장히 공격을 많이 했어요.

조합원의 요구가 있고, 좋은 취지라고 해도 수입 식품을 취급한다는 것은 국내 생산물만을 취급한다는 원칙을 위배하는 행동으로 간주되어 공정무역 실천은 기존 정체성과 긴장 관계를 형성했다. 이러한 긴장 관계를 완화하기 위해서 두레 생협은 공정무역 실천에 생산자와의 연대를 중요하게 생각하는 생협의 가치를 부여했다. 두레에서 유기농 설탕을 도입하려던 시기의 상황은 김기섭(2012: 215~218)의 글을 통해서도 알 수 있다. 당시 설탕 수입이 "국내 농업에 위협을 가하고 생협 운동의 본래 취지를 퇴색"한다는 반대 의견을 통해서 생협의 조직 필드에 국내 농업을 보존한다는 규범성이 강했다는 것을 알 수 있다. 그리고 이에 대한 설득 논리로 '설탕 수입 과정에서 생협 운동의 본래 취지를 살려내는 것'을 강조했고, 이를 풀어가는 방법으로 '생산자와 소비자의 보이는 관계', 즉 '국경을 넘어 직거래 운동'을 해나가는 것으로 정당화하고 있었다. 피면접자들의 인터뷰에서도 필리핀의 생산자들을 국내 생산자와 동일시하면서, 그들과의 거래가 생산자와의 연대 활동이라는 것이 드러났다.

> 우리는 필리핀에 있는 두레 생산자라는 말씀들을 많이 해주세요. 한국에 있는 생산자만 우리의 생산자가 아니구나. 우리 농민들과 함께 연대하는 것처럼, 필리핀에서 사회적으로 소외된 약자이니 설탕이나 발랑곤 바나나를 통해 연대하는 거지요.

이들은 공정무역 실천이 국내 물품의 판매를 줄이고, 생협의 원칙을 훼손하는 것이 아니라 생협의 활동과 내용을 확장하는 것으로 정당화하고 있었다. 한국의 생산자뿐만 아니라 열악한 상황에 처한 다른 나라의 생산자도 함께 연대해야 할 대상이라는 것을 강조하면서 반대 의견을 가진 이들과의 긴장 관계를 해소하려고 했다.

> (민중교역을 통해) 비즈니스만 할 게 아니라 생협의 조합원 활동, 조합원

교류, 생산자 교류 이런 것들도 굉장히 비중 있게 생각하시더라고요. 생협의 글로벌 버전이에요.

피면접자는 두레의 공정무역 활동이 '생협의 글로벌 버전'이라는 것을 강조했다. 이는 생협 활동을 글로벌로 확장했을 뿐 달라진 것이 없다는 것을 의미한다. 기존 실천과 공정무역 실천을 일치시키려는 이들의 실천행동은 공정무역을 '민중교역'으로 명명하는 것에서도 드러난다. 이들은 생산자와 직접적인 관계를 형성해 왔던 생협의 실천을 공정무역에서도 동일하게 적용하려고 했다. 자신들의 도입한 실천을 '민중교역'으로 명명하는 것에는, 공정한 거래를 형성한다는 의미보다는 생산자와 연대하고 관계를 맺어가는 과정의 의미를 담고 있는 것이다. 면접 중에 민중교역을 "그분들의 삶을 알고, 얼굴을 알고 그러면서 믿고 교역한다는 의미"라고 설명하는 것에서 생산자와의 관계를 중요시하고 있다는 것을 알 수 있었다.

최근 한국에서 공정무역 운동이 확대되면서 두레는 민중교역과 공정무역을 함께 사용하기 시작했다. 2004년 당시에는 한국에 공정무역을 하는 조직이 에이피넷을 포함해 두 개밖에 없었는데, 2007년에 4개, 2008년에 1개, 2011년에 4개, 2012년에 3개 등으로 공정무역 조직이 늘었다(쿠피협동조합, 2017: 9 미간행). 2011년에는 공정무역을 중심으로 한 연대 조직인 한국공정무역협의회가 발족하면서 두레의 자회사도 참여하기 시작했다. 한국의 공정무역이 성장하면서 두레는 국내외 공정무역단체들의 제품들도 취급하고, 민중교역과 공정무역 두 단어를 모두 사용하기 시작했다. 피면접자에 따르면, 생협 조합원들과 소통을 원활하게 하기 위해서 널리 알려진 용어인 공정무역을 함께 사용하고 있다고 했다. 공정무역 필드가 성장하면서 '공정무역'이라는 언어도 수용할 수 있게 된 것이다. 2017년에 다른 생협들과 함께 만든 협동조합은 민중교역, 공정무역 그리고 협동조합의 의미를 담아 피플스페어트레이드협동조합이라고 이름을 지었고, 이름만 보아도 민중교역과 공정무역 그리고 협동조합의 정체성을 모두 수용하려는 의도를 파악할 수 있다.

두레는 자신들이 속한 필드에서 강력하게 형성되어 온 정체성과 공정무역 실천을 유사하게 인지하도록 함으로써 공정무역 실천의 정당성을 확보하고, 생협 조직 필드에서 공정무역 실천을 수용하도록 노력해 왔다는 것을 알 수 있다.

2) 네트워크 실천행동

네트워크 실천행동은 규범적으로 허용된 조직들이 관계를 형성하면서 다양한 행위자들의 느슨한 연합이 제도 생성에 영향을 미치는 것을 의미한다(Lawrence and Suddaby, 2006: 225).

한국의 사회운동가들은 초창기부터 일본 생협과 교류를 통해 지식과 자원을 이전받았다(신성식, 2013: 28; 김기섭, 2016: 131). 이러한 도움으로 한국 생협을 설립했고, 현재까지 지속적인 교류를 하고 있다. 두레는 공정무역을 실천하려 할 때 평소에 교류가 있었던 일본 생협과의 협력을 모색했다. 일본에는 이미 7개 생협과 5개의 관련 조직들이 출자해 식품 교역을 통해 대안적인 사회구조를 구축하려는 ATJ가 설립되어 있었다(ATJ, 2018). 두레는 2004년에 ATJ와 업무 제휴를 시작했고, ATJ가 지원하고 있었던 필리핀의 생산자들로부터 마스코바도 설탕을 수입하기 시작했다. ATJ는 일본 생협들은 물론 아시아의 생산자 조직들과도 네트워크가 형성되어 있었고, 두레는 ATJ가 구축한 네트워크와 자원을 통해 공정무역을 실천했다. 행위자가 기존에 형성해 왔던 네트워크를 활용해 생협 분야에서 반대해 오던 실천을 전개하는 것은, 그 실천을 반대하는 행위자들을 설득하고 정당성을 확보해 가는 데 도움이 될 수 있다. 마찬가지로 일본 생협과 교류를 해왔던 한국 생협이 기존의 관계를 통해서 공정무역 실천을 행하는 것은 한국 생협 분야 내에서 정당성을 확보하는 데 도움이 되었다.

시간이 지날수록 두레는 공정무역에 관한 네트워크를 확대해 갔다. 두레는 ATJ를 통해 필리핀의 생산자 조직과 거래를 시작했지만, 자체적으로 생산자를 지원하기 위한 별도의 기금을 조성하고, 생산자와 직접적인 교류를 하면서 두레의 지식과 자원을 이전하고 있다. 그리고 2009년에 한국, 일본의 생협들과 아시아의 생산자 조직들은 호혜를 위한 아시아민중기금을 설립하면서 관계를 강화했다. 이는 아시아 생산자 단체들과의 네트워크 확대로 이어졌다.[4] 이 네트워크를 통해 두레뿐만 아니라 한살림 또한 자신들의 자원과 지식을 아시아의 생산자 조직들에 이전하고 있다.[5]

두레는 조직 단위의 네트워크 형성과 더불어 조직 내의 구성원들과 생산자 간의 교류를 늘리고 있다. 두레가 공정무역 실천에 대한 조직 내부의 이해를 높이기 위해 매년 구성원들이 아시아의 생산지를 방문하고, 생산자를 초청하는 프로그램을 구성하는 것 또한 같은 맥락이다. 이를 통해 조직 내부에서 새로운 공정무역 제품을 수입하는 것을 반대하던 이들이 생산지 방문 후에 의견이 달라지는 경우도 있었다.

---

4   호혜를 위한 아시아민중기금(Asian People's Fund for Mutual Benefit: APF)은 일본, 한국의 두레와 한살림, 필리핀, 파키스탄, 팔레스타인, 동티모르, 인도네시아, 말레이시아, 네팔 9개국의 40개 조직이 참여하고 있으며, 기금을 조성해 단체들 간의 상호 교류와 네트워크를 확대하고, 생산자들의 자립을 돕기 위한 금융 사업을 진행하고 있다(APF, 2018).

5   2016년부터 필리핀의 ATC의 요청으로 한살림의 농업 기술과 지식을 전수하고 있다(한살림서울, 2018).

최근에 발랑곤 바나나를 취급하면서 내부 반발이 많았어요. 2016년도에 이사장들 다 모시고 필리핀 다녀왔어요. 반대했던 회원 생협들이 다 찬성으로 돌아섰어요.

저희 직원 연수를 작년에 (필리핀으로) 다녀왔거든요. 매장에서 일하는 점장, 팀장이 주로 많이 갔는데. 처음에 들여온 발랑곤 바나나 상태가 되게 안 좋았어요. 처음에는 (직원들이) 바나나를 줄여야겠다고. 근데 연수 다녀오고 나서 바나나 줄이면 안 되겠다고. 우리가 최소한 그분들하고 약속한 것은 지켜나가야 하는 것 아니냐, 직접 홍보지도 만들고, 조합원들에게 이렇게 얘기하면 어떨까 이런 말씀들도 하고 그랬어요.

과일을 수입하면 국내산 과일의 소비가 줄어들 수 있다는 이유로 과일 수입을 반대하던 지역의 생협들이 필리핀 생산지를 방문하고 의견이 바뀌는 과정을 겪는다. 그리고 수입 과일의 상태가 좋지 않아서 판매에 어려움을 겪고, 수량을 줄이고 싶어 했던 직원들도 생산지를 방문하고 변화한다. 생산지를 방문해 직접 그들의 삶을 보고 생산자들의 이야기를 듣는 과정을 통해 두레의 구성원들 생산자와의 관계를 재형성하기 시작한다.

생산자 분들하고 만나는 자리에서 한 분이 8명의 아이를 둔 싱글맘이라고 말하면서 (두레) 기금을 통해서 카라바오 프로젝트를 하거든요. 발랑곤 바나나도 그렇고 산악 지역 같은 곳은 무거운 것을 이고지고 와야 하는데 도구가 많지 않아요. 트럭도 없고. 이 카라바오 때문에 자기 밭이 8~10km 떨어져 있는 데도 바나나도 가져올 수도 있고, 사탕수수 갖고 오고, 그래서 아이들을 잘 키워냈다. 고맙다. 인사만 하셨어요. 그런 말씀들 하나하나가 가슴을 울리는 거죠. 우리가 하고 있는 하나하나가 그분들 삶에 어떻게 영향을 미치는지에 대해서 느낄 수도 있는 거죠. 돌아와서 바나나 상태가 안 좋다고 해서 안 하게 되거나 줄이게 되면 그분들에게 미치는 영향들이 얼마나 클지에 대해서 그냥 느끼고 오게 된 거 같아요.

한국과는 환경이 많이 다른 필리핀 생산자들이 살아가는 현장에서 직접 이야기를 들으면서 두레에서 조성한 기금과 구매량이 생산자들의 삶에 절대적인 영향을 미칠 수 있다는 것을 체감한다. 이러한 경험은 방문한 이사장, 직원, 조합원들의 인식의 변화뿐만 아니라 좀 더 책임 있는 행동을 이끈다. 이는 두레의 회원 생협, 직원, 조합원들이 직접적으로 생산자와의 관계를 형성함으로써 공정무역에 대한 정당성과 지지를 확보하는 과정이기도 하다.

두레는 조직 단위로 국내외의 다양한 행위자들과 네트워크를 확장해 가면서 물품의 교역뿐만 아니라 기술과 자원을 나누고 있으며, 내부 구성원들의 참여를 확장시킴으로써 내부 조직원들이 공정무역 실천을 지지하도록 만드는 네트워크 실천행동을 동시에 하고 있었다.

3) 자산 공유 실천행동

2004년에 공정무역 실천이 시작된 이후에 두레는 꾸준히 실천을 유지·확장해 왔다. 하지만 여러 한계에 봉착하고 있었다. 자산 공유 실천행동은 제도를 촉진하고 보완하고 지지하기 위해서 자원을 전용하고 규칙을 창조하는 것이다. 이는 기존 행위자나 새롭게 참여하는 행위자들 위한 규칙을 제정하고 권한을 부여함으로써, 제도를 유지하기 위해 필요한 자원을 끌어오는 실천행동이다(Lawrence and Suddaby, 2006: 230~231).

국내 가정의 설탕 소비가 줄어들면서 두레의 마스코바도 설탕에 대한 매출도 감소하기 시작했다. 필리핀의 사탕수수 생산자들과 관계를 유지해 왔던 두레는 설탕 수입의 양이 줄어들면 생산자들에게 타격이 될 것을 염려하고 있었다. 더불어 두레보다는 조합원 공급 규모가 4배 이상 큰 한살림과 다른 생협들이 설탕을 비롯한 민중교역에 참여한다면 수입량을 유지하는 것을 넘어 확장할 수 있는 기회가 될 것이라고 판단했다.

마스코바도 300톤 사다가 100톤만 사게 이러면 200톤 판 데 팔아야 되거든요. 그게 전 좀 두려워요, 본의 아니게 그렇게 될 수도 있을 거 같아서. 한살림이 들어오면 '아 조금 더 연장이 되겠구나', 한살림 물량을 빼고 기존에 두레만 했다면 이미 많이 줄었어요. 그런 면에서 (한살림의 참여)는 저희 입장에서 되게 좋은 거죠.

(다른 협동조합들이 참여하면) 잠재적인 시장 포함해서 네 배 가까이 시장이 커지니까. 당장은 매출로 직결되지 않지만 우리도 해볼 만하다. 물량에 대한 볼륨이 커지면 생산지에 최소 물량만 얘기하고 있는데, 적정한 규모의 경제를 가질 수 있지 않을까. 저희가 생산지를 키울 수도 있는 거고.

한국의 공정무역 시장은 400억 원 정도의 규모를 가지고 있다(쿠피협동조합, 2017). 한국의 경제 수준과 수출입 규모를 고려했을 때 공정무역 시장은 작다. 피면접자는 공정무역을 확대하려는 의지가 강했다. 이러한 의지는 생산자와의 관계가 깊어지면서 이들에 대해 지원을 더 늘려가고 싶은 욕구와 연결되어 있었다. 그래서 두레는 설탕을 한시적으로 취급하고 있던 한살림에 함께할 것을 제안했으며, 다른 생협에도 참여를 제안했다. 더불어 단순히 두레의 자회사를 통해 공정무역 제품을 취급하는 것만이 아니라, 공동으로 출자한 협동조합 형태로 법인을 전환하면서 이들과 자산을 공유하는 새로운 규칙을 창조했다.

두레는 2004년에 설립해 14년을 운영하면서 축적해 온 지식과 자원을 다른 협동조합과 나누겠다고 결정했다. 축적한 자산을 공유하기로 결정하는 과정에서 약간의 아쉬움은 있었지만 더 많은 생산자를 지원할 수 있는 기회라고 판단하고, 다른 생협들과 함께 소유하는 법인으로 전환하는 것을 추진한 것이다.

처음 에피넷을 만들 때, 일본의 ATJ처럼 가보려는 포부가 있었어요. 계기가 되었던 것이 한살림에서 마스코바도 설탕 수입을 하려고 하면서 그럼 그냥 우리한테 가져가는 형태가 아니라 우리가 처음 먹었던 마음처럼 공동으로 해서 한국의 ATJ처럼 키워보면 어떠냐는 의견들이 나오기 시작을 했어요.

잘 키워놓은 자식을 내놓는 것 같은 약간의 안타까움. 우리의 성과고, 자회사기 때문에 수익이 발생하고 있는 거기 때문에 그런 의견들도 있었지만 그래도 이사님들이 우리가 그렇게 해서 이것이 조금 더 확장이 되고, 필리핀에 더 많은 생산자들과 같이 할 수 있는 계기가 된다면 할 만한 일이다. 반대하는 분은 없었어요.

두레는 공정무역 실천 초기부터 일본의 여러 생협들이 모여서 아시아의 생산자를 지원하기 위해 설립한 일본의 ATJ 모델을 한국에도 적용하고 싶어 했다. 다른 생협들과 함께하는 법인으로 전환하는 것을 통해 초기부터 가지고 있었던 비전을 실현하려는 의지, 즉 협동조합 간 협동을 한국에서도 실현하려는 의지가 담겨 있었다.

우리만의 것이 아니라 같이 만들어가면 훨씬 좋겠다. 생협끼리도 너무 이런 것으로 경쟁이 치열하기도 하고 사실은 경쟁만 하면 이게 생협이냐 얘기들도 있고, 그런 거죠. 사실은 조금 더 마음을 열어보자 하게 된 것이고.

경쟁적인 환경 속에서 협동조합 간의 협동을 결정하고 실행하는 과정은 순탄하지만은 않았다. 조직이 가진 자원을 나누기로 결정할 때보다 결정한 이후에 실행하는 과정에서 어려움을 겪었다. 두레의 자회사를 전환해야 했기 때문에 두레에서 결정하고 진행해야 할 일이 많았다.

처음에 복잡하고 힘들긴 했어요, 결정하고 난 이후의 진행도 실무적으로 출자를 어떻게 할 거냐, 그동안 매출에 대한 것, 실무적 재무 상태의 복잡함도 많이 있었어요.
(그동안) 자회사에서 민중 교류, 교역 사업과 관련된 모든 업무들을 갖고 있었기 때문에 거기에 모든 자료와 내용들이 있는데, 사실은 피티쿱으로 전환되면서 자연스럽게 에이피넷에서 하던 활동들을 연합회에서 다시 갖고 와야 하는 부분들이 있어서 그런 것들은 힘들고 어려운 부분들이 있어요. 예를 들면, 생산지 교류 활동이라든가 프로젝트 기금 활동이라든가 이런 것을 만들고 하는 것은 다시 두레연합회에서 활동들을 갖고 와야 되니까.

두레는 자회사를 공동의 협동조합으로 전환하면서 기존에 자회사 에이피넷에서 해왔던 기금 사업이나, 조합원 교류 사업과 같이 두레가 단독으로 진행하는 사업에 대해 연합회로 업무를 이관해야 했다. 조직이 소유한 자산을 다른 협동조합과 공유하기로 결정한 것에서 끝나지 않고, 규칙을 변경하기 위해 시간, 노력, 자원들을 투여해야 했다. 그럼에도 두레는 생협들이 함께 소유하는 방식으로 규칙을 바꾸고, 이들에게 권한을 부여해서라도 제도를 유지하고 확장하려고 했다. 그리고 이것은 협동조합 간의 협동의 사례가 되었다.

5. 결론

　두레는 공정무역을 실천하기 위해서 세 가지 제도실천행동인 정체성 실천행동, 네트워크 실천행동, 자산 공유 실천행동을 수행했다. 조직이 속한 필드에서 반대해 왔던 공정무역을 실천하기 위해서 초기에는 해당 분야에서 형성해 왔던 정체성과 공정무역 실천 사이의 긴장을 완화하기 위한 정체성 실천행동을 수행했다. 그리고 기존에 형성해 왔던 글로벌 네트워크의 지식과 자원을 활용해 네트워크를 확장해 나갔으며, 조직 내에서 공정무역 실천에 참여하는 행위자를 확대하면서 이에 대한 이해를 높이는 네트워크 실천행동을 행했다. 시간이 지날수록 정체성 실천행동은 안정이 되었고, 네트워크 실천행동은 국내 생협들의 참여로 확장해 갔다. 그리고 2017년에 공정무역 실천을 유지하고 강화하기 위해서 두레의 자회사를 다른 생협들이 공동으로 출자한 협동조합으로 전환하는 자산 공유 실천행동을 수행했다. 두레는 공정무역을 실천하고 제도를 생성하기 위해 국내외 협동조합과 생산자 조직들과 다양한 협력관계를 형성했고, 이는 〈그림 3-2〉와 같은 모델을 형성했다.

　초기에 두레는 공정무역을 실천하기 위해 한국 생협들과 지식 교류가 활발했던 일본 생협들이 출자한 ATJ와의 협동을 통해 공정무역을 실행했다. 실천을 행하기 위해 일본의 협동조합과 협동하며 지식과 자원을 확보한 것이다. 두레는 조직 내에 공정무역이 제도화되자 이를 유지하고 확대하려는 노력을 기울이기 시작했다. 그러면서 한국의 생협들과의 협동을 제안하고, 이에 대한 규칙을 새롭게 제정하면서 제도로 안착시키려

그림 3-2 협동조합 간 협동의 제도실천행동 모델

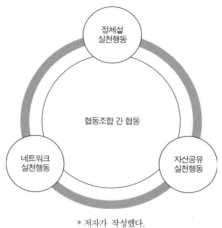

정체성
실천행동

협동조합 간 협동

네트워크
실천행동

자산공유
실천행동

* 저자가 작성했다.

는 시도를 해왔다.

이 장에서는 조직이 속한 필드에서 원하지 않는 새로운 실천을 전개하려고 할 때 조직이 어떠한 실천행동을 통해 새로운 제도를 생성하고 확장하는지 살펴보았다. 두레는 기존에 형성해 온 정체성과의 긴장관계를 해소하고, 실천을 지지하고 지원할 네트워크를 내외부로 확대했다. 또한 조직의 자산을 공유해서라도 새로운 행위자들이 참여하는 규칙을 제정해 나가면서 제도를 유지해 가는 과정을 볼 수 있었다. 그리고 이 과정은 국내외 협동조합들과의 협동을 수행해 온 과정이기도 하다.

하지만 이 장은 두레와 두레가 만든 자회사를 중심으로 연구를 제한한 것으로, 두레와 관계를 맺고 함께 실천해 온 조직들로 확장해 연구를 진행한다면 다양한 측면과 관점에서 협동조합 간의 협동을 살펴볼 수 있는 계기가 될 것이다. 향후 조직 필드에서 기존 제도와 충돌하는 실천을 할 때, 어떠한 실천행동을 통해 새로운 제도를 생성해 나가는지에 대해 더 많은 연구가 필요하다. 그리고 협동조합 간의 협동 과정은 왜, 그리고 어떻게 일어나고 있는지도 다양한 사례연구를 통해 설명해야 한다.

참고문헌

김기섭. 2016. 「한국 민간 협동조합의 역사와 의미」. 『한국 사회적경제의 역사』. 한울.

_____. 2012. 『깨어나라! 협동조합』. 들녘.

김성희. 2012. 「(특집) 공정무역이 세상을 바꿀 수 있을까」. ≪월간참여사회≫.

김정희. 2006. 「필리핀 네그로스 지역의 공정무역과 여성」. ≪여성학논집≫, 23권, 109~145쪽.

두레생협연합. 2017. 『스무살 청년두레 뛰어넘기』. 두레생협연합회 20주년 기념 자료집.

_____. 2018a. 『제21차(법인8차) 정기대의원총회』. 자료집.

_____. 2018b. http://dure-coop.or.kr/bbs/board.php?bo_table=B44&page=4(검색일: 2018.3.2).

모심과살림연구소, 2017. 「지속가능성지표로 본 한살림운동」. 2016년 한살림 지속가능성 보고. 모심과 살림연구소.

송재일. 2015. 「협동조합법제에서 협동조합간 협동과 연대」. ≪한국협동조합연구≫, 33권 3호, 63~89쪽.

신동엽·이상묵·김선혁. 2008. 「2장 거시 조직이론 : 역사적 발전과 현황」. 『21세기 매니지먼트 이론의 뉴패러다임』. 위즈덤하우스.

신성식. 2013. 『당신의 쇼핑이 세상을 바꾼다』. 알마.

엄은희. 2010. 「공정무역 생산자의 조직화와 국제적 관계망 필리핀 마스코바도 생산자 조직을 사례로」. ≪공간과 사회≫, 33권, 143~182쪽.

오수진. 2017. 『소비자생활협동조합 활성화 방안』. 한국소비자원.

장승권·김선화·조수미. 2016. 「공정무역의 가치사슬과 주류화: 한국의 공정무역 사례」. ≪국제지역연구≫, 25권, 97~131쪽.

정은미. 2012. 「1980년대 이후 생협운동의 다양한 흐름과 갈래」. 『한국 생활협동조합 운동의 기원과 전개』. 푸른나무.

조수미·장승권. 2016. 「주요논리 관점에서 본 소비자생활협동조합의 전략: 아이쿱생협의 공정무역 사업 사례연구」. ≪한국협동조합연구≫, 34권 3호, 95~120쪽.

조완형, 2006. 「생협운동의 최근동향과 대응과제」. ≪한국협동조합연구≫, 24권 1호, 115~135쪽.

쿠피협동조합. 2017. 『서울시 공정무역 활성화 방안』. 서울특별시(미간행).

피티쿱. 2018. http://ptcoop.co.kr/story/.

한살림서울. 2018. 주요 정책의 이해 : 한살림서울의 국제민중연대교류. http://seoul.hansalim.or.kr/files/2017/08/1.-%ED%95%9C%EC%82%B4%EB%A6%BC%EC%84%9C%EC%9A%B8%EC%9D%98-%EA%B5%AD%EA%B2%8C%EB%AF%BC%EC%A4%91%EC%97%B0%EB%8C%80%EA%B5%90%EB%A5%98.pdf(검색일: 2018.3.3).

허미영. 2008. 「생협의 대안적 소비문화의 성격과 그 함의」. ≪농촌사회≫, 18권 2호, 7~36쪽.

APF. 2018. http://www.apfund.asia/aboutus/(검색일: 2018.3.10).

ATJ. 2018. http://altertrade.jp/aboutus/history(검색일: 2018.3.10).

Bourdieu, P. and L. J. Wacquant. 1992. *An Invitation to Reflexive Sociology*. Chicago: University of Chicago press.

Boxenbaum, E. and J. S. Pedersen. 2009. "Scandinavian Institutionalism." in T. B. Lawrence, R. Suddaby and B. Leca(eds.). *Institutional Work: Actors and Agency in Institutional Studies of Organizations*. Cambridge, New York: Cambridge University Press.

Creswell, J. W. 1998. *Qualitative Inquiry and Research Design: Choosing among Five Approaches*. London, UK: Sage Publications.

DiMaggio, P. and W. W. Powell. 1983. "The Iron Cage Revisited: Collective Rationality and Institutional Isomorphism in Organizational Fields." *American Sociological Review*, Vol.48, No.2, pp.147~160.

Gawer, A. and N. Phillips. 2013. "Institutional Work as Logics Shift: The Case of Intel's Transform ation to Platform Leader." *Organization Studies*, Vol.34, No.8, pp.1035~1071.

Hutchens, A. 2009. *Changing Big Business: The Globalisation of the Fair Trade Movement*. Cheltenham, UK, Northampton, MA: Edward Elgar Publishing.

Lawrence, T. B. and R. Suddaby. 2006. "Institutions and Institutional Work." in S. R. Clegg, C. Hardy, T. B. Lawrence and W. Nord(eds.). *The Sage Handbook of Organization Studies*. London, UK: Sage Publications.

Lawrence, T. B., R. Suddaby and B. Leca. 2009. "Introduction: Theorizing and Studying Institutional Work." in T. B. Lawrence, R. Suddaby and B. Leca(eds.). *Institutional Work: Actors and Agency in Institutional Studies of Organizations*. Cambridge, UK: Cambridge University Press.

_____. 2011. "Institutional Work: Refocusing Institutional Studies of Organization." *Journal of Management Inquiry*, Vol.20, No.1, pp.52~58.

Lawrence, T. B., B. Leca and T. B. Zilbe. 2013. "Institutional Work: Current Research, New Directions and Overlooked Issues." *Organization Studies*, Vol.34, No.8, pp.1023~1033.

Meyer, J. W. and B. Rowan. 1977. "Institutionalized Organizations: Formal Structure as Myth and Ceremony." *American Journal of Sociology*, Vol 83, pp.340~363.

North, D. C. 1990. *Institutions, Institutional Change and Economic Performance*. Cambridge. UK: Cambridge University Press.

Scott, W. R. 1994. "Institutions and Organizations: Toward a Theoretical Synthesis." in W. R. Scott, J. W. Meyer and Associates(eds.). *Institutional Environments and Organizations: Structural Complexity and Individualism*. Thousand Oaks, CA: Sage Publication.

_____. 2001. *Institutions and Organizations*, 2nd ed. Thousand Oaks, CA: Sage Publication.

Scott, W. R. and G. F. Davis. 2007. *Organizations and Organizing: Rational, Natural, and Open System Perspectives*. Upper Saddle River: Pearson.

Selznick, P. 1949. *TVA and the Grass Roots*. Berkeley, CA: University of California Press.

Yin, R. K. 2003. *Case Study Research, Design and Methods*, 3rd ed. London, UK: Sage Publications.

Zietsma, C. and B. McKnight. 2009. "Building the Iron Cage: Institutional Creation Work in the Context of Competing Proto-institutions." in T. B. Lawrence, R. Suddaby and B. Leca(eds.). *Institutional Work: Actors and Agency in Institutional Studies of Organizations*. Cambridge, New York: Cambridge University Press.

4장 공정무역 실천공동체 학습

두레생협의 필리핀 공정무역 생산지
해외 연수 사례연구

김선화·장승권

* 이 장은 김선화·장승권, 「소비자생활협동조합의 실천공동체 학습: 포토보이스를 이용한 두레생협의 필리핀 공정무역 생산지 해외연수 사례연구」, ≪인적자원개발연구≫, 22권 2호(2019), 1~30쪽을 일부 수정·보완하여 실었다.

1. 서론

협동조합은 조합원들이 소유하고, 경제적으로 참여하며, 민주적으로 통제하는 특성이 있다. 이러한 특성을 유지하고 강화하기 위해, 그리고 새로운 실천을 도입하고 확산하기 위해 조합원들에게 다양한 학습 기회를 제공한다(김아영·장지연·장승권, 2018). 그중 하나가 해외 연수 프로그램이다. 해외 연수는 비용이 많이 들고, 특정 시간을 확보해야 해서 제한된 인원만 참석이 가능하지만, 조합의 직원, 이사장과 이사, 일반 조합원들을 대상으로 꾸준히 진행해 왔다. 연수 프로그램을 기획하고 참여하는 이들은 연수의 필요성과 효과에 대해 암묵적으로 인정하고 있으나, 연수 참여자들이 어떤 과정을 거쳐 학습을 하는지 이론적으로 설명한 경우는 드물다.

김종인·봉현철(2004)은 국내 기업이 실시한 해외 연수 프로그램의 교육 효과와 평가 방법에 대해 실행 학습(action learning) 방식으로 사례연구를 진행했다. 실행학습이론을 기반으로 실제 사례에 대해 교육 평가를 했으나, 연수 참여자들이 학습을 통해 변화되는 과정을 분석하지는 않았다. 그리고 협동조합의 조합원들이 참여하는 해외 연수나 공정무역 생산지 연수의 학습 성과를 인적자원개발이론으로 분석한 연구를 찾기는 어려웠다.

브라운(Brown, 2013)은 니카라과 공정무역 커피 생산지에 체험 여행을 갔던 이들이 돌아온 후에 열렬한 공정무역 지지자로 변했다고 설명했다. 하지만 어떤 과정을 통해 변화가 일어났는지를 분석하지는 않았다. 공정무역제품을 소비하는 소비국의 소매업자들이 정기적으로 생산지를 방문하면서 서로 영향을 주고받는 내용을 언급한 리온(Lyon, 2013)의 연구가 있으나, 마찬가지로 방문자들의 인식이 어떻게 변화했는지를 구체적으로 드러내지는 않았다.

이 장에서는 한국의 소비자생활협동조합(생협)의 다양한 교육 프로그램 중에서 공정무역[1] 생산지 연수를 분석한다. 이를 위해 두레생협의 필리핀 공정무역 생산지 연수 과정에 참여한 이들의 학습 경험을 분석했다. 두레생협은 2003년부터 필리핀에 있는 공정무역 설탕 생산자들과 교류를 시작해 현재까지 지속하고 있다(김선화·장승권, 2018). 그 일환으로 거의 해마다 두레생협에서 주요한 의사결정에 참여하는 이사진들과 직원을 대상으로 생산지 연수 프로그램을 진행했다. 공정무역 제품의 판매 촉진과 기획, 조합원 대상 공정무역 교육과 캠페인을 하는 데 공정무역 생산자와 생산지 상황을 이해하는 것이 도움이 된다고 판단하고 있기에 연수를 진행해 온 것이다. 하지만 두레생협의 공정무역 생산지 연수 목적과 지속해 왔던 동기는 있지만, 연수 효과에 대한 연구는 없었다. 이를 고려해 볼 때, 두레생협의 생산지 연수를 통한 학습 과정을 살펴보는 것은 가치가 있다.

학습 과정은 다양한 이론으로 설명할 수 있지만, 이 장은 상황 학습(situated learning)에 기반을 둔 실천공동체(communities of practice) 관점을 선

---

[1] 공정무역은 관행 무역과 다른 정의와 원칙하에서 실천한다. 공정무역은 저개발국 생산자들과 좀 더 공정한 거래 기반 파트너십을 형성하고 생산자들의 시장접근성을 높이기 위해 노력한다. 무역 사슬을 짧게 하고, 생산자와 소비자 간의 파트너십을 강화해 생산자 조직이 시장을 이해하고 지식과 기술을 발전시켜 나갈 수 있도록 돕는다(Nicholls and Opal, 2005). 공정무역의 정의와 원칙의 실천은 시중 가격보다 높은 공정가격(fair price), 생산자 조직과 공동체를 지원하는 별도의 기금, 생산자와 소비자 간의 교류 등으로 나타난다(장승권·김선화·조수미, 2016).

택했다. 이 장에서는 인간과 독립된 절대적 진리가 존재하며, 학습은 외부 세계의 진리를 내면화하는 과정이라는 기능주의 견해를 따르지 않는다. 학습은 사회적 상호 참여의 과정 속에서 일어나는 것, 즉 맥락 속에서 일어나는 것으로 본다. 그리고 학습은 세계에 대해 알아가는 방식이 아니라 그 세계에 존재하는 방식을 의미한다(Lave and Wenger, 1991). 학습자는 참여를 통해 정체성을 구성하며, 사람들은 참여를 통해 자신이 무엇을 하고 있는지뿐만 아니라 자신이 누구이며 자신이 하는 일을 어떻게 이해할지 결정한다(Wenger, 1998: 4). 이 장은 학습자들이 공정무역 생산지로 이동해 기존과는 다른 맥락을 경험하고 현장과 상호작용하면서 학습이 일어난다고 보았다. 그래서 상황 학습에 기반을 둔 실천공동체 관점으로 분석했다.

이 장은 해외 연수에서 일어나는 학습 과정을 분석하기 위해 포토보이스(Photovoice)를 이용했다. 포토보이스는 시각 이미지를 통해 참여자의 경험을 표현하는 것으로, 연구 참여자는 자신이 찍은 사진에 대해 설명하면서 좀 더 깊게 인식을 탐구한다. 사진을 매개로 참여자 본인의 생각을 다른 참여자들과 공유하고 의견을 나누면서, 사회의 구조, 정책 등의 모순과 문제를 드러내고, 변화를 위한 제안을 한다(Wang and Burris, 1994; 1997).

필자는 2018년 12월, 필리핀 생산지 연수에 동행해 참가자들과 함께 매일 포토보이스를 진행했다. 6일 동안 같은 공간에서 같은 상황을 경험하면서 이들이 보고 듣고 느끼고, 상호 토론하면서 학습하는 과정을 관찰할 수 있었다. 포토보이스는 생산지 연수 참가자들에게 일어나는 학습 과정을 구체적으로 드러내는 데 유효했다.

한국의 생협들은 2000년대 중반부터 공정무역을 실천해 오고 있으며, 공정무역 제품의 소비를 촉진할 뿐만 아니라 공정무역에 대한 인식을 확산하기 위한 교육과 캠페인 진행 등의 다양한 실천을 해왔다. 생산지 연수도 공정무역에 대한 이해를 높이기 위한 일환이다. 그러나 조합원들의 공정무역 생산지 연수 경험을 분석한 연구는 없었다. 지금까지의 연구는 한국의 공정무역을 가치사슬 관점에서 분석하거나(장승권·김선화·조수미, 2016), 생협의 공정무역 실천을 조직 측면에서 연구하거나(김선화·장승권, 2018; 조수미·장승권, 2016), 생산지의 상황이나 생산자 조직을 연구한 것이다 (김선화 외, 2018; 김정희, 2006; 엄은희, 2010, 2018). 그리고 공정무역의 소비 측면에서 많은 연구가 수행되어 왔다(현소은, 2009). 한국과 같이 공정무역 제품을 소비하는 국가에서 윤리적 소비로서 공정무역을 접근해 사회적 결속을 강조하고 소비 증대 및 인식 확산에 기여했다는 연구 결과도 있었다. 이 때문에 일각에서는 윤리적 소비의 물신화를 우려하기도 한다(이용균, 2014). 그간 공정무역의 소비를 촉진하려 해왔던 실천은 공정무역 생산자나 생산자와의 관계보다는 제품에 초점을 맞춰왔다.

해외에서도 공정무역 연구는 공정무역이 제3세계 생산국의 생산자들에게 미치는 영향을 보거나 공정무역 제품에 대한 소비자들의 인식에 초점을 맞춰왔고, 소비자들이 생산지를 방문해 생산자들에 대한 이해가 높아지고 인식이 변하는 것을 분석한 연구는 찾기 어렵다.

이 장은 실천공동체 관점에서 포토보이스를 통해 생협 조합원과 직원들의 공정무역 생산지 연수 경험을 분석한다. 연구 질문은 "공정무역 생산지 연수를 통해 생협의 참여자들은 무엇을 어떻게 학습하는가"다. 이 장은 첫째, 상황 학습과 실천공동체 관점을 설명하고, 둘째, 연구 방법인 포토보이스와 연구 대상을 기술하며, 셋째, 분석 내용을 기술하고, 넷째, 연구 결과를 요약한 후 추후 과제를 제시하고자 한다.

2. 상황 학습과 실천공동체

실천공동체 개념은 상황 학습 개념과 함께 등장했다(Lave and Wenger, 1991). 상황 학습은 학습과 학습이 일어나는 사회적 맥락이 서로 어떻게 관련을 맺는지에 초점을 맞춘다(Lave and Wenger, 1991: 4~5). 학습은 상황적 활동으로 사회적 실천과 분리할 수 없으며, 세상과 상호작용하면서 지식을 구성해 나가는 것이다. 그렇기 때문에 일반화된 지식이 특정 맥락에서 제대로 작동될 것이라는 보장은 없으며, 그것을 행사하는 사람의 삶이나 문화의 맥락에 의존할 수밖에 없다(Lave and Wenger, 1991: 33~34).

웽거(Wenger, 1998), 레이브와 웽거(Lave and Wenger, 1991)의 연구는 실천공동체 개념을 더 발전시켰다. 실천공동체는 어떤 주제에 대한 열정을 공유하고, 지속적으로 상호작용하는 과정을 통해 이 분야에 대한 지식과 전문성을 깊이 있게 만들어가는 사람들의 집단이다(Wenger, McDermott and Snyder, 2004). 실천공동체는 미시 행위들이 거시 구조와 만나는 영역으로 국지적 행위와 상호작용을 통해 전체 사회구조를 재생산하기도 하고 변화시키기도 한다(Wenger, 1998: 13).

실천공동체에서 학습은 사회참여 과정이다. 학습자는 참여를 통해 자신의 정체성과, 자신의 일을 이해하는 방법을 결정한다(Wenger, 1998: 4). 학습은 의미, 실천, 공동체, 정체성으로 구성된다. 의미는 경험함(experience), 실천은 행함(doing), 공동체는 속함(belonging), 정체성은 되어감(becoming)이며, 이를 통해 학습을 구성한다(Wenger, 1998: 5).

우리가 사는 세계에 참여한다는 것은 의미를 주고받는 과정, 즉 의미의 생성 과정이다. 의미의 생성은 사람과 물건 혹은 환경 간의 상호작용, 성취의 과정을 포함하며, 행위가 개입되어 의미를 구성하는 과정이다. 어떤 사건에 대해 해석하는 과정과 사건 발생 시 취하는 행위도 포함된다.

이런 측면에서 사고와 행위를 구분하는 것은 적절하지 않다. 또한 의미란 상호작용의 산물로서 상호작용이 일어나는 관계 안에서 존재한다(Wenger, 1998: 52~54).

실천은 역사적이고 사회적인 맥락 내에서의 활동을 의미한다. 명시적이고 암묵적 부분이 모두 포함되며, 언어, 도구, 서류, 이미지, 상징, 역할, 준거, 명시화된 절차, 규정, 계약 등과 같은 명시적 차원과, 관례, 관계, 단서, 직감, 지각, 감수성, 숨겨진 가정, 세상을 보는 관점 등과 같은 암묵적 차원도 포함된다. 여기서 실천은 행함과 앎을 구분하거나 구체와 추상을 분리하는 전통적 이분법을 따르지 않고, 이것을 동시에 실현하는 것을 염두에 둔다(Wenger, 1998: 47). 실천은 구성원들에 의해 공유되는 의미의 상호작용 속에서 생성된다. 의미의 상호작용에는 항상 새로운 요인들이 잠재되어서 실천은 새로운 가능성에 대해 끊임없이 열려 있는 방식으로 전개된다. 실천이 지속가능한 것은 구성원들의 정체성이 구성되기 때문이다. 이처럼 변화와 학습은 실천의 속성과 다름없으며, 학습은 실천의 전개 과정, 실천 양상, 원동력 그 자체다. 학습에는 상호 관여, 일에 관한 지식, 공유 레퍼토리의 개발이 포함된다. 여기서 학습은 실천의 발전 및 협상 능력과 관련된다(Wenger, 1998: 95~96).

학습은 정체성이나 멤버십 형성에 영향을 미친다. 반대로 정체성이나 멤버십은 우리가 무엇을 경험해 왔고 무엇을 경험하고 있으며 앞으로 무엇을 경험할 것인지에 영향을 미치고 그 경험을 바꾸어 놓기도 한다(Wenger, 1998: 95~96). 실천은 정체성과 밀접한 관계가 있다. 실천이 창출되기 위해서는 관계자들이 서로 관여하고 상대방을 참여자로 인정해 주는 공동체의 형성이 전제되어야 한다. 공동체의 맥락 속에서 개인의 존재 방식에 대한 협상이 필수적으로 수반될 수밖에 없다. 실천은 우리가 존재하는 방식이라는 심오한 차원과 연결되며, 이런 의미에서 실천공동체의 형성은 정체성에 관한 협상 과정이기도 하다. 즉 자신과 타자들이 자기 자아를 구체화하는 방식, 그리고 참여를 통해 자아를 경험하는 방식에 따라 자신의 정체성을 규정하는 것이며, 자신의 다양한 멤버십을 하나의 정체성으로 조화시키고, 자신이 관여하는 현장에 맞도록 조율하면서 정체성을 규정하는 것이다(Wenger, 1998).

실천공동체는 고정된 것은 아니지만, 아무렇게나 변할 수 있는 것도 아니다. 실천공동체의 참여자들은 지위와 정체성을 가지며 그 사이에서 상호 관여가 일어난다. 실천공동체에서는 공동 사업과 공유 레퍼토리(shared repertoire)가 있다. 관례, 언어, 도구, 행동방식, 이야기, 제스처, 장르, 개념 등의 공유 레퍼토리는 공동체의 역사를 반영하며, 연관된 해석 틀을 갖추고 있고, 이러한 해석 틀을 변화해 가면서 새로운 의미를 창출해 낸다. 새롭게 창출된 의미는 과거의 전통에서 나온 것일 수도 있고 전혀 예기치 못한 방향에서 나온 것일 수도 있다(Wenger, 1998: 82~85).

실천공동체론은 교육학, 경영학 등 다양한 분야에서 사용되어 왔다. 더불어 사회 전 영역에서 규모, 기간, 동질성, 경계, 자발성, 구성 등에 따라 다양한 형태로 존재한다(Wenger, McDermott and Snyder, 2002). 같은 장소에서 일하는 사람으로 구성된 경우도 있지만, 광범위하게 분산된 사람들이 모이는 사례도 있다(양흥권, 2011: 43). 한 사업 안에 존재할 수도 있고, 여러 부서에 걸쳐 있을 수도 있다. 조직의 지원 없이 자발적으로 모이기도 하고, 조직에서 의도적으로 지원하기도 하며, 외형적으로 구별되지 않는 것도 있고, 제도화되어 눈에 보이는 것도 있다(이정은·김진모, 2008). 전문가 그룹, 정치·종교·기술 지식에 기반을 둔 조직들부터 초국적 기반의 실천공동체까지 유형과 범위가 다양하다. 바틀리와 스미스(Bartley and Smith, 2010)는 사회와 환경 인증에 대한 연구를 통해 어떻게 실천공동체가 초국적 거버넌스의 원인이자 결과인지를 보여주었다. 공정무역 인증의 경우 처음에는 작은 실천공동체로 시작했으나 국제 표준을 설정하면서 초국적 실천공동체로 성장했다고 분석했다.

국내에서도 지식기반사회가 도래하고 지식경영이 강조되면서 실천공동체 관점을 적용한 연구들이 지속적으로 출판되고 있다. 이은철·최문선(2015)은 국내의 실천공동체 연구 동향을 분석하고, 성공 요인을 파악했다. 이 연구에 따르면 실천공동체의 성과에 가장 많은 영향을 주는 요인은 공동체 외부의 지원과 팀 효과성이다. 양흥권(2011)은 실천공동체를 동일한 과업과 문제에 관심이 있는 구성원들의 공동체로 정의하고, 실천공동체의 학습 현상 분석틀을 구성하기 위한 연구를 수행했다. 최미나·유영만(2003)은 실천공동체를 지식 창출과 공유를 위한 것으로 상정하고 실천공동체의 발전 과정을 분석했다. 최종인·홍길표·장승권(2011)은 국가 연구 개발 조직에서의 실천공동체의 운영 특성과 성과와의 관계를 살펴보면서 신규 멤버 유입 증대와 같은 운영 활성화 특성, 외부와 연계하는 도전적 풍토나 다양성을 지향하는 자율적 풍토가 실천공동체 창출 성과에 긍정적으로 영향을 미친다고 주장했다.

실천공동체 관점에서 사업체로서의 성격과 결사체로서의 성격을 모두 보유하고 있는 협동조합 조직을 연구한 논문들이 있다. 박윤규 외(2013)는 내부 인트라넷을 통해 자발적이고 성공적으로 지식경영을 실천하는 사례로 아이쿱 생협을 분석했다. 또한 조직 내 업무 프로세스를 특정 정보시스템에 집중시키면 그것을 매개로 자발적인 지식 경영이 일어날 수 있다는 것을 강조한다. 이것이 가능한 이유는 참여자들의 자발성에 기인한다는 것이다. 즉 문서 공유를 자발적으로 진행하는 과정에서 자발적인 학습과 상호작용이 일어난다는 것이다. 김형미(2016)는 일본 코프아이치 소비자생활협동조합이 주민 복지 활동으로 확장되는 과정을 실천공동체 관점에서 연구했다. 조합원과 비조합원들이 함께 연계하고 참여함으로써 돌봄의 의미를 숙고하고, 돌봄의 노하우를 배양하며, 지자체, 협동조합, NPO, 주민조직이 협업해 지역을 포괄하는 돌봄 체계를 구성해 온 과정을 설명했다. 김아영·장지연·장승권(2018)은 아이쿱의 회원 생협 이사회를 실천공동체로 보았으며, 이 조합원 이사들이 실천공동체에 참여해 자신의 역량을 개발하고, 정체성을 형성하며, 성장하는 과정을 연구했다.

기존 연구는 학습이 일어나는 장으로 실천공동체에 초점을 맞췄다. 실제 개인들이 함께하는 사람 그리고 환경과 상호작용하면서 어떻게 변화가 일어나는지에 대한 구체적 상황을 드러내지는 않았다. 이 장은 공정무역 생산지 연수에 참여해 생산자들과 그리고 생산지 환경과 상호작용하면서 새롭게 의미를 생성하고, 궁극적으로는 정체성의 변화로 이어지는 학습 과정을 구체적으로 설명할 것이다.

3. 연구 방법 및 연구 대상

1) 포토보이스 연구 방법

포토보이스는 왕과 버리스(Wang and Burris, 1994, 1997)가 개발한 연구 방법이다. 포토보이스는 사람들이 사진을 통해 그들의 공동체를 구체화하고, 재현하는 과정으로 사진을 매개로 그들의 공동체를 기록하고 함께 토론하면서 비판적 대화와 지식을 촉구하고, 공동체에 대해 숙고하면서 정책을 제안한다(Wang and Burris, 1997).

포토보이스는 참여실행연구(participatory action research)로 참여자들이 연구 과정에 능동적으로 개입하는 탐색 연구다(Latz, 2017). 화이트, 그린우드와 레이즈(Whyte, Greenwood and Lazes, 1989)는 참여실행연구를 연구 대상이 되는 사람들이 초기 설계부터 최종 결과 발표에 이르기까지 그 과정 내내 연구자와 함께 능동적으로 참여하는 것이라고 설명한다. 기존 연구 방법에서 연구 대상을 수동적으로 취급해 왔던 방식과는 다르다. 포토보이스 참여자들은 사진을 직접 찍고, 스스로 사진을 선정한다. 자신이 찍은 사진을 보며, 사진을 해석하고 의미를 부여한다. 여기서 사진을 해석하는 것은 연구자의 역할이 아닌 '참여자의 영역'에 속한다. 포토보이스 도중에 촬영된 사진은 선행 자료 역할을 하면서 참여자의 생각을 이끌어낸다. 때에 따라 참여자들은 연구자가 진행하는 해석 또는 분석에 참여하기도 한다(Latz, 2017). 연구 참여자들은 함께 주제에 대한 의견을 나누고 서로 상호작용하면서, 사회적으로 또는 정책적으로 그들이 생각하는 모순과 문제를 도출한다(Wang and Burris, 1994, 1997). 포토보이스에서 집단 토론은 개별적으로 가능하지 않았던 의미를 생성할 수 있다. 함께 사진을 보고 토론하면서 연구 참여자들의 고유한 경험, 의미, 가치관 등을 구체적으로 재현하기도 한다(박재환·이일한, 2018; 이현주, 2015).

라츠(Latz, 2017)는 포토보이스를 구성하는 8단계를 제시했다. 파악(identification), 모집(invitation), 교육(education), 기록(documentation), 설명(narration), 개념 생성(ideation), 발표(presentation), 확인(confirmation)이다. 첫 번째, 연구자들은 연구할 장소, 연구 대상, 연구 목적을 파악해야 한다. 두 번째, 참여할 사람을 모집한다. 세 번째, 참여자들에게 진행 방법 등에 대해 교육해야 한다. 이때 참여와 사진 사용에 대한 동의가 필요하다. 네 번째, 카메라로 기록한다. 다섯 번째는 사진에 대해 설명하는 단계가 진행되어야 한다. 이때 참여자가 찍은 사진에 의미나 맥락이 부여된다. 여섯 번째는 참여자들의 설명 속에 공통적으로 들어 있는 주제를 뽑아내는 '개념 생성' 과정이 진행된다. 일곱 번째는 전시 형태를 띠는 발표를 한다. 여기서 전시는 책자, 웹, 박물관 전시 등으로 다양하다. 여덟 번째는 전시를 접한 사람들이 어떻게 받아들였는지 확인해 내는 단계다. 라츠(Latz, 2017)는 포토보이스 8단계는 '탄력적인' 것이며, 이는 안내 표지판의 역할을 할 뿐이고, 연구자별로 구체적으로 채택하는 절차와 방법은 다양하다고 밝혔다. 그리고 8단계를 엄격히 따를 필요는 없고, 유연하게 실행할 수 있다고 강조한다.

포토보이스를 분석하는 방법은 다양하다. 포토보이스에 관한 기존 연구는 생성된 데이터를 분석하는 방법에 대한 지침을 거의 제공하지 않지만, 참여 실행 연구의 목적에 부합하도록 데이터가 해석될 필요가 있으며 학술지에 개재되는 논문으로 작성될 수 있도록 치밀하고 상세하게 설명할 필요가 있다(Latz, 2017).

그동안 포토보이스는 다양하게 활용되어 왔다. 특히 사회에서 목소리를 내기 어려운 취약 계층의 목소리를 들을 수 있는 방법으로 유의미하다는 것이 증명되어 다양한 연구 분야에서 활용되고 있다(Latz, 2017). 스트랙, 매질과 맥도나(Strack, Magil and McDonagh, 2004)는 돈이 없고, 낮은 지위와 권력을 가진 청소년들에게 사진을 찍도록 해 지역사회를 평가한 뒤, 정책 입안자에게 지역사회 상황을 전달하는 것을 목표로 연구를 진행했다. 청소년 방과 후 프로그램으로 포토보이스를 하면서 청소년들이 개인적으로, 사회적으로 정체성을 개발할 수 있는 기회가 되었으며, 사회적 역량을 구축하는 데 도움이 될 수 있다는 것을 강조했다. 그 밖에도 암이나 질병이 있는 환자들을 대상으로 한 연구(Lopez et al., 2005) 등에 다양하게 쓰이고 있으며, 교육 활동에 포토보이스를 적용하는 사례도 늘어나고 있다(Latz, 2017).

국내에서도 경영학, 교육학, 사회복지학 분야 등에서 포토보이스를 통한 연구가 활발히 진행되고 있다. 포토보이스를 활용한 경영학과 관련한 연구로서, 이현주(2015)는 사회적기업을 학습한 대학생을 대상으로 포토보이스를 진행해 대학생들이 인지하는 사회적기업의 모습을 탐구했다. 박재환·이일한(2018)은 대학생들의 사회적경제에 대한 인식과 진로에 대한 고민을 분석했다. 김희봉(2017)은 근무 기간 2년에서 5년 사이의 직장인을 대상으로 포토보이스를 사용해 팔로워십을 연구했다. 이 연구는 팔로워십과 팔로워의 역할을 구체적으로 표현했고, 팔로워십 교육의 접근 방법과 방향을 제시하고 있다.

실천공동체 관점에서 참여자들이 상호작용을 통해 의미를 형성해 나가는 것은 학습의 과정이다. 포토보이스는 이를 촉진할 수 있는 방법으로 실천공동체 관점에 부합한다. 포토보이스를 실행하기 위해 참여자들이 사진을 찍고 함께 토론하며 의미를 생성하는 과정 자체가 실천공동체에서 이야기하는 학습 과정이다. 이러한 이유로 포토보이스가 실천공동체 관점에서 학습 과정을 드러낼 수 있는 효과적인 연구 방법이라고 판단했다.

이 장은 연구 범위와 목적이 생산지 연수에 참여한 연구 참여자들의 학습 과정을 분석하는 것이어서 라츠(Latz, 2017)가 제시한 포토보이스 8단계 중 마지막 단계, 포토보이스 전시를 접한 사람들의 반응 확인은 생략하고 진행했다. 즉 파악, 모집, 교육, 기록, 설명, 개념 생성, 발표 과정을 진행했고, 마지막 발표 과정은 두레생협연합회에서 생산지 연수 보고서를 발간하면서 포토보이스의 내용을 요약해 포함했다. 포토보이스 실행은 〈표 4-1〉과 같다.

연구진은 2013년부터 한국 공정무역 현황을 연구하면서 공정무역 분야의 자료를 수집하고 변화를 관찰해 왔다. 특히 두레생협의 공정무역 실천을 파악하기 위해 2017년과 2018년에 피플스페어트레이드협동조합(이하 피티쿱) 창립총회, 사업 보고회, 필리핀 생산자 초청 행사, 일본의 사업 파트너 ATJ 초청 행사, 아시아민중기금 총회 등에 참석하면서 자료를 수집하고, 관찰했다. 이는 두레생협의 공정무역 실천, 필리핀 생산자 조직과의 관계, 생산지 연수를 진행하는 맥락을 이해하는 데 도움이 되었

표 4-1 포토보이스 실행 과정

단계	내용
파악	연구 장소, 연구 대상, 연구 목적 파악
	↓
모집	참여자 모집
	↓
교육	연구 목적 및 포토보이스 소개 연구 참여 동의서 작성
	↓
기록	사진 촬영
	↓
설명	포토보이스 워크숍 5회 실시 1회차: 나는 왜 여기에 있는가? 2회차: 알아가기 3~5회차: 자유 주제
	↓
개념 생성	선택(selecting), 맥락화(contextualizing), 코딩(codifying)과 분석 결과에 대해 토론 및 합의

자료: 라츠(Latz, 2017)의 포토보이스 8단계를 기반으로 저자가 작성했다.

다. 이 장은 이러한 배경 지식하에 포토보이스를 진행해 얻은 결과를 바탕으로 분석한 것이다.

이 장의 연구자들은 두레생협에서 거의 해마다 필리핀 공정무역 생산지로 연수를 가고 있다는 것을 사전에 파악하고, 사업 관계자들에게 연수에 동행해 연구를 진행하고 싶다고 요청했다. 연구의 목적과 포토보이스로 연구할 것임을 사전에 밝혔다. 연수 참여자는 두레생협에서 직접 모집했으며, 연수를 떠나기 전에 두레생협연합회 사무실에서 연수 참여자들을 대상으로 사전 설명회를 진행했다. 포토보이스뿐만 아니라 생산지 연수의 목적과 계획 등 전반적 내용을 설명하는 시간이었다. 이 장의 연구에 대한 목적과 의의, 포토보이스에 대한 이론적 설명과 진행 절차에 대해 간략히 설명한 뒤 참가자들에게 문서로 내용을 전달했다. 생산지 연수 동안 왜 포토보이스를 하려 하는지 취지를 설명하고 모두에게 연구 동의서를 받았다.

연구자와 연구 참여자들은 연수 기간에 전체 일정을 함께하며 같은 곳을 방문했다. 포토보이스를 진행하는 시간 외에도 서로 친밀감을 형성하고, 대화를 할 수 있는 기회가 많았다. 참여자들은 첫 번째와 두 번째 차수까지는 주제를 선정했으나 이후에는 자유 주제로 진행하기를 원했는데, 연수의 목적이 분명했고, 매일 정해진 일정이 있는 상황이었기 때문이다. 참여자들은 포토보이스의 주제를 정하지 않고 자유롭게 촬영하고, 보고 느낀 것을 설명하고자 희망했다. 이에 2회차까지만 함께 선정한 주제를 가지고 토론했으며, 이후부터는 자유 주제로 진행했다. 연수 내내 하루 동안 방문한 곳에서 사진을 찍고 저녁에 모여 각자 선정한 사진을 단체 채팅방에 올리도록 했다. 사진은 1장에서 6장까지 개인들이 자유롭게 공유하고 싶은 사진을 선택했고, 온라인 단체 채팅방에 공유한 사진을 함께 보았다. 사진을 올린 참여자가 본인의 사진에 대해 설명하면 다른 참여자들이 자신의 느낌과 생각을 함께 나누며 토론했다. 토론은 시간이 지날수록 활발해졌다. 포토보이스는 총 5회 진행되었고, 진행한 내용은 모두 녹음했으며, 연구자가 녹음 내용을 듣고 전사했다.

이 연구는 포토보이스 분석 과정을 사진 선택, 맥락화, 코딩으로 나누어 실행했다(Wang and Burris, 1997). 첫 번째 단계로, 사진과 함께 전사한 자료를 정리했고, 생산지 연수 목적인 생산지와 생산과정에 대한 이해, 두레생협과의 협력과 교류 과정에 대한 이해를 중심으로 포토보이스 전사 자료를 살펴보았으며, '생산지에 대한 이해와 인식'을 중심으로 참여자들이 표현한 설명과 토론 내용을 정리했다. 두 번째 단계에서는 공통의 내용을 묶고 분류했다. 세 번째 단계에서는 실천공동체 관점에서 분류한 자료를 검토했다. 연구 결과를 기술할 때 사진과 직접적으로 관련되는 내용을 인용하는 경우 사진을 함께 첨부했으며, 사진과 무관하게 토론 과정에서 나온 내용을 인용하는 경우에는 사진을 첨부하지 않았다.

2) 두레생협과 공정무역

두레생협연합회는 1997년에 7개 생협이 모여 설립되었다. 2017년 말 기준 29개의 회원 생협들이 가입해 115개 매장을 운영하고 있다. 현재는 20만 명의 조합원이 가입해 있으며, 공급액은 1200억 원 정도다(두레생협연합, 2018b). 2000년대 초반부터 생협 조합원들은 국내에서 생산되지 않는 설탕 판매를 요구하기 시작했다(김기섭, 2012: 215). 이에 대응하기 위해 2003년에 두레생협연합회 대의원 총회에서 공정무역을 하기로 결정했고, 평소 교류해 왔던 일본 생협의 도움을 받아 필리핀 네그로스 마스코바도 생산지를 처음으로 방문했다. 일본에서는 일본 생협 등에 설탕, 바나나 등의 대안 무역 제품을 공급하는 ATJ가 1989년 설립되어 필리핀과 교역을 하고 있었다(ATJ, 2019). 두레생협연합회는 2004년에 공정무역을 전담할 자회사 에이피넷을 설립했고, 필리핀 네그로스에 공정무역 설탕과 바나나를 수출하는 조직 얼터 트레이드 필리핀즈 주식회사(Alter Trade Philippines Incorporated, ATPI)로부터 마스코바도 설탕을 수입해 판매하기 시작했다(두레생협연합, 2017). 이어 2017년 두레생협은 자회사 에이피넷을 한살림소비자생활협동조합연합회, 행복중심생협연합회, 한국대학생활협동조합연합회가 공동출자 한 다중 이해 관계자 협동조합 피티쿱으로 전환했다(김선화·장승권, 2018).

두레생협은 출범 초기부터 공정무역 실천을 민중교역으로 명명했으

표 4-2 두레생협의 필리핀 공정무역 실천

연도	주요 사건
2003	• 두레 조합원들의 '안전한 설탕' 취급 요청 • 두레생협연합회 대의원 총회, 민중교역(공정무역) 사업 진행 결정 • 필리핀 네그로스 마스코바도 원당 생산지 첫 방문
2004	• ATJ와 민중교역(공정무역) 관련 업무 제휴 • 필리핀 마스코바도 원당 수입 및 공급 • 두레생협의 자회사 ㈜에이피넷(APNet) 설립
2006	• 두레생협연합회와 필리핀 ATC* 간 협정 체결 • 네그로스 프로젝트 1기 시작(2006~2007년, 12개 생산자 조직 574명 지원)
2007	• 네그로스 프로젝트 2기 시작(2007~2008년, 8개 생산자 조직 445명 지원)
2008	• 네그로스 프로젝트 3기 시작(2008~2009년, 8개 생산자 조직 439명 지원)
2009	• 호혜를 위한 아시아민중기금(APF) 참여 및 창립총회 개최
2011	• 네그로스 프로젝트 4기 시작(2011~2012년, 9개 생산자조직 326명 지원)
2015	• 네그로스 BARC(바르크) 프로젝트 협약 및 1기 시작(2015~2017년, 7개 생산자 조직 340명 지원)
2016	• 필리핀 발랑곤 바나나 시범 판매
2017	• 피티쿱 창립총회 개최 및 법인 전환 • 필리핀 발랑곤 바나나 판매 시작
2018	• 네그로스 BARC(바르크) 2기 시작(2018~2019년, 7개 생산자 조직 251명 지원)

주: * 거래 초기에는 ATC(Alter Trade Corporation)라는 이름이었으나, 지금은 ATPI로 사명을 변경했다.
자료: 피플스페어트레이드협동조합(2019)과 두레생협연합회 제공 자료 정리.

며, 생산자와의 연대를 강조하고 직접적인 관계를 통해 교역해 나가는 것을 강조하는 의미로 '민중교역'을 사용해 왔다. 다만 최근에는 한국에 공정무역이 활발해지기 시작하면서 민중교역과 공정무역 두 단어를 모두 사용하고 있다(김선화·장승권, 2018).

〈표 4-2〉는 필리핀 공정무역단체와 공정무역 생산자 조직과 관련된 두레생협의 실천을 중심으로 정리했다. 두레생협은 마스코바도 판매 금액에 공정무역 기금을 포함해 기금을 모으고 있으며, 초기에는 네그로스 프로젝트, 최근에는 네그로스 바르크 프로젝트라는 이름으로 필리핀에

기금을 지원해 왔다. 그 외에도 생산자 초청 행사, 조합원 생산지 연수, 조합원들 대상으로 공정무역 교육 및 캠페인을 지속하고 있다. 또한 2016년부터 ATPI로부터 발랑곤 바나나를 시범적으로 수입하기 시작했고, 2017년부터 본격적으로 판매하고 있다(피플스페어트레이드협동조합, 2019).

3) 필리핀 ATPI와 공정무역 생산자 조직

공정무역단체 ATPI는 필리핀 네그로스에 위치해 있다. 네그로스는 100년이 넘는 동안 필리핀 설탕의 60%를 생산해 왔으며, 거의 설탕만을 단일 경작하는 곳이었다. 1980년대 국제 설탕 가격이 폭락하면서 설탕 회사들은 설탕 제조를 중단하고, 사탕수수는 수확되지 않고 버려졌다. 네그로스의 사탕수수 대농장의 노동자로 일했던 수십만 명의 주민들도 굶주림을 겪어야 했다(엄은희, 2018: 65~94). 필리핀의 종교 단체들은 전 세계에 도움을 요청했고, 일본의 다양한 시민 단체가 '네그로스 캠페인을 위한 일본위원회(Japan Committee for Negros Campaign, JCNC)'와 '네그로스 구호와 재건 센터(Negros Relief and Rehabilitation Center, NRRC)'를 설립해 지원했다. 1986년에 JCNC와 네그로스의 시민 단체들은 구호와 재건 방식은 장기적으로 지속가능하지 않다는 결론에 도달했다. 같은 해에 20개의 NGO와 정치 조직은 평화와 발전을 위한 네그로스협의회(Negros Council for Peace and Development, NCPD)를 구성했고, 1987년에 마케팅에 초점을 맞춘 기관 ATC를 설립했다. 1987년에 일본 생협에 처음으로 마스코바도 설탕을 수출했고, 일본에서도 수입하기 위한 조직 ATJ가 설립되었다. ATC는 유럽공정무역협회(European Fair Trade Association, EFTA)와 네트워크를 형성하면서 1988년부터 유럽 공정무역단체들에도 수출을 시작했다. 1989년부터는 일본에 발랑곤 바나나를 수출하기 시작했다(Caduya, 2017).

2018년 현재 ATC는 ATPI와 ATPF 두 개의 조직으로 나뉘어 운영된다. ATPI는 마스코바도와 발랑곤 바나나 수출, 자국 내 먹거리 운동 전개, 내수 판로 확대 등에 주력하고 있다. ATPF는 생산자 조직화, 역량 강화, 대출 지원 프로그램 운영, 유기농법 및 유기 비료 제작 등의 농업기술 교육과 인증을 받기 위한 지원 등을 담당하고 있다(두레생협연합, 2018a).

네그로스의 10개 생산자 공동체에서 생산되는 마스코바도 설탕은 연간 2000톤이 판매되고 있다. 한국뿐만 아니라, 독일, 프랑스, 이탈리아 등의 공정무역단체들이 설탕을 구매하고 있다. 네그로스 산악지대 야생에서 자라는 바나나를 채집하기 시작해 현재 필리핀 전역 8개 생산지의 2000여 생산자들로부터 연간 최고 2400톤까지 발랑곤 바나나가 생산되어 수출되고 있다. 네그로스, 루손, 파나이, 보홀, 민다나오에 바나나를 모아서 세척·포장하는 10개의 포장 센터가 있어(Caduya, 2017), 생산량 대부분은 일본에서 수입하고, 일부는 한국의 피티쿱에서 수입해 두레생협에 공급한다. ATPI는 마스코바도와 발랑곤 바나나 판매를 통해 연간 50억 원의 매출을 달성하며, 이익은 생산자 지원 등을 위해 사용한다. 또한 지역별로 흩어져 있는 바나나 생산자를 교육하고 지원하기 위해 지역 NGO들과 함께 일하고 있다.

4) 필리핀 공정무역 생산지 연수

두레생협연합에서는 2003년부터 거의 매해 두레생협연합회에 속한 회원 생협의 이사장, 회원 생협 임직원, 두레생협생산자회, 조합원들을 대상으로 필리핀 네그로스의 공정무역 생산자공동체를 방문하는 연수 프로그램을 운영했다. 5일에서 8일 정도 체류했고, 1년에 2회 진행한 적도 있다. 그간 200여 명이 생산지를 방문하는 연수단에 참여했다. 연수

표 4-3 필리핀 공정무역 생산지 연수 일정 및 프로그램

일정		주요 내용
1일차	이동	한국 → 필리핀 마닐라 → 네그로스 두마게티
	포토보이스 1회차(30분)	주제: "우리는 왜 여기에 있는가"
2일차	생산자 단체 소개	ATPI와 ATPF에 대한 소개 생산자 대표 인사 및 교류
	생산자 공동체 방문	TANHAI 생산자 공동체 방문 - 발랑곤 바나나와 생산자 공동체 이해 - 발랑곤 식재 체험
	포토보이스 2회차(60분)	주제: " ?? 알아가기"
3일차	포장 센터 방문	두마게티 발랑곤 바나나 포장 센터 방문 및 패킹 공정 이해
	이동	두마게티 → 바콜로드
	포장 센터 방문	ATMC 발랑곤 바나나 포장 센터 방문 및 패킹 공정 이해
	포토보이스 3회차(50분)	자유 주제
4일차	ATPI and ATPF 사무실 방문	직원 교류
	생산자 공동체 방문	MERFIA 생산자 공동체 방문 - 사탕수수 생산자 및 바르크 프로젝트 이해
	포토보이스 4회차 (1시간 20분)	자유 주제
5일차	ATMC 방문	사탕수수 가공 공장 방문
	생산자 공동체 방문	ILIFA 생산자 공동체 방문 - 발랑곤 바나나 생산자 및 바르크 프로젝트 이해 NAFWA 공동체 방문 - 사탕수수 공동체 생산자 및 바르크 프로젝트 이해
	포토보이스 5회차 (1시간 40분)	자유 주제
6일차	이동	바콜로드 → 마닐라 → 인천

목적은 세 가지다. 첫째, 공정무역과 공정무역 생산지에 대한 이해를 높이고, 둘째, 두레생협이 지원하는 기금 프로젝트를 이해하고 지원을 받은 생산자 공동체를 직접 방문해 기금이 어떻게 사용되는지를 파악하며, 셋째, 사탕수수와 바나나가 재배·생산·가공·운송되는 전 과정을 이해하도

록 돕는 것이다(두레생협연합, 2018a).

2018년도 생산지 연수는 2018년 12월 3일부터 12월 8일까지 진행되었다. 생산지 연수 프로그램은 회원 생협에 모집 공지를 하고 참여를 희망하는 회원 생협 이사장이나 이사, 직원들이 참여를 신청했다. 연수 시작 전에 사전 설명회가 한국에서 진행되었다. 포토보이스는 연수하는 동안 매일 저녁 식사 후에 30분에서 2시간 정도 진행했다. 연수 일정은 〈표 4-3〉과 같다.

5) 연구 참여자

2018년 필리핀 생산지 연수에 참여한 연구 참여자들은 총 7명이었다. 두레생협연합회에 회원 생협으로 가입된 29개 회원 생협 중에 세 개 회원 생협의 이사장이 참여했고, 매장에서 점장으로 근무하는 2인이 참여했다. 그 외에 1인은 이 연수의 실무를 담당하는 직원이고, 1인은 생산지 교류 사업의 실무를 담당하는 피티쿱의 직원이었다. 이들 모두가 포토보이스에 참여했다. 피티쿱 실무자를 제외하고는 모두 첫 방문이었다. 연구 참여자들은 두레생협에서 활동하거나 근무한 연수가 최소 4년에서 최대 16년 정도 되었다.

연구 참여자들의 개인 특성은 〈표 4-4〉와 같다. 이 연수에 참여한 이들은 모두 두레생협연합에 가입된 회원 생협을 책임지거나 매장 운영과 조합원 관리, 공정무역 교육 및 캠페인을 진행하는 등의 역할을 맡고 있었다. 이들은 필리핀에서 수입해 오는 마스코바도나 발랑곤 바나나에 관해 임직원 또는 조합원들과 소통하는 위치에 있었다.

이 연구는 연구 참여자의 익명성을 보장하기 위해 참여자들의 소속을 드러내지 않았으며, 참여자의 포토보이스를 인용할 때도 〈표 4-4〉의

표 4-4 **포토보이스 참여자 개요**

참가자	성별	나이	소속	직책	두레생협 활동 / 근무 경력
1	남	70대	가	이사장	16년
2	여	50대	나	이사장	14년
3	여	50대	다	이사장	12년
4	여	50대	라	점장	13년
5	여	40대	라	점장	12년
6	여	30대	마	직원	4년
7	여	30대	바	담당	4년

표 4-5 **기타 면접자 개요**

번호	기관명	직급	면접일 및 시간	장소
1	ATPI	대표	2018년 10월 18일(1시간)	커피숍
2	ATJ	전 대표	2018년 10월 19일(1시간)	회의장
3	두레생협연합회	회장	2018년 4월 18일(2시간) 2018년 11월 28일(2시간)	사무실
4	두레생협연합회	사무국장	2018년 4월 18일(2시간) 2018년 11월 28일(2시간)	사무실

순서와 연결시키지 않았다.

필리핀과의 공정무역 실천을 이해하기 위해서 연구 참여자 이외의 관계자도 인터뷰했다. 한국에서 필리핀 교류 사업을 주요하게 담당하는 실무자와 두레생협연합회 임원, ATPI의 대표와 일본의 ATJ 설립 당시부터 최근까지 대표했던 이들을 면접했다. ATPI와 ATJ의 전 대표는 2018년 10월에 있었던 아시아민중기금 총회 때 참관하고, 총회 전후에 인터뷰했다. 이를 통해 필리핀 공정무역 생산지의 상황과 역사, 한국과의 관계 등을 이해할 수 있었다.

4. 두레생협의 필리핀 공정무역 생산지 학습

오랫동안 익숙했던 것에서 벗어나 새로운 일이나 새로운 공동체를 접했을 때, 우리의 능력을 넘어서는 도전에 직면했을 때 학습이 일어나고 있다는 것을 의식하게 된다(Wenger, 1998). 이 장은 참여자들이 처음으로 필리핀에 있는 공정무역 생산지를 방문해 바나나와 사탕수수를 재배·가공·포장하는 현장을 직접 경험하고, 생산자들과 대화를 나누고, 생산자 공동체를 지원하고 수출하는 업무를 하는 조직 구성원과 만나는 과정에서 어떻게 학습이 일어나는지를 분석할 것이다.

1) 의미 생성

의미 생성은 세상에 적극적으로 참여하고 경험하면서 의미를 갖게 되는 과정이다. 이는 사람들 사이에, 사람과 물건 혹은 환경과의 상호작용 속에서 일어난다. 의미 생성은 우리의 행위가 개입된 구성의 과정이다. 또, 어떤 사건에 대해 해석하는 과정일 뿐만 아니라 사건에 맞닥뜨려 취하게 되는 행위도 포함된다(Wenger, 1998: 52~54). 연수 참여자들은 생산자들의 삶의 현장에서 다양한 체험과 대화를 통해 새롭게 의미를 생성해 간다.

(1) 유기농업

유기농으로 바나나와 사탕수수를 생산하는 필리핀 농지를 방문하면서 한국의 농업 환경과 필리핀의 농업 환경을 비교한다. 필리핀은 더운 기후로 인해 1년 내내 바나나를 심고 수확한다. 유기농업을 하는 농지에는 동물과 다른 식물들이 함께 자라고 있다. 연구 참여자들은 유기농법을 하는 데 한국과 필리핀에서 차이가 있다는 것을 인식하게 되고, 한국 유기농업의 현실과 한계를 인식한다.

표 4-6 유기농업

사진	설명
	발랑곤 바나나 생산자들이 바나나 나무 밑에 동물들을 키우면서 유기농업을 실현하고 있는 것을 알 수 있었고 요. 사는 것도 힘들 줄 알았는데, 생각보다 그렇지 않고 환경도 너무 아름답고 훨씬 더 좋았어요. …… 한편으로 우리가 유기농업을 한다고 그러면 땅도 부족하고 그래서 대부분 비닐하우스 안에다 비닐 멀칭하고 화학비료나 제초제를 안 한다 뿐이지 내용적으로 유기적이라고 보기 어렵거든요. 여기는 실제로 유기적인 환경으로 하고 있어서 더 좋았어요. 정말 유기농업을 하려면 이렇게 해야 되는데. _참가자 A

(2) 가난

재배지를 방문해 필리핀 생산자들이 칼을 사용하는 것을 보면서 가난을 떠올린다. 장비만 보아도 바나나 생산자들이 대부분의 농사를 수작업으로 하고 있다는 것을 알 수 있다. 하지만 연구 참여자들은 이들이 물질적으로 부족하고, 소득이 낮다고 해서 불행하다고 생각하지는 않는다. 생산자들의 삶의 공간에 들어가서 이들과 함께하면서 이들의 빈곤을 맞닥뜨리지만 불행하다고 인식하지는 않았다.

표 4-7 가난

사진	설명
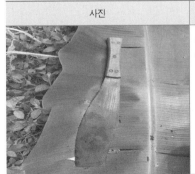	칼인데. 이게 만능이야. 바나나도 자르고, 풀도 베고 다 되는데, 칼 디자인이요, 무게가 앞으로 확 쏠려 있잖아요. 원심력으로 탁 치는 거야. 힘 안 들이고 큰 바나나를 한칼에 그냥 잘라버리는데 사실 이 정도는요. 박물관에 가면 철기시대 유물 이런 거에 나와요. 근데 여기 와보니까 사람들이 그렇게 불행해 보이지는 않는데, 사실 굉장히 가난하다 이 생각이 들었어요. 가난해서 쪼그라들고 이런 감은 없어. 밝은 얼굴도 하고 있고 노래도 부르고 춤도 추고 이런 사람들인데, 소득이 어느 정도 되나? 물어봤더니 3000 내지 4000 페소. _참가자 B

(3) 품질

참여자들은 한국에서 바나나를 받았을 때 바나나 상태가 좋지 않으면 생산지에서 품질관리가 제대로 되지 않아서 바나나 상태에 문제가 있다고 생각하곤 했다. 하지만 바나나 재배지를 방문하고, 바나나 포장 센터에서 바나나를 세척하고 포장하는 전 과정을 살펴보면서 생산지에서 바나나 품질관리를 엄격히 한다는 것을 깨달았다. 포장 센터를 방문하고 난 후에 국내외 유통과 후숙 등의 복합적 문제로 인해 품질에 문제가 생긴다는 것을 인식한다.

표 4-8 **품질**

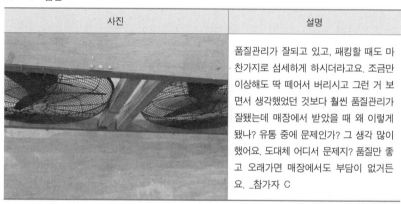

사진	설명
	품질관리가 잘되고 있고, 패킹할 때도 마찬가지로 섬세하게 하시더라고요. 조금만 이상해도 딱 떼어서 버리고 그런 거 보면서 생각했었던 것보다 훨씬 품질관리가 잘됐는데 매장에서 받았을 때 왜 이렇게 됐나? 유통 중에 문제인가? 그 생각 많이 했어요. 도대체 어디서 문제지? 품질만 좋고 오래가면 매장에서도 부담이 없거든요. _참가자 C

(4) 생산자

두레생협에서 지원하는 기금을 대출받아 정미소를 세운 사탕수수 생산자 공동체를 방문하고, 생산자 공동체에 대한 존경심을 드러낸다. 필리핀 농촌의 주요 자금 차입 경로가 정미소이며, 정미소에서 도정 비용과 대출 이자를 높게 받는 것을 알게 된다. 이를 해결하기 위해 생산자 공동체가 ATPF로부터 저리로 돈을 빌려 정미소를 설립한 것을 연수 참여자들은 높이 평가한다. 이는 도정 비용과 대출 이자 비용을 줄이는 방법이며, 공동체 수입을 다각화하는 장치이고 공동체 투지의 상징으로 인식되기 때문이다.

표 4-9 **생산자**

사진	설명
	진짜 리더의 격을 보여줬어. …… 이 사람은 강하게 끌고 가는 리더십. 이 사람의 권력이 정미소잖아요. 아까 사람들한테 이야기를 했던 게 정미소는 전략적인 포트다. 로컬 헤게모니를 무너뜨리는 하나의 전략적인 포인트다. 정미소가 보니까 고리대금업도 하고 말이야 온갖 나쁜 짓을 다하고 있는데, 우리 손으로 정미소를 세웠잖아. 좋은 선택이고 벌판에 딱 서 있는 것이 모뉴먼트 기념비 같은._참가자 B

(5) 파트너 조직

참여자들은 두레생협에서 활동하거나 일을 한 역사가 오래되었지만 생산지에서 어떤 일들이 일어나고 어떤 조직이 참여하는지 정확히 인지하지 못했다. 하지만 생산품의 수출과 생산자 교육을 담당하는 ATPI와 ATPF의 전 직원들을 만나면서 이 조직의 규모와 직원들을 키워가는 방식에 대해 간접적으로 경험하게 된다. ATPI와 ATPF의 생산자를 지원하는 방식과 인력을 양성하는 방식에서 배울 점이 있다고 인식한다. 그리고 직원 수십 명과 마주하면서 함께하고 있다는 연대감을 형성하는 계기가 된다.

표 4-10 파트너 조직

사진	설명
	민중교역에 대해서 10년 넘게 알고 있다고 생각했고 꾸준히 조합원한테 전달했는데, ATPI와 ATPF에 대해선 잘 몰랐어요. 막연히 우리가 설탕을 사면 기금이 자동적으로 이런 프로젝트에 쓰인다는 건 알았지만 어떤 단체에서 활동을 하는지는 몰랐는데 ATPF가 큰 역할을 한다는 생각을 했어요. ATPI나 ATPF 두 군데 모두 자금만 지원하지 않고 그 자금을 어떻게 활용할 것인지 끊임 없는 기술 지원, 교육 지원, 프로그램 지원을 하는 거 보고, 재단에 대해서 다시 한번 보고 느끼는 계기가 됐습니다. 재단이나 공동체나 같이하시는 거 보니까 체계적이고 오히려 우리가 배울 점도 많은 게 보였어요. 정책적으로 체계적으로 잘 지원하고 있는 게 보여서 우리도 오히려 그런 프로그램을 접목시켜도 좋겠다는 생각을 했어요. _참가자 D
	ATPI와 ATPF 실무자들하고 연수 중인 학생들하고 함께할 수 있는 시간이 소중하다는 생각이 들었고요. …… 보이지 않는 곳에서 가교 역할을 해주는 사람들이 없으면 사실은 가능한 일이 아니잖아요. …… 이런 분들이 이런 수고들을 하고 있구나, 서로를 이해하는 시간이 됐던 거 같아요. 또 한 가지는 연수하는 친구들이 고등학교부터 대학교까지 다양한 층위의 친구들이 와서 총무에서 하는 친구, 생산 분야에서 하는 친구들이 다양했거든요. 차세대 친구들을 교육해 내고 업무와 결합해서 길러내는 게 좋았어요. 그런 시도나 방식들이 우리가 말로 얼굴이 보이는 생산자 그러지만 실제로 그런 것들을 구현해 내기 위해서 어떤 방법들을 가지고 가는지 이해하는 데 도움이 되는 시간이었어요. 실무자 중에 가장 어린 친구가 인턴을 하다가 지금 (근무한 지) 6개월 됐고. 그 친구가 사회를 보고 통역을 하고 그랬거든요. 사실 바꾸어 생각을 해보면 대표가 계속 우리를 수행하고 함께 다니는데 그만큼 우리에 대해서 비중 있게 생각하고 그런 자리에 가장 어린 실무자가 나와 가지고 통역하고 진행하고 이런 것들. 만약에 우리가 다른 사람이 왔으면 그렇게 자신 있게 그런 것들이 가능했을까? 그리고 그 친구도 그런 자리를 불편해하거나 어려워하거나 그런 게 아니라 자연스럽게 잘하는 거 보면서 우리도 사람을 길러내는 데 이렇게 노력해야 되지 않을까 그런 생각이 들었어요. _참가자 A
	이렇게 많이 사무실에서 근무하시는지는 몰랐어요. 저는 도표 보면 연합에서 두세 명만 올라가 있고 그래서 이렇게 큰 줄 몰랐고, 아침에 감동스러웠어요. 그분들이 다 와가지고, 내가 혼자가 아니구나. 식사할 때도 똑같은 기분이 들었어요. 다 함께하는 거구나 누구 한 사람이 아니고 다 함께. _참가자 C

(6) 책임감

바나나를 세척하고 포장하는 공간의 규모와 그곳에서 일하는 노동자들을 보면서 소비에 대한 책임감을 넘어 부담을 느낀다. 여러 명의 노동자가 일하고 있고, 그들의 가족까지 생각했을 때 한국에서 소비를 늘려주지 않으면 이들이 어려워질 수 있다는 것을 직시하게 된다. 한국에서 바나나를 많이 판매해야만 이들의 삶이 나아질 수 있다는 것을 인식하고, 어떠한 방법으로 판매를 늘려갈 것인지에 대해 고민이 깊어지기 시작한다. 당장 해결 방법을 찾을 수는 없어도 그러한 방법을 찾아야 한다는 필요성을 인식하는 과정을 겪는다.

표 4-11 **책임감**

사진	설명
	제품으로서 발랑곤 바나나보다는 발랑곤 바나나를 바라보는 다른 시각이 있어야 된다. 그 이면에 생산자의 삶, 그것들을 생산해 내기 위한 과정 그리고 그것이 우리한테 오기까지의 여정도 같이 생각해야 된다. 그런 생각으로 사진을 뒤집어서 올렸어요. 바나나 세척하는 부분도 다른 시각에서 보자 해서 거꾸로 올렸어요. …… 패킹 센터가 생각보다 규모가 작다는 것. 우리한테 오는 물량이 적다는 것은 알았지만 생각보다 규모가 작아서 이런 규모에서 많은 생산자 분들이 열심히 하고 계시구나. 이런 걸 보면서 먹먹해졌어요. 이렇게 소규모에서 여러 생산자분들이 가족들의 생계를 걸고 있는 거에서 저는 책임감 이런 것을 떠나서 가슴이 답답해지는 느낌을 받았던 것 같아요. _참가자 E

2) 실천 성찰

생산지 연수 과정은 한국에서 공정무역과 관련한 실천을 성찰하는 계기가 된다. 기존에도 제품을 매개로 연결되어 있었고, 여러 가지 생산지를 이해할 수 있는 프로그램도 있었지만, 생산지 를 직접 방문해 새롭게 의미를 생성하면서 기존에 해왔던 실천을 돌아보게 되고, 문제를 인식하는 계기가 된다.

(1) 교육과 홍보

생산지를 방문하고, 생산지 상황을 이해하기 시작하면서 한국에서 그동안 해왔던 실천이 다르게 인식되기 시작한다. 그 전에는 문제라고 느끼지 못했던 것들이 문제로 인식되고, 어떠한 실천을 새롭게 진행해야 하는지에 대해서도 인식하기 시작한다.

> 홈페이지든 어디서든 어떤 내용으로 어떤 생산지에 뭘 하고 있는지 내용을 볼 수 있는 데가 거의 없어요. 연합회 홈페이지에서도 민중교역을 따로 검색을 하면 몇 개 뜨는 정도지, 그게 딱 정리가 돼서 나오는 거는 사실 없더라고요 …… 조합원들한테 잘 알리지 못했던 거, 교육을 많이 하지 못했던 거, 우리가 조합원 입장에서 생각을 못한 게 문제라고 생각을 해요. 조합원들이 그걸 어떻게 찾아 들어가겠어요. 실무자 입장에서 만들어진 홈페이지라고 생각을 하거든요. 조합원이 어떤 채널을 이용하는지 고려하지 않고. 그런 거에 대한 고민부터 다시 해야 된다는 생각이 들었어요. …… 조합원들이 더 많이 민중교역을 알 수 있고 이거에 대한 자부심도 느낄 수 있고. _참가자 F

> 신입 직원 교육에 민중교역 교육이 없어요. 그분들은 모르거든요. 민중교역이 뭔지. 아니면 조합원들 정도로 민중교역을 알다가 자기도 설명을 해야 되면 못하잖아요. 실제로 조합원들을 만나야 되고 전화를 받아야 되는데. 실질적으로 민중교역을 좀 더 우리 안에서 알려나가는 작업을 해야 되지 않을까. _참가자 G

(2) 열정

공정무역 제품을 수입했던 초기에 운동으로써 공정무역을 알리고, 판매를 촉진했던 과거의 실천을 떠올린다. 생산지에 대해 새롭게 의미를 생성하면서 과거부터 현재까지 한국에서 해왔던 실천을 돌아보고, 그것이 변해왔다는 것을 인식한다. 마스코바도 설탕을 수입했던 초기에는 조합원들에게 적극적으로 홍보했다면, 지금은 필요한 조합원들은 알고 구매하기 때문에 홍보가 줄어들었다는 것을 인정한다. 그리고 생협에서 중요하게 여기는 여러 가지 이슈와 공정무역을 연결시키려는 노력이 줄었음을 인식한다.

처음에는 정말 열심히 했었는데 어느 순간 조용해졌어요. 내가 굳이 말 안 해도 마스코바도 설탕을 사 가시는 거죠. 그러다 보니까 저희가 무뎌졌나 봐요. _참가자 C

처음에 마스코바도를 전달할 때 정말 열성 신자가 돼서 조합원한테 홍보를 했었거든요. 민중교역기금에 대한 얘기도 많이 설명하고. 2006년 이때는 조합원들이 그런 부분에 대해서 더 받아들이는 부분도 좋았어요. 생협은 이런 활동도 하는 곳이구나, 이런 인식이 좋았었는데. 그런 부분을 조금 더 홍보할 수 있으면 하는 생각을 해봤어요. 어떤 방법으로 해야 될까? 계속 그런 고민. 현장이니까 저희는. _참가자 D

자립이 맞아요. 옛날에 생협에 들어와서 계속 들은 얘기가 생산자의 자립과 지속성! 국내 생산자도 마찬가지고 그분들의 생활을 보장해 줘야 된다. 전에는 그 얘기 되게 많이 했었는데 요즘에는 그게 들어갔잖아요. 근데 그거는 기본인 거 같아요. 국내가 됐든 국외가 됐든 최소한 생산자가 살 수 있게 지원을 해줘야 자립하는 거 같아요. _참가자 C

운동이 약해. 바나나가 깨끗하면 좋은 게 아니다 이런 운동을 해야 되거든. 노랗고 깨끗하게 된 게 좋은 게 아니다. 한때 그런 게 있었거든요. 사과도 모양이 없어도 맛은 있다. 이런 게 있었는데 요새는 별로. _참가자 B

(3) 공급 방식

두레생협에서는 2017년부터 본격적으로 바나나를 판매하기 시작했다. 연수 동안 어떻게 하면 바나나 소비를 늘려갈 것인가에 대한 고민은 깊어졌다. 고민이 깊어질수록 공급사슬상의 과정들을 촘촘하게 살피며 문제들을 진단하게 되었다. 후숙하는 시기와 수량, 공급되는 시기, 유통상의 문제 등을 종합적으로 살피면서 문제를 인식하고 해결 방법을 찾으려는 논의를 한다.

협의해야 할 부분이 그거 같아요. 지금 한 달에 두 번 공급이 되잖아요. 매장에 오는 건 화요일 정도에 와요. 첫날에는 품질이 굉장히 좋아요. 화요일, 수요일, 목요일 정도까지는. 그 이후부터 많이 까맣게 물러져 있거나 똑같이 후숙하는 데도 품질이 많이 떨어져서 오기 때문에 이 부분을 주초에 집중을 해서 이 주까지 넘어가지 않게 하는 방법을 연합과 같이 협의를 하셔야 될 것 같아요. _참가자 D

배가 우리가 예상한 그때 떠야 되는데 배가 그날 안 떠요. 지금 18차 19차 두 개가 같이 들어와 버렸어요. 그게 배 때문에 그래요. 우리가 컨트롤 할 수 없는 부분이 생각보다 굉장히 많았고 예를 들어 300박스 들어오면 100박스 먼저 후숙 하고 나뒀다가 나머지 100박스 그렇게 했는데, 그게 품질 관리 향상에 그다지 좋지 않았어요. 후숙 하는 것도 단순하게 가스 주입하면 된다고 생각했는데 그것도 기술이더라고요. _참가자 G

3) 정체성 변화

정체성이나 멤버십은 자신이 무엇을 경험해 왔고 무엇을 경험하고 있으며 앞으로 무엇을 경험할 것인지에 결정적인 영향을 미치고 그 경험 내용을 바꾸어 놓기도 한다(Wenger, 1998: 95~96). 정체성은 개인의 경험이 반영되는 사회적·문화적·역사적 실재로 개인과 사회의 상호작용 과정이다. 참여자들은 함께 행위에 관여하고 서로 관계를 맺음으로써 개인의 존재 방식에 대한 협상에 동참하게 된다. 정체성은 자신과 타자들이 자신의 자아를 구체화하는 방식, 그리고 참여를 통해 자아를 경험하는 방식에 따라 친숙한 것과 친숙하지 않은 것에 의해, 자신이 어디서 왔으며 어디로 가는지에 의해 자신이 누구인지 규정하며, 전체 조직이 가진 스타일과 이야기를 자신이 관여하는 현장에 맞도록 협상함으로써 자신이 누구인지를 규정한다(Wenger, 1998).

생산지 연수 과정에서 참여자들은 자신들이 제3세계 생산자를 '대상화'하거나 '도움을 받아야 할' 존재로 인식해 왔던 것에 대해 성찰했다. 생산지에서 치열하게 살아가는 생산자들을 만나면서 공정무역이 단순히 어려운 사람들을 돕는 차원이 아니라, 스스로 자신의 삶을 개척해 왔던 이들과 함께 연대하는 운동이라는 인식의 전환이 이루어졌다. 또한 자신과 생협 조직이 생산자 조직과 맺는 관계가 '시혜' 관계가 아니라 '연대' 관계라는 것을 인식하게 된다. 그리고 한국에서 이것을 운동 차원으로 풀어갈 수 있는 방법에 대한 고찰과, 생산자들과 생산지에 대해 더 많이 이해하려는 의지를 드러낸다.

2004년도에 에이피넷이 민중교역을 시작하고 네그로스 프로젝트를 하고 이런 것들을 다 봐왔잖아요. 그때마다 단위 조합에서 활동하는 사람들끼리 모여서 얘기들을 할 때 민중교역 공정무역을 하는 생산 자들을 대상화시키지 말아야 한다. 그것을 경계해야 된다는 말을 항상 했었어요. 나도 모르게 어쩌면 대상화시키고 있었는지도 모른다는 생각을 가끔 했었거든요. 경계심을 늘 갖고 있었는데 이번에 생산 지를 직접 와서 보면서 그거를 완전히 없애버릴 수 있다. 이런 생각이 들었어요. 앞으로 가서 얘기를 할 때도 조합원들한테 이걸 안내할 때도 조금 더 확신 있게 잘 전달할 수 있을 거 같다. 사실 사회정의 구현이라는 게 쉽지는 않거든요. 이분들이 그것을 몸소 실천하고 있는 것을 저희가 직접 와서 본 거잖 아요. 정말 기본에 충실한 운동을 하고 계시구나. 그래서 민중교역 운동은 계속 잘되겠구나라는 생각을 했습니다. 공정무역 민중교역 제품을 쓰게 되면 그분들 생활에 자립이 되고 이런 얘기들을 늘 하잖아 요. 나도 모르게 제3세계 생산자분들은 우리가 도움을 줘야 될 대상이 아닌가. 이렇게 프레임을 짜놓고 봤던 거는 아닐까 싶은 그런 생각이 드는 거지요. 아마 그런 생각들이 조합원한테도 알게 모르게 전달 되었을 수도 있을 거 같다는 생각이 드는 거지요. 이분들이 현지에서 하는 이런 운동이 삶 자체잖아요. 그런 것들이 잘될 수 있도록 우리가 직접적으로 도움을 준다기보다는 직접적인 것은 현지에 도움을 주시는 분들이 여기를 더 잘 아실 거 같아요. 우리는 돌아가서 우리의 자리에서 어떻게 같이 연대해 나갈 수 있을까 이 방법을 우리의 입장에서 생각을 하면 되거든요. 우리가 해야 될 일을 좀 더 고민하면 좋지 않을까 생각을 했습니다. _참가자 E

우리가 이거 왜 하고 있는지, 이 사람들이 이걸 왜 생산하고 있고 그래서 어떻게 변화하고 있는지. 우리가 큰 도움 주는 것도 사실 아니지만. 시혜적인 차원이 아니라. 열심히 살아가고 있고 싸우면서 살고 있는 거 보면서 오늘 감동 많이 받았거든요. 그리고 제가 공부를 많이 해야겠다는 생각도 돌아오 는 차 안에서도 많이 들었어요. 협동조합에서 일을 하고 있으면서 생협에서 일하면서 생협을 제대로 모르고, 협동조합 제대로 모르고, 민중교역 이렇게 같이 오기는 했지만 많이 또 모르고. 설탕의 역사, 필리핀의 역사 이런 것들을 제대로 모르는 거에도 많이 부끄럼 느꼈고요. 돌아가면 업무적으로도 그렇지만 저 스스로를 위해서도 공부가 많이 필요하구나 반성을 하는 시간이 되기도 했었어요. 생산자 분들을 이해하려면 그 바탕에 지식이 있어야지 제대로 이해할 수 있을 거 같은데 그 바탕이 부족하다 보니까 어려운 부분도 있었고, 민중교역이라든지 연대라든지 이런 것들에 대해서 제가 잘못 생각하고 있었던 거 같고, 오늘은 감동 플러스 반성. 앞으로 뭘 더 해야 되겠다, 뭘 공부해야겠다. _참가자 F

우리가 민중교역을 하는 이유가 그 사람들 자립하게 우리가 도와주려고 하는 게 아니고 거대 자본에 대해서 우리 나름대로도 투쟁을 하고 있고 그들도 투쟁을 하고 있고 우리가 같이 힘을 합쳐서 하고 있는 거구나. 이거 자체가 운동이었는데 제가 그 운동이라는 목적 자체를 잊고 있었던 것이에요. 그래서 순간 많이 부끄럽고. …… 그거를 자각한 순간이 저한테는 제일 컸던 것 같아요. 바르크 프로젝트를 통해서 어떻게 생산지와 생산자들이 변화하고 있고 이런 것을 보면서 바뀐 거 같아요. _참가자 F

5. 결론

두레생협은 15년간 생산지에 대한 이해를 높이고, 생산지와 두레와의 관계, 두레생협에서 지원하는 프로젝트에 대한 이해를 높이기 위해 거의 해마다 연수를 진행해 왔다. 실천공동체 관점에서 포토보이스를 통해 연

그림 4-1   해외 연수 학습 과정

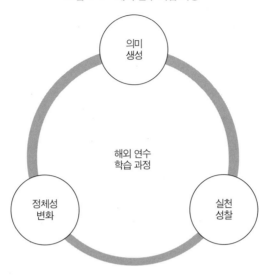

수 과정을 분석한 결과 연수는 기획 의도 이상의 학습 효과를 갖는다는 것을 알 수 있었다. 연구 참여자들은 두레생협에서 추구하려는 공정무역이 가난한 생산자들을 '시혜' 차원에서 지원하려는 것이 아니라 대지주들로부터 토지를 되찾기 위해 힘겹게 싸우고, 공동체의 건강한 발전을 위해 고군분투하는 생산자들과 연대하는 과정이라는 것을 이해하게 된다. 이는 생산자와의 관계 변화, 즉 정체성의 변화로 이어졌다. 그리고 이는 한국에서의 실천 변화를 이끌어낼 수 있다.

실제로 두레생협은 2003년부터 생산지 연수를 지속해 오면서 생산지 연수를 다녀온 이들의 변화를 경험했다. 대표적으로 2016년에 발랑곤 바나나 수입 여부를 결정할 시점에 수입을 반대하던 회원 생협의 이사장들이 생산지 연수를 다녀온 후에 모두 찬성으로 전환했다. 그리고 바나나 수입 초기에 바나나 상태가 좋지 않아서 수입량을 줄이기를 희망하던 매장 직원들도 연수를 다녀온 후에 약속한 양은 책임지고 판매하겠다는 생각으로 전환됐고, 소비를 촉진하기 위해 다양한 실천을 하고 있다(김선화·장승권, 2018). 이처럼 두레생협의 생산지 연수 프로그램에 참여한 이들에게 학습효과가 나타나고 있다는 것은 드러나고 있지만, 어떤 과정을 통해 학습이 일어나고 있는지는 구체적으로 연구된 바가 없어서 이 연구를 진행하게 되었다.

실천공동체 관점에서 포토보이스를 통해 생산지 연수를 분석한 결과, 〈그림 4-1〉과 같은 학습 과정을 통해 학습이 진행되었다는 것이 드러났다.

첫째, 한국에서 제품을 매개로 느슨한 공동체를 형성해 왔던 이들은 직접 필리핀 생산지와 생산 공장, 포장 센터 등을 방문하면서 직접 생산 과정을 체험하고, 생산자들을 비롯한 관계자들과 대화를 통해 새롭게 의미를 형성해 나간다.

둘째, 생산자와의 관계, 생산지에 대한 이해, 제품 생산에 대한 이해 등에 대해 의미를 형성해 가는 과정과 동시에 한국에서 자신과 생협 조직이 해왔던 실천을 돌아보게 된다. 새롭게 의미가 형성되는 과정은 이와 연결된 과거와 현재의 실천을 성찰하며 평가하는 과정으로 이어졌다.

셋째, 새롭게 의미를 형성하고 기존에 해왔던 실천에 대한 성찰 과정은 동시에 자신이 그동안 이 일과 관련해 어떻게 생각을 해왔고, 어떠한 실천을 해왔는지, 생협 조직이 어떻게 해왔고, 앞으로 어떻게 해나가야 할지로 연결된다. 즉, 타자와의 관계를 재설정하면서 정체성이 변하는 과정으로 이어진다. 소비국에서 공정무역은 소비를 통한 '운동'이지만, 제품을 판매하는 측에서는 '운동'보다는 '소비'에 중점을 두기가 쉽다. 그동안 제품을 판매하는 데 몰두해 왔던 참여자들은 생산지를 방문하면서 이것이 '소비'보다는 '운동'이라는 것을 인식하게 된다.

이 장에서는 생산지 연수를 통해 얻으려 했던 기획 의도는 충분히 달성하고 있다는 것을 알 수 있었다. 하지만 시간과 비용 관계로 모든 조합원에게 연수 기회를 제공할 수 없다. 많아야 10여 명이 참석할 수 있는 상황이므로, 조직에 폭발적인 영향을 미치기는 어렵다. 이는 상황 학습에서 주장하는 내용과 일맥상통한다. 학습은 특정 상황과 맥락에서 일어나기 때문에 그 상황을 경험하지 않은 이들이 동질적 학습효과를 갖기는 어렵다는 것이다. 이는 생산지 연수의 학습효과가 높지만, 실무적으로 갖게 되는 한계다. 실무적으로는 이러한 한계를 보완할 수 있는 학습 방법을 찾아야 한다. 이를 위해 생산지를 방문하지 않은 이들도 유사한 학습효과를 경험하도록 하는 학습 방법은 무엇이 있을지에 대한 후속 연구가 필요하다.

이 장의 학술적인 함의는 세 가지로 생각해 볼 수 있다. 첫째, 국내의 실천공동체 연구는 주로 실천공동체의 운영 특성이나 성공 요인, 성과에 초점을 맞추어 연구가 진행되어 오면서 실천공동체를 통해 어떻게 학습이 일어나는지를 구체적으로 분석한 연구는 부족하다. 이 장은 낯선 공간에 참여한 학습자들이 새로운 환경과 사람들 그리고 학습자들 간의 상호작용을 통해 학습이 일어나는 과정을 상세히 드러냄으로써 학습이 진행되는 과정에서 어떻게 학습 효과가 나타나는지를 드러냈다는 데 의미가 있으며, 이것이 기존의 연구와 차별화되는 지점이다.

둘째, 실천공동체의 학습 경험을 드러내기 위해 포토보이스를 적용함으로써 그동안 별도로 발전해 온 이론과 방법론을 연결해 상호 보완 가능하고 시너지가 발생할 수 있다는 것을 드러냄으로써 인적 자원 개발 연구에 시사점을 제공한다. 포토보이스는 연구 참여자들이 능동적으로 참여하고, 참여자들 간의 상호작용을 통해 의미를 생성하고 해석하도록 설계되어 있어 실천공동체의 학습 과정에 부합한다. 특별히 연구 참여자들이 직접 사진을 찍고 직접 선택한 사진을 매개로 자신의 인식을 드러냄으로써 더 분명하고 깊게 인식을 끌어낼 수 있었으며, 이를 통해 학습 과정을 더 분명하게 드러낼 수 있다. 포토보이스는 연구 방법뿐만 아니라 교육 방법으로서도 활용되는 만큼 향후 인적 자원 개발 연구뿐만 아니라 실무적으로 적용 가능성을 검토해 볼 수 있다.

셋째, 공정무역 연구 측면에서 향후 과제와 시사점을 제공한다. 공정무역 제품을 소비하는 측인 한국에서는 공정무역을 '제품'을 통해 접하기 때문에 생산자와의 관계는 소비를 통한 지원 측면에 초점이 맞춰져 있다. 공정무역을 통해 생산자들과의 관계를 재설정하고, 세상의 변화를 촉구하려고 하지만 생산자들은 멀리 떨어져 있고, 현실에서는 물품을 접하다 보니 생산자를 인식하고 관계를 설정하는 데 한계가 있었다. 비록 시간과 비용 등 여러 가지 제약조건으로 인해 생산지 연수 프로그램에 많은 사람들이 참여하기는 어렵지만, 연수 프로그램에 참여한 이들은 생산자들에 대해 의미를 새로 설정하며, 관계를 재설정한다는 것을 알 수 있었다. 이 장은 공정무역 소비를 촉진하는 과정에서 생산자와의 '시혜'적 관계가 형성되어 온 측면을 인지하고, '연대'적 관계로 변화되기 위해 한국에서 어떠한 실천을 해야 하는지를 과제로 남긴다.

실무적 시사점을 꼽자면 생협 조직들이 해외 연수 프로그램을 진행할 때 조직 내외부로부터 연수 프로그램을 진행하는 것의 정당성을 확보할 수 있다는 것이다. 그간 연수에 많은 시간과 비용을 지원했지만, 연수 참여자들에게 어떠한 학습효과가 있는지에 대한 연구가 부재해 이를 설득할 수 있는 논리가 부족했다. 이 장은 연수 프로그램의 학습효과를 드러냄으로써 실무적으로 연수 필요성에 대한 논리를 제공하는 데 기여했다.

참고문헌

김기섭. 2012.『깨어나라! 협동조합』. 들녘.

김선화·장승권. 2018.「협동조합간 협동의 실천과정: 두레생협의 공정무역 사례연구」.《한국협동조합연구》, 36권 2호, 93~113쪽.

김선화·황선영·웅우엔하프엉·장승권. 2018.「베트남 공정무역의 발전: 공정무역조직 사례연구」.《동남아시아연구》, 28권 2호, 1~45쪽.

김아영·장지연·장승권. 2018.「소비자생활협동조합의 인적자원개발」.《인적자원개발연구》, 21권 3호, 203~228쪽.

김정희. 2006.「필리핀 네그로스 지역의 공정무역과 여성」.《여성학논집》, 23권 2호, 109~145쪽.

김종인·봉현철. 2004.「Action Learning 방식에 의한 교육프로그램의 교육효과 및 평가방법에 관한 연구: 현대, 기아 자동차 변화 추진자 해외연수 프로그램을 중심으로」.《조직과 인사관리연구》, 28권 4호, 85~120쪽.

김형미. 2016.「안심을 엮어내는 실천공동체: 코프 아이치의 주민복지활동」.《한국협동조합연구》, 34권 2호, 117~141쪽.

김희봉. 2017.「포토보이스 방법을 활용한 팔로워십에 대한 인식과 팔로워의 역할에 관한 탐색적 연구」.《리더십연구》, 8권 3호, 33~54쪽.

두레생협연합. 2017.『스무살 청년두레 뛰어넘기』. 두레생협연합회 20주년 기념 자료집. 두레생협연합회(미간행).

_____. 2018a.『2018년 필리핀 교류 연수보고서』. 두레생협연합회(미간행).

_____. 2018b.『제21차(법인8차) 정기대의원총회 자료집』. 두레생협연합회(미간행).

박윤규·박상선·정찬율·김다솜·이재훈. 2013.「CoP 활성화를 통한 지식 경영: 아이쿱생협의 인트라넷 활용 사례」.《지식경영연구》, 14권 5호, 35~53쪽.

박재환·이일한. 2018.「청년들의 사회적 경제 인식 분석을 통한 청년 진로교육에 관한 연구」.《벤처창업연구》, 13권 4호, 83~98쪽.

양홍권. 2011.「실천공동체(CoP)의 학습 분석틀 구성 연구」.《역량개발학습연구》, 6권 4호, 41~59쪽.

엄은희. 2018.『흑설탕이 아니라 마스코바도』. 따비.

_____. 2010.「공정무역 생산자의 조직화와 국제적 관계망 필리핀 마스코바도 생산자 조직을 사례로」.《공간과 사회》, 33권, 143~182쪽.

이용균. 2014.「공정무역의 가치와 한계-시장 의존성과 생산자 주변화에 대한 비판을 중심으로」.《한국도시지리학회지》, 17권 2호, 99~117쪽.

이은철·최문선. 2015. 「국내의 실천공동체(Communities of Practice) 연구 동향 분석 및 성공 요인 분석」. ≪한국콘텐츠학회논문지≫, 15권 3호, 438~447쪽.

이정은·김진모. 2008. 「실행공동체의 구조적 요인과 개인 및 조직성과의 관계」. ≪직업교육연구≫, 27권 3호, 1~23쪽.

이현주. 2015. 「사회적기업에 대한 대학생들의 인식에 관한 연구: 포토보이스(Photovoice) 방법론을 적용하여」. ≪한국위기관리논집≫, 11권 4호, 243~268쪽.

장승권·김선화·조수미. 2016. 「공정무역의 가치사슬과 주류화: 한국의 공정무역 사례」. ≪국제지역연구≫, 25권 4호, 97~131쪽.

조수미·장승권. 2016. 「주요논리 관점에서 본 소비자생활협동조합의 전략: 아이쿱생협의 공정무역 사업 사례연구」. ≪한국협동조합연구≫, 34권 3호, 95~120쪽.

최미나·유영만. 2003. 「지식창출 및 공유전략으로서의 실행공동체(CoP: Communities of Practice) 발전과정에 관한 사례연구」. ≪교육정보미디어연구≫, 9권 4호, 177~208쪽.

최종인·홍길표·장승권. 2011. 「국가연구개발조직에서의 CoP 운영특성과 CoP 성과와의 관계 연구」. ≪벤처창업연구≫, 6권 3호, 177~191쪽.

피플스페어트레이드협동조합. 2019. 피터쿱 연력. http://ptcoop.co.kr/story/(검색일: 2019.3.10).

현소은. 2009. 「착한 소비(윤리적 소비)와 공정무역(대안무역)」. ≪마케팅≫, 43권 11호, 7~10쪽.

ATJ. 2019. "ATJの歩み." http://altertrade.jp/aboutus/history(검색일: 2019.3.3).

Bartley, T. and S. N. Smith. 2010. "15 Communities of Practice as Cause and Consequence of Transnational Governance: The Evolution of Social and Environmental Certification." in M. L. Djelic and S. Quack(eds.). *Transnational Communities: Shaping Global Economic Governance*. New York: Cambridge University Press.

Brown, K. R. 2013. *Buying into Fair Trade: Culture, Morality and Consumption*. New York: New York University Press.

Caduya, H. 2017. "To Struggle and To Hope: The Alter Trade Journey." 2017 경기도 국제 공정무역 컨퍼런스 자료집(미간행). 경기도.

Latz, A. O. 2017. *Photovoice Research in Education and Beyond*. New York: Routledge.

Lave, J. and E. Wenger. 1991. *Situated Learning: Legitimate Peripheral Participation*. New York: Cambridge University Press.

Lopez, E. D., E. Eng, E. Randall-David and N. Robinson. 2005. "Quality-of-Life Concerns of African American Breast Cancer Survivors within Rural North Carolina: Blending the Techniques of Photovoice and Grounded Theory." *Qualitative Health Research*, Vol.15, No.1, pp.99~115.

Lyon, S. 2010. *Coffee and Community: Maya Farmers and Fair-trade Markets*. Boulder, Colorado: University Press of Colorado.

Nicholls, A. and C. Opal. 2005. *Fair Trade: Market-driven Ethical Consumption*. London: Sage Publications.

Strack, R. W., C. Magill and K. McDonagh. 2004. "Engaging Youth through PhotoVoice." *Health Promotion Practice*, Vol.5, No.1, pp.49~58.

Wang, C. and M. A. Burris. 1994. "Empowerment through Photo Novella: Portraits of Participation." *Health Education Quarterly*, Vol.21, No.2, pp.171~186.

_____. 1997. "Photovoice: Concept, Methodology and Use for Participatory Needs Assessment." *Health Education and Behavior*, Vol.24, No.3, pp.369~387.

Wenger, E. 1998. *Communities of Practice: Learning, Meaning and Identity*. New York: Cambridge University Press.

Wenger, E., R. A. McDermott and W. Snyder. 2002. *Cultivating Communities of Practice: From Idea to Execution*. Boston: Harvard Business School Press.

Whyte, W. F., D. J. Greenwood and P. Lazes. 1989. "Participatory Action Research: Through Practice to Science in Social Research." *American Behavioral Scientist*, Vol.32, No.5, pp.513~551.

5장 생산국 공정무역의 발전

베트남 공정무역 조직 사례연구

김선화·황선영·응우엔하프엉·장승권

* 이 장은 김선화·황선영·응우엔하프엉·장승권, 「베트남 공정무역의 발전: 공정무역조직 사례연구」, ≪동남아시아연구≫, 28권 2호(2018), 1~45쪽을 일부 수정·보완해 실었다.

1. 서론

공정무역은 1940년대부터 무역을 통해 아프리카, 남미, 아시아 지역의 빈곤한 생산자들의 삶을 개선하기 위해 시작되어, 현재 전 세계에서 10조 원 이상의 시장을 형성하고 있다(Fairtrade International, 2017a). 아시아와 태평양 지역의 공정무역 생산자와 노동자는 세계 전체의 15%를 차지한다(Fairtrade International, 2017b).[1] 베트남에서는 2000년대 초반부터 수공예, 커피, 카카오, 견과류, 과일, 차, 향신료를 중심으로 공정무역에 참여하고 있으며, 최근 몇 년 사이에 참여 조직의 수가 크게 증가했다(Project Promoting Fair Trade in Viet Nam, 2015).

이 장의 필자들은 한국의 공정무역을 가치사슬을 통해 연구하거나(장승권·김선화·조수미, 2016), 공정무역에 참여하는 한국의 소비자생활협동조합에 대한 사례연구를 했다(조수미·장승권, 2016). 또한 한국과 공정무역 거래를 하고 있는 필리핀, 네팔, 동티모르 등 아시아 국가의 공정무역 생산자에 대한 선행 연구를 검토했다(엄은희, 2010; Hutchens, 2010; Makita, 2015; Makita and Tsuruta, 2017). 한국의 공정무역 시장에 베트남의 공정무역 제품이 들어오면서 전개된 시장 현황과 변화에 대해 궁금했지만, 기존 연구

---

1   아시아의 공정무역 생산자들이 받는 공동체 지원금은 전체 지원금의 10%를 차지한다 (Fairtrade International, 2017b).

문헌 중에서 베트남의 공정무역에 대한 연구를 찾기는 어려웠다. 이상율 (2016), 이승철·정수열·조영국(2016), 지호철·이승철(2017) 등 경제지리학 분야의 연구 성과는 주로 베트남의 커피 생산지에 초점을 맞추고 있어, 베트남 공정무역 전반에 대한 연구는 희소하다.

이 장의 필자들은 이와 같은 연유로 베트남 공정무역의 발전을 연구하기 시작했다. 베트남의 공정무역 발전 사례는 몇 가지 점에서 특이하고 학술적인 가치가 있다고 판단된다. 첫째, 베트남의 사회주의시장경제체제에서의 공정무역 발전 사례를 보여준다. 이는 남미와 아프리카의 시장경제 기반 공정무역 생산국과는 다른 양상을 보여준다. 베트남은 사회주의국가에서 개방경제체제를 도입하면서 사회주의와 자본주의가 혼재된 상태로 경제성장과 사회 변화를 꾀하고 있다. '도이모이' 정책 이후 중산층의 증가나 빈곤의 감소와 같은 긍정적인 변화도 나타나고 있다(이한우·채수홍, 2017).

베트남은 인구 약 9270만 명의 다민족국가다(United Nations, 2018). 전체의 약 86%를 차지하는 킨(Kinh)족을 비롯해 54개 민족이 한 국가를 이루고 있으며, 전체 인구의 약 3분의 2가 농업에 종사하고 있다. 농업은 베트남 총GDP의 약 22%를 차지하고 있으며, 국가경제에 주요한 산업이다(Viet Nam-EFTA Joint Study Group, 2011). 그러나 가속화되는 산업화와 도시화, 기후변화로 인해 베트남 농민들은 빈곤과 실업 문제를 겪고 있다(Project Promoting Fair Trade in Viet Nam, 2015; 채수홍, 2013). 빈곤한 농민의 상당수는 농업 외에는 수입원이 없는 경우가 대부분이며, 시장에 대한 접근성이 낮아 현지 상인을 통해 생산물 대부분을 유통시키고 있다. 이는 베트남 농민들의 빈곤을 더욱 악화시키는 요인이다. 최근 베트남 정부는 어려움에 처한 농민들의 문제를 해결하는 한편, 국가의 주요 산업인 농업의 지속가능한 발전을 위해 공정무역에 관심을 갖기 시작했다(*Viet Nam News*,

2016). 이와 같은 배경 때문에 공정무역 생산국인 베트남 사례에 주목할 필요가 있다.

둘째, 베트남의 경제발전과 함께 수출을 통해 경제사회 문제를 해결하려는 여러 주체가 전략적으로 공정무역을 선택하기 시작했다는 점이 중요하다. 베트남은 비교적 최근에 공정무역에 참여하기 시작했으며, 이는 베트남인들의 내부 동기에 의해 시작된 측면이 강하다. 베트남의 공정무역은 1996년에 생활조건이 열악하고 빈곤한 소수민족을 지원하려고 설립된 크래프트링크(Craft Link)에서 시작되었다고 평가된다.[2] 2000년 중반부터 생산자협동조합이나 생산자그룹들이 국제공정무역기구의 인증을 받아 공정무역에 참여하기 시작했고, 하노이와 호치민을 기반으로 공정무역 수공예품을 수출하는 조직이 생겨나기 시작했다. 허친스(Hutchens, 2009)는 남반구의 많은 대안무역조직(Alternative Trade Organization, ATO)들이 북반구의 개발 조직들의 도움을 받아 설립되었다고 설명한다. 하지만 베트남의 경우 해외의 다양한 경로를 통해 여러 가지 지원을 받더라도 베트남인들이 주도해 공정무역을 실천하는 경향을 보이고 있다. 이는 공정무역의 주요 생산지인 남미와 아프리카의 사례와는 차별화된다. 아프리카나 남미의 생산지는 대부분 유럽이나 미국의 식민지였거나 초국적 기업들이 만든 대형 플랜테이션으로 인해 노동자들이 고통을 받는 지역이며,[3] 유럽과 북미 지역 사람들의 부채감이 깃든 곳이다. 그간 공정무역 생산국들과의 거래는 공정무역 소비국 소비자들의 책무감에 기인했다면, 베트남 사례에서는 자발적으로 자국 생산자와 소외된 사람들의 삶을 향상시

---

2   필자들이 면접한 대다수 베트남 공정무역 관계자들의 설명이다.

3   바나나는 북반구의 소비를 위해 가난한 남반구에서 생산되는 대표적인 '식민지 농작물(colonial crop)'로서 대부분이 플랜테이션에서 재배되고, 소수의 다국적기업에 의해 거래된다(Raynolds, 2007).

키기 위한 내부 동기로 공정무역을 시작하려는 경향을 볼 수 있다.

셋째, 아시아 생산국 그중 베트남의 공정무역 연구는 거의 없다. 공정 무역 생산지에 관한 연구는 주로 아프리카와 남미에서 이루어졌으며, 아시아 지역에 관한 연구는 많지 않다(Makita and Tsuruta, 2017). 공정무역 생산지에 관한 연구는 공정무역이 생산자들에게 미치는 영향에 대한 것이 중심이었다(Keahey, 2015; Lyon, 2015; Overseas Development Institute, 2017; Restakis, 2010; Smith, 2015). 생산국에서 누가, 왜, 어떤 동기로 공정무역을 촉진하고 있는지에 대한 관심이 크지 않다. 한국에서 수행된 공정무역 관련 연구들도 대부분 소비자의 소비 행태에 관한 것이다(김영신, 2016; 유소이, 2012; 차태훈·하지영, 2010).

이와 같은 연구 동기와 기존 연구가 채우지 못한 부분을 고려해, 이 장에서는 베트남의 공정무역 조직(Fair Trade Organization, FTO)들을 살펴볼 것이다. FTO는 공정무역 사업과 운동을 함께 수행하는 단체로 정의할 수 있으며, 대다수 공정무역 소비 국가에서 공정무역의 중요한 주체다 (Davies, 2009; Hutchens, 2009; Huybrechts, 2010, 2012; Nicholls and Opal, 2005; Raynolds and Long, 2007; Barrientos, Conroy and Jones, 2007).[4] 각국의 공정무역을 연구할 때 시장 전체 혹은 개별 소비자의 행위를 분석할 수 있지만, 이 장에서는 공정무역을 사업과 운동으로 이끌어가는 조직인 FTO를 분석 단위로 했다.

베트남 FTO들은 공정무역을 확산시키기 위해 생산자를 발굴하고, 역량을 강화시키기 위해 다양한 활동을 벌이고 있다. 이 장에서는 베트남 FTO의 주요 행위자들이 어떠한 의도를 가지고 조직을 설립했으며, 이 조

---

4   일부 연구자들(Murray and Raynolds, 2007)은 공정무역 인증기관을 FTO로 명명하기도 하지만, 이 장에서는 공정무역 인증기관을 FTO와 구분한다.

직들은 어떠한 특성이 있는지 집중 분석한다. 허친스(Hutchens, 2009)가 주장하듯이 생산국 FTO들 또한 기존의 시장 질서를 변화시키면서 생산자에 대한 임파워먼트가 이뤄지도록 제 역할을 하고 있는지 살펴본다. 베트남에서 언제, 누가, 왜 공정무역에 관심을 갖게 되었고, 어떠한 방식으로 공정무역을 실천하고 있으며, 어떠한 조직 형태가 있고, 어떠한 역할을 하는지 파악한다면 베트남에서 전개되는 공정무역을 이해하고 시사점을 도출하는 데 기여할 수 있을 것이다.

이 장은 다음 순서와 내용으로 기술될 것이다. 첫째, FTO 분석 모형을 도출하기 위해 공정무역 관련 이론과 접근을 검토한다. 둘째, 연구 방법과 대상을 상세히 기술한다. 셋째, 베트남의 공정무역을 설명한다. 넷째, 베트남 FTO를 사례연구 한다. 마지막으로 연구 결과를 정리하고 추후 연구과제를 제시한다.

2. 공정무역 이론 리뷰

1) 공정무역의 역사와 두 접근의 발전

초기 공정무역 운동은 유럽과 북미의 종교 기관, 자선단체, 비영리조직을 중심으로 한 대안무역(alternative trade)운동에서 시작되었다. 이들은 남미와 아프리카 등지의 빈곤한 생산자들이 만든 수공예품 등을 수입하며 월드숍(world shop)이나 대안무역 조직이 운영하는 매장과 같이 작고 특수한 시장을 중심으로 판매했다. 1990년대까지 대안무역조직들의 비즈니스 방식은 생산자에게 충분한 이익을 제공하기에는 한계가 있었으며, 소비자 요구 및 상품 개발과 질적 측면에서 새로운 접근이 필요한 상황이었다(Tallontire, 2000).

1980년대 말, 네덜란드의 솔리다리다드(Solidaridad)와 제휴하며 멕시코의 커피 생산자들과 함께 일하던 활동가는 공정무역 제품이 더 넓은 시장에 참여할 수 있도록 '막스 하벨라르(Max Havelaar)'라는 상품 라벨을 개발했다. 이후 유럽 21개국에서 20개 인증 이니셔티브가 만들어졌다. 1997년 이 조직들이 모여 '인증기관에 의한, 인증기관을 위한' FI(Fairtrade International, 국제공정무역기구)를 설립했다(Hutchens, 2009: 64~65). 공정무역 제품 인증이 가능해지면서 다국적기업을 포함한 모든 기업이 공정무역 제품을 취급할 수 있게 되었고, 일반 유통 매장에서 판매도 가능해졌다. 이러한 공정무역 제품 인증시스템으로 인해 공정무역 시장은 급격히 성장하며 주류화되었다(Velly, 2015).

공정무역 인증 모델은 FI를 중심으로, 그리고 공정무역단체 모델은 세계공정무역기구(WFTO)를 중심으로 운영되고 있다(Hutchens, 2009). 인증을 기반으로 주류화를 추구하는 FI와 FTO들이 모인 WFTO 사이에는 근본적인 철학의 차이가 존재한다. 두 진영이 서로 원칙을 공유하고 있지만, 두 진영은 공정무역에 대한 서로 다른 비전을 가지고 다른 모델을 사용한다. FI 등 공정무역 제품 인증기관들은 공정무역을 기업 개혁의 수단이 될 수 있다고 보지만, 지배적인 시장 시스템을 인정한다. 반면 WFTO와 FTO들은 공정무역 원칙에 근거해, 공정무역을 기존 시장의 제도와 가치를 변형시키는 수단으로 본다(Hutchens, 2009). 공정무역 분야에서 두 진영의 차이는 보편적으로 수용되고 있다(Nicholls and Opal, 2005; Raynolds and Greenfield, 2015).

2) 개혁적 접근과 점진적 접근

허친스(Hutchens, 2009)는 취약한 행위자가 세계 시장구조에 변화를 가져오는 미시적 프로세스와 권력의 개념을 통합해 공정무역을 분석하며, 공정무역 운동을 "약한 행위자들을 위해 시장에서의 권력관계를 재형성하려는 노력"으로 정의한다. 그는 공정무역을 두 가지 접근으로 구분하는데, 시장구조를 변화시키는 개혁적 접근과 더 나은 시스템을 만들기 위해 자본주의 제도 내에서 변화를 추구하는 점진적 접근이다. 개혁적 접근은 새로운 시장구조로 변화시키기 위해 새로운 구조나 규칙을 창조하는 것이다. 개혁주의자들은 네트워크를 연결하고, 혁신을 통해 오래되고 공식적인 규제를 받지 않는 새로운 구조를 구축하려고 한다. 반면 점진적 접근은 기존의 시스템을 개선하기 위해 부분적으로 변화하는 것이다.

FI와 인증기관들은 점진적인 접근을 추구한다. 글로벌 자본주의 시스템 내에서 대안 모델을 제도화하려는 시도로 볼 수 있다. 이들은 제품에 공정무역 인증을 받을 수 있도록 표준과 인증 체계를 구축해 초국적 기업은 물론이고, 일반 유통업체들이 일부 제품에 대해 공정무역 인증을 받아 일반 소매점을 통해 판매하는 것을 가능케 했다. 관행 무역을 하는 기업들이 공정무역 제품을 판매함으로써 자본주의 체계 내에서 공정무역을 확산하겠다는 시도이다(Hutchens, 2009).

반면 FTO들은 개혁적 접근을 추구한다. 허친스(Hutchens, 2009)는 이들을 "급진적이고 대담한 행위자들"로 부르는데, 이들은 혁신적 비즈니스 모델을 가지고 규칙을 재정의하면서 규제를 타파하려 한다. FTO들은 기존 비즈니스 및 공급사슬에서 이익을 얻지 못하는 소규모 생산자를 위해 직거래 방식과 더 나은 거래조건을 형성해 왔다. 이들은 이익을 극대화하는 것이 아니라, 생산자의 소득과 가치를 극대화하려고 노력해 왔다

(Nicholls and Opal, 2005). 대다수의 FTO들은 공정가격, 직거래, 장기 계약, 선급금 등의 공정무역 원칙을 준수해 왔다. 특히 그리고 개혁적 FTO들은 소유 구조 측면에서도 급진적 변화를 꾀해왔다. 영국의 FTO인 디바인초 콜릿(Divine Chocolate Ltd)이나 네덜란드의 솔리다리다드에 의해 설립된 아그로페어(AgroFair)는 개도국 생산자들이 지분 일부를 소유한 기업이다 (Hutchens, 2009; Nicholls and Opal, 2005).

허친스(Hutchens, 2009)는 타운젠드 외(Townsend et al., 1999)를 인용해 공정무역운동의 개혁주의를 설명한다. FTO를 설립하고 변화를 추구하는 공정무역 운동의 개혁주의자들은 사회적 규범과 가치에 의문을 제기하거나 거부하고, 자기 삶에 대한 제약에 도전한다. 개혁주의자들은 사회적 제약을 개인 차원보다는 구조적으로 바라본다. 그리고 혼자서 성취할 수 없는 것을 다른 이들과 함께 달성한다.

허친스(Hutchens, 2009)는 두 접근을 공생관계로 보고 있지만, 이들을 분석하는 과정 중에 둘 사이에서 다양한 시도를 하고 있는 FTO들의 실천을 간과했다. FTO들은 탄생하고 성장하고 변화하는 과정에서 글로벌하게 전개되는 두 접근에 의해 영향을 받는 동시에, 지역적 특수성과 다양한 행위자들의 행위성이 상호작용하면서 복잡한 맥락에 놓인다. 공정무역 운동의 두 가지 접근은 서로 분리된 것이 아니라 이어져 있다. 생산자들이 소유할 수 있는 구조를 만들면서 혁신을 꾀하는 FTO들도 있지만, 이윤을 추구하는 기업과 유사한 방식으로 접근하는 FTO들도 있다. 그리고 많은 FTO들은 공정무역을 증명하기 위해 FI 인증 프로세스에 참여한다(Nicholls and Opal, 2005). FTO들로 구성된 WFTO도 신뢰도를 높이기 위해 공정무역 조직 표시(label)를 개발해 운영하고 있다(Raynolds and Long, 2007). 두 길을 잇는 연속선상에 수많은 FTO들이 존재하고 있으며, 이들은 다양한 조직 운영으로 혁신을 시도해 왔다.

3) FTO

FTO는 부분적으로만 공정무역에 참여하는 일반 기업과는 달리 100% 공정무역 제품만을 취급하는 조직으로 정의된다(Nicholls and Opal, 2005; Barrientos, Conroy and Jones, 2007). 공정무역 기구들이 모인 FINE[5]의 정의에 따르면, FTO는 소비자의 지지와 함께 관행 무역의 규칙과 실천을 변화시키기 위해 생산자를 지원하고, 의식 고양과 캠페인에 활발히 참여하는 조직이다(Fair Trade Advocacy Office, 2013). 그리고 WFTO에서는 FTO를 "사명의 핵심으로서 공정무역을 약속"하는 조직으로 정의한다(WFTO, 2018a). 즉, 무역 활동을 통해 공정무역에 직접 관여하는 조직을 말한다. 그리고 교육과 옹호 활동보다는 무역 활동 내에서 100% 공정무역의 실천이 중요하다고 본다(Huybrechts, 2010).

FTO들은 시대에 따라 변화를 겪어왔다. 1950년대부터 1960년대까지는 종교나 자선 기반의 조직들이 소규모 생산자 그룹과 협력했다. 1970년대부터 1980년대에는 정치적 동기에 의한 공정무역제품 구매가 늘었다. 1990년대에는 FTO들이 운영상의 어려움을 겪으면서, 생산자 중심에서 고객 중심으로 혁신하기 시작했고, 공정무역 브랜드를 출시한 FTO들이 등장하기 시작했다(Nicholls and Opal, 2005).

FTO들은 대부분 FI 혹은 다른 인증기관으로부터 제품 인증을 받거나 WFTO의 회원으로 가입되어 있으나, 때로는 인증 프로세스에 참여를 거부하면서도 스스로 FTO라고 인식한다(Huybrechts 2010). FTO들의 조직 형

---

[5] FINE은 국제공정무역기구(FI), 세계공정무역기구(WFTO), 유럽공정무역연합(EFTA), 유럽월드숍네트워크(NEWS!)가 모인 것으로, 이 정의는 2001년 12월에 합의된 것이다(Fair Trade Advocacy Office, 2013).

태는 비영리조직, 영리기업, 노동자협동조합, 생산자 소유 기업, 개인 소유 기업 등으로 다양하다(Nicholls and Opal, 2005). 그리고 연구자들에 따라 대안무역조직(ATO), 공정무역브랜드(fair trade brand), 공정무역소매업체(fair trade retailers) 등 다양하게 명명되어 왔다(Barrientos, Conroy and Jones, 2007).

휴브레츠(Huybrechts, 2010, 2012)는 벨기에를 비롯한 유럽 국가들의 FTO를 연구해 왔다. 벨기에의 경우를 보면 시간이 지나면서 다양한 조직 형태의 FTO들이 등장했다. 자원봉사 기반의 비영리조직부터 협동조합, 영리기업, 개인사업체 등의 형태로 다양하다. 특히 2000년대 이후 기업가정신을 가지고 활동하는 단체들이 등장했는데, 이들은 경영자들에 의해 통제되는 형태로 운영되면서 생산자와 소비자의 요구를 연결하는 데 초점을 맞춰 활동하고 있다. 이들은 주류 고객에게 초점을 맞추고 상업적으로 전문화되어 있으나, 공정무역 교육이나 옹호 활동은 약한 편이다. 이들은 다양한 조직 형태와 특성에도 불구하고 생존에 어려움을 겪고 폐업을 하는 FTO들을 보면서 협력을 위한 네트워크를 형성하고 연합을 구성했다. 휴브레츠(Huybrechts, 2010)는 FI와 WFTO라는 전형적인 구분으로 나누기보다는 미묘하고 복잡한 지역 상황에 기반을 둔 공정무역 지형을 살펴야 한다고 주장한다. 그는 다양한 지역 상황, 제도적 맥락과 권력에 근거한 운동의 세계적인 그림을 그릴 수 있도록 '상향식' 분석을 해야 한다고 강조한다.

휴브레츠(Huybrechts, 2012)는 FTO들이 갖는 경제적·사회적·정치적 영역을 아우르는 하이브리드(hybrid) 특성을 강조하기 위해 이들을 '공정무역 사회적기업(fair trade social enterprise)'이라고 이름 붙인다. 이들은 전적으로 공정무역을 하는 조직이며, 혁신적 방법으로 사회적 목적을 달성하기 위해 시장 메커니즘을 활용한다. '공정무역 사회적기업'의 조직 모형은 다양성을 보인다. 이들은 시장 자원에 의존하고, 위험 요소를 부담한다.

그리고 공정무역의 근원을 협동조합, 사회적경제, 연대경제운동에서 찾아볼 수 있다고 설명한다.

4) 분석 모형

공정무역은 정의와 원칙에서 관행 무역과 분명한 차이를 보여준다. FINE에 의하면 "공정무역은 대화와 투명성, 존중에 기초해 국제무역에서 공평한 관계를 추구하는 거래 기반의 파트너십으로, 저개발국가에서 경제발전의 혜택으로부터 소외된 생산자와 노동자들에게 더 나은 거래조건을 제공하고 그들의 권리를 보호해 지속가능한 발전에 기여해야 한다"(Fair Trade Advocacy Office, 2013)라고 정의된다. 그리고 FTO들은 소비자들의 지지 아래 관행 무역을 변화시키기 위해 생산자 지원, 의식 고양, 캠페인에 적극 참여해야 한다(Fair Trade Advocacy Office, 2013). FTO라면 "그들 사명의 핵심으로서 공정무역을 약속"할 것을 제시해야 한다(WFTO, 2018a). 즉, FTO들은 '생산자와의 거래조건 준수', '생산자 지원', '공정무역을 확산시키기 위한 의식 고양과 캠페인'을 해야 하며, '공정무역을 위해 존재하는 조직'이다.

FI와 WFTO는 공정무역 원칙 다섯 가지를 제시하고 있다. 이 원칙은 공정무역의 정의를 확장하고 구체화한 것이다. 첫째, 기존 시장에서 배제된 생산자들과 거래 시 공급사슬을 짧게 해 생산자들이 최대한 많은 이익을 받을 수 있도록 한다. 둘째, 생산자들의 상황을 고려한 가격과 지불 정책이 결정되어야 하고, 장기적인 무역 관계를 통해 정보를 공유하고 계획을 세워야 한다. 셋째, 생산자 조직들이 시장을 이해할 수 있도록 지식과 기술 등을 향상시켜야 한다. 넷째, 소비자들은 FTO들이 글로벌 무역 시스템을 더욱 공정하게 만들도록 지원해야 한다. 다섯째, 공정무역은 관행 시장에서

표 5-1　베트남 FTO 분석 모형

조직 실천	개혁적 접근	점진적 접근
조직의 존재 이유	생산자 지원을 위한 조직	비즈니스 목적의 조직
생산자 임파워먼트	생산자 발굴, 지원, 육성, 관계 형성	소외 계층 고용
네트워크 형성	공급사슬 범위 밖에 행위자들과의 관계	공급사슬 내의 파트너들과 관계 형성
교육과 옹호	소비자 대상 교육과 옹호 활동	생산자 대상 교육

* 저자가 작성했다.

기대하는 것 이상을 동의해야 하는 사회적 계약으로 생산자들은 공정무역
으로부터 얻은 이익을 사회경제적 조건을 향상시키는 데 사용해야 한다
(WFTO and FI, 2009). 공정무역 원칙을 보면 FTO들은 '공정가격', '선지급', '장
기거래', '생산자 역량 강화' 등을 실천해야 한다.

　이상과 같은 공정무역의 정의와 원칙을 기반으로 베트남 FTO들을 분
석할 모형을 〈표 5-1〉과 같이 제시한다. 일부 FTO들은 개혁적 접근에 가
깝고, 일부 조직들은 점진적 접근에 가까울 수 있다. 기존 시장구조와 제
도를 변화시키기 위해 '생산자 임파워먼트'와 여러 명의 지지자들이 함께
모여 혼자서는 할 수 없는 것을 함께 만들어가기 위한 '네트워킹' 능력을
중요하게 고려한다. 이 장에서는 허친스(Hutchens, 2009)의 주장을 받아들
여 FTO를 분석할 때 '생산자 임파워먼트'와 '네트워크 형성'을 분석 요인
에 포함한다. 그리고 자국 내에서 공정무역운동을 확산하기 위해 '소비자
대상의 캠페인'을 진행하는지도 파악한다. 마지막으로 WFTO에서 FTO를
정의하는 데 중요하게 고려하는 '조직의 존재 이유'에서 공정무역이 어디
에 위치하는지 살펴본다. 공정무역에서 필요조건이라고 할 수 있는 '공정
가격', '선지급', '장기거래' 등은 개별 조직이 인증을 받는 과정에서 사전
에 검증이 이루어지기 때문에 분석 기준에서 제외했다.

3. 연구 방법 및 연구 대상

1) 연구 방법 및 연구 과정

사례연구는 '어떻게' 또는 '왜'에 대한 질문이 제기되었을 때, 그리고 동시대에 일어나는 현상을 다룰 때 선호되는 연구 방법으로, 복잡한 사회 현상을 이해하려는 욕구에서 출발한다(Yin, 2003). 이 장은 베트남 FTO를 이해하기 위해 다중 사례연구를 수행했다. 다중 사례연구는 사례들이 같은 결과를 도출하는지, 서로 다른 패턴을 보이는지 확인하려고 할 때 선택되는 방식이다(Yin, 2003). 그리고 다중 사례연구 시 사례의 개수는 결과에 대해 얼마만큼 확신할 수 있느냐에 따라 결정한다. 이 장의 필자들은 결과에 대한 확신을 얻기 위해 베트남 하노이 지역에 사무실을 두고 있는 베트남 FTO들을 모두 만나려 시도했고, 이 중 인터뷰를 수락한 조직들을 방문했다.

2017년 1월에는 하노이와 달랏에서, 2018년 1월에는 하노이에서 인터뷰하고 관찰했다. 베트남 FTO를 파악하기 위해 WFTO와 FI의 인터넷 사이트에서 인증받은 곳을 검색했고, 인증을 받지는 않았지만 공정무역을 하고 있다고 선언한 조직을 포함시키기 위해 인터넷 검색도 했다. 그리고 한국에서 베트남과 공정무역을 하는 '아시아공정무역네트워크' 실무자와의 인터뷰를 통해 한국과 거래하는 베트남의 FTO 및 생산자 조직에 대한 정보를 얻었다. 방문하기 전에 모든 조직에 이메일로 인터뷰를 요청했다.

2017년에는 크래프트링크, 개발과통합센터(Center for Development and Integration, CDI)와 그린페어트레이드(Green Fair Trade and Production Company Limited, GFT)를 방문했다. 그리고 공정무역 아라비카커피 생산자 협동조합 까우덧(Cau Dat, Cau Dat Cooperative)의 대표를 인터뷰했다. 2018년에는

표 5-2 **인터뷰 개요**

기관명	인터뷰 대상자	근무 경력	인터뷰 일자 및 시간	인터뷰 언어	인터뷰 장소
크래프트링크	대표	22년	2017년 1월(2시간) 2018년 1월(2시간)	영어 베트남어	사무실 겸 매장 (하노이)
크래프트뷰티	대표 2인	15년	2018년 1월(2시간)	영어 베트남어	사무실 겸 작업장(하노이)
CDI & GFT	GFT 대표 CDI 대표 CDI 직원	13년 8년 1년 미만	2017년 1월(1시간) 2018년 1월(1시간) 2018년 1월(1시간)	영어 영어 베트남어	사무실(하노이)
에코링크	대표	14년	2018년 1월(2시간)	영어 베트남어	사무실 겸 매장 (하노이)
NEU	교수	-	2018년 1월(1시간)	영어 베트남어	학교(하노이)
VIRI and VIRI Co	대표	20년	2018년 1월(2시간)	영어	사무실(하노이)
Cau Dat	대표	3년	2017년 1월(1시간)	베트남어	사무실과 생산지(달랏)
아시아공정무역 네트워크	실무자	3년	2017년 1월(2시간)	한국어	사무실(서울)

크래프트링크와 CDI & GFT를 다시 방문하고 인터뷰했으며, 크래프트뷰티(Craftbeauty), 에코링크(Ecolink)의 대표, 그리고 베트남농촌산업연구개발원(Vietnam Rural Industries Research and Development Institute, VIRI)과 비리코(VIRI-Co)의 대표를 인터뷰했다. 베트남 FTO와 생산자단체 이외에도 베트남 공정무역 연구 프로젝트에 참여한 국립경제학대학교(National Economics University, NEU) 교수를 인터뷰했다. 베트남의 공정무역 현황을 파악하기 위해 관련된 조직들을 자주 방문해 정보를 획득하려고 했다. 이들로부터 유사한 내용을 듣기도 했고, 다른 정보나 관점을 듣기도 했다.

인터뷰는 영어 또는 베트남어로 했으며, 공동 연구자가 통역했다. 사무실을 직접 방문해 약 1시간에서 2시간 사이에 반구조화된 인터뷰를 했고, 매장 또는 생산 현장이 함께 있는 경우 현장을 직접 둘러보았다. 제한된 시간 동안 인터뷰해야 하는 상황에서 원하는 정보를 많이 얻기 위해 사전에 수집할 수 있는 정보를 모았고, 그것을 기반으로 질문지를 구성했다. 조직구조, 전략, 비전, 사업 현황 등을 파악할 수 있도록 질문지를 구성해, 조직 대표를 인터뷰했다. 질문은 네 가지 범주로 구성했고, 인터뷰 중에 참여자의 답변에 따라 질문을 추가하기도 했다. 첫째, 조직의 역사와 발전 과정, 둘째, 조직 형태(법적 형태, 구조, 거버넌스 등)와 공정무역 및 기타 인증 확보 여부와 가능성, 셋째, 매출, 유통 전략, 해외 판로, 내수, 주요 제품 등 판매에 관한 정보, 넷째, 생산자 발굴 및 역량 강화를 위한 지원, 다섯째, 베트남 공정무역 현황과 비전에 관한 의견을 물어보았다. 이 장의 연구에서 인터뷰했던 조직 모두를 분석하지는 않았다. 조직 스스로 공정무역을 하고 있다고 웹사이트를 통해 공식적으로 선언하고, 공정무역으로 제품을 수출하는 조직을 분석 사례로 선택했다.

베트남 전체의 공정무역 생산자와 조직 현황을 파악하기 위해 2018년 1월 10일에 FI 인증을 담당하는 플로서트(FLOCert, 2018)와 WFTO(2018b) 홈페이지를 검색했다. 이로써 FI 인증을 받은 42개의 조직과 WFTO 인증을 받은 10개 조직이 있다는 것을 확인했다. 검색 결과를 통해 조직명, 기능, 조직 형태, 취급 품목을 알 수 있었지만, 조직 설립 연도와 인증받은 연도는 명시되어 있지 않아 개별적으로 조사했다. 2018년 1월 15일부터 25일까지 베트남 하노이 지역에서 FTO를 방문하고 자료조사와 관련해 도움을 요청했다. 2018년 2월에 CDI & GFT로부터 FLOCert 인증을 받은 조직들의 연락처 일부를 받았다. 13개는 인터넷 홈페이지 등을 통해 정보를 수집했고, 39개는 개별 조직과 인터뷰, 전화, 이메일로 정보를 수집했다. 이 중 일부는 연락처가 부정확하거나 정보 제공을 거부해 정보를 확보하지 못했다. 2018년 3월 13일에 FLOCert (2018)와 WFTO (2018b) 홈페이지를 재검색한 결과 FLOCert 인증 조직 중에 두 곳이 제외되고 두 곳이 새롭게 추가되어 정보를 교체했다. 이 장에서 분석한 자료는 2018년 3월 13일에 FLOCert와 WFTO 홈페이지에 게재된 리스트를 기준으로 했다.

2) 연구 대상

이 연구의 연구 대상은 베트남 하노이에서 스스로 공정무역을 하는

표 5-3 사례분석 대상

기관명	크래프트링크	크래프트뷰티	에코링크	CDI & GFT
설립 연도	1996	2003	2004	2005 2013
법적 형태	비영리기업	기업	기업	비영리, 기업
기능	수출, 소매 생산자 육성	생산(직접고용), 수출, 도매	가공, 수출, 소매 생산자 육성	수출, 소매 생산자 육성
취급 품목	수공예	수공예	농식품	농식품
판로	수출 내수	수출 내수	수출 내수	수출 내수
고용 현황	정규 32 임시 100	정규 46	정규 35	정규 20
생산자	소수민족 70개 그룹 6500명	여성장애인	농민 2개 협동조합 400가구	농민 16개 그룹
인증 취득 연도	WFTO (2000)	Fair Trade Federation(2005) WFTO (2008)	FI (2006)	인증 없음
베트남 국내 캠페인	O	x	x	O
기타 인증	-	-	유기농	-

자료: 면접에 기반으로 저자가 작성했다.

조직으로 표방하면서 공정무역 제품을 수출하는 크래프트링크, 크래프트 뷰티(Craftbeauty), 에코링크(Ecolink), CDI & GFT다. 인터뷰와 문헌 연구를 통해 파악된 조직의 기본 현황과 특성을 〈표 5-3〉에 정리했다. 표에는 조직의 기본 현황을 파악하고자 설립 연도, 조직의 법적 형태, 조직의 기능, 취급 품목, 판로, 고용 현황을 기술했다. FTO의 특성을 파악하기 위해 공정무역 인증을 취득한 연도와 베트남 내에서의 공정무역 캠페인 진행 여부, 공정무역 외에 다른 인증을 보유하는지 또한 파악하고 표기했다.

하노이 지역의 FTO들은 단일조직과 복합조직으로 나뉜다. 크래프트링크와 CDI & GFT는 비영리조직과 영리조직이 함께 움직이는 복합조직이다. 반면 크래프트뷰티와 에코링크는 영리조직이다. 1996년 크래프트링크는 베트남 소수민족의 수공예품을 판매해 소수민족의 소득 증대에 기여하기 위해 설립되었으며, 2000년에 WFTO에 가입했다. 다른 조직들은 조직의 설립 연도와 관계없이 2005년 이후 WFTO나 FI에 참여한 것을 알 수 있다. 사례 조직 중 두 조직은 수공예를 나머지 두 조직은 농식품을 수출하는 조직이다.

4. 베트남의 공정무역

1) 공정무역 인증

베트남에서 최근 9년 동안 공정무역 인증을 받은 조직이 급격히 증가했다(<표 5-4>). 이러한 변화는 2015년 체결된 EU-베트남자유무역협정(EU-Viet Nam Free Trade Agreement)과 2014년부터 약 3년간 수행된 EU의 공정무역 촉진 프로젝트의 결과로 평가된다(*Viet Nam News*, 2016). 1998년에 유럽의

표 5-4 FI 인증을 받은 조직의 기능별 분류

기능		조직 수
생산 (26)	생산	19
	생산, 제조/가공	6
	생산, 라이센시	1
무역 (16)	무역	3
	무역, 제조/가공	6
	무역, 제조/가공, 중개인	5
	무역, 제조/가공, 원산지로부터 수입	1
	무역, 중개인	1
	합계	42

자료: FLOCert(2018).

표 5-5 FI와 WFTO 인증 조직의 법적 형태

법적 형태	FI	WFTO
회사	17	7
협동조합과 협동조합 그룹	23	-
NGO	-	1
연구 기관	-	1
미상	2	1
	42	10

자료: FLOCert(2018)를 기반으로 저자가 작성했다.

회(European Parliament)는 EU 시장에서의 공정무역 인증 촉진을 위한 결의 안을 발표했으며, EU의 소비자들은 공정무역 인증 제품에 대해 높은 관 심을 보이고 있다(*Viet Nam News*, 2017). 공정무역 제품의 약 95%를 수출에 의존하는 베트남에서 공정무역 인증은 해외시장 진출을 위한 중요한 수단

표 5-6   FI와 WFTO 인증 조직의 설립 연도와 인증 연도

	FI		WFTO	
	설립 연도	인증 연도	설립 연도	인증 연도
~1999	3	-	5	-
2000~2009	9	6	2	3
2010~2018	25	28	3	4
미상	5	8	-	3
	42		10	

* 저자가 작성했다.

이다(Project Promoting Fair Trade in Viet Nam, 2015).

2018년 3월 현재, 베트남에서 공정무역 인증에 참여하는 조직은 52개로 FLOCert 인증이 42개, WFTO 인증이 10개다. FLOCert 인증을 받은 조직은 생산자 조직과 무역업체로 나뉘며, 조직에 따라 제조와 가공까지 겸하고 있다. FLOCert 인증을 보유한 42개 중 62%에 해당하는 26개가 생산자 조직이며, 무역업체의 경우 75%에 해당하는 12개 조직이 제조와 가공을 겸하고 있었다. 품목별로는 커피를 취급하는 조직이 16개로 가장 많았으며, 수공예(9개), 견과류(8개), 과일류(7개), 허브·허브차 및 향신료(7개), 차(6개), 카카오(3개), 오일(2개)순으로 나타났다.[6]

조직 형태로는 회사 24개, 협동조합[7] 21개, 협동조합 그룹(cooperative

---

6 한 조직에서 여러 가지 인증 품목을 취급하는 경우가 있으므로, 인증받은 조직 수는 52개이지만 취급하는 품목 수는 58개이다.

7 협동조합은 베트남어로 합작사(Hợp Tác Xã, 合作社)라고 부르며 최소 7명의 개인으로 설립되는 경제조직이다. 1927년 호치민의 저서를 통해 협동조합 개념이 처음으로 도입되었으며 현재까지 3번의 법 제정 및 개정을 거쳤다. 현재 2012년 협동조합법에 따라 운영되고 있다. 전국적으로 총 1만 9487개의 협동조합이 있으며 이 중 1만 1756개는 농업협동조합이다(Vietnam Cooperative Alliance, 2018).

group)[8] 2개 등이다. 대다수 조직들이 2000년 이후 설립되었고, 2010년 이후 인증을 받은 조직은 32개다. WFTO 인증의 경우 수공예에 집중되어 있으며, 미상인 조직을 제외하고 모두 2000년 이후 인증을 받았다. EU의 지원으로 베트남 공정무역 활성화 사업을 진행한 VIRI 대표와의 인터뷰에 따르면, 이 사업을 통해 총 17개 공정무역 조직이 인증을 받았거나 인증 절차를 진행 중이다.

2) 베트남의 공정무역 수출 품목과 주요 쟁점

베트남에서는 2014년부터 2017년까지 EU의 지원 하에 VIRI가 주도하고, 베트남차협회(Vietnam Tea Association), 베트남커피및카카오협회(Vietnam Coffee and Cocoa Association), 베트남수공예수출업자협회(Vietnam Handicraft Exporters Association)가 함께 참여해 베트남의 공정무역 유망 품목인 차, 커피, 코코아, 향신료, 수공예 등 5가지에 대한 잠재성을 평가하는 보고서를 발간했다(Project Promoting Fair Trade in Viet Nam, 2015). 이 보고서에 따르면, 베트남은 세계 5위의 차 수출국이다. 주요 수출 시장은 미국과 아시아, 유럽이며, 수출되는 차의 대부분이 예비 처리 단계만 거친 후 대형 포장의 형태로 상표 없이 수출되고 있었다. 이렇듯 베트남의 차는 수출량은 많지만, 대표할 만한 상표가 개발되지 않은 상태다. 또한 수입국에서 가공품에 대해 높은 관세를 적용하고 있어 가공품 형태로는 수출이 어렵

---

8 협동조합 그룹(cooperative group)은 베트남어로 합작조(Tổ Hợp Tác)이며, 준협동조합(pre-cooperative)으로 불리기도 한다. 최소 3명의 개인으로 구성되고 동/읍/사(행정단위) 등 사무소의 승인을 토대로 설립된 조직이다. 이와 관련된 정부법령 베트남 민법 제111조 제1항 151/2007/ND-CP에 따르면 합작조는 공동 이익 및 공동 책임을 가진 자발적인 시민 단체의 일종으로서 민주적이며 상호 이익의 원칙에 따라 운영된다.

기도 한 실정이다. 이 외에도 참여 기업들의 낮은 자본력, 마케팅 및 대외 무역의 계약이나 협상에 취약한 점 등은 낮은 가격 형성의 원인으로 지적된다. 최근 중소기업을 중심으로 공정무역 인증에 대한 관심이 점차 높아지고 있다. 차를 생산 또는 유통하는 기업 중에 공정무역 인증을 받은 곳은 2015년 두 곳에서 2018년 현재 여섯 곳으로 늘어났다.

커피 산업은 베트남에서 최근 몇 년 동안 성장세를 보이고 있다. 베트남은 현재 세계 2위의 커피 수출국이며, 베트남 젊은 소비층의 증가로 시장규모가 커지고 있다. 커피 생산에 참여하는 가구수는 약 55만 명에 이르며, 주요 생산 지역은 닥락(Dak Lak), 닥농(Dak Nong), 람동(Lam Dong), 잘라이(Gia Lai), 꼰뚬(Kon Tum) 등의 중부 고원지대다. 전체 수확량의 93~95%가 수출되고 있으며, 대부분 가격이 낮은 원두 상태로 수출된다. 현재 베트남 커피가 보유하고 있는 인증은 유기농과 우츠(UTZ), 커피 4C(Coffee 4C), 레인포레스트인증(Rain Forest Alliance) 등의 지속가능성 인증과 공정무역이다. 가장 널리 사용되는 것은 커피 4C이며, 공정무역 인증을 보유한 업체는 2018년 현재 16개다. 베트남 커피의 경우 이미 생산량이 많고, 공정무역 인증에 대한 인지도가 높아 향후 더 많은 업체가 공정무역 인증을 받을 것으로 보인다.

베트남 정부와 구매 회사의 기술지원과 국제기구들의 지속가능한 코코아 개발 자금이 투입되면서 베트남의 코코아는 고품질 생산이 가능하게 되었다. 또한 세계시장의 수요가 높고 정부 차원의 개발 정책이 뒷받침되면서 향후 가격 면에서도 안정적인 성장이 예측된다. 현재 공정무역 코코아는 전 세계 120개국 이상에서 팔리고 있으며, 코코아 생산자는 2012~2013년 공정무역 공동체 지원금으로 980만 유로를 벌었다. 그러나 점차 높아지는 수입국의 기술적 표준 요구는 코코아 생산 농민들에게 위협 요인이 되고 있으며, 이를 위해 공정무역 인증의 필요성이 대두되고 있다.

현재 베트남에서 생산되는 향신료는 70품목 이상이며, 후추는 이윤이 가장 높은 품목이다. 전 세계 후추의 30%가 베트남에서 생산되고 있다. 베트남 후추는 95%가 수출되며, 수출에 종사하는 기업의 수는 200개가 넘는다. 이 중 공정무역 인증을 보유한 곳은 두 곳에 불과하지만, 향신료 관련 기업들이 재료의 품질과 환경친화성을 중요시하고 있어 향후 추가 인증도 가능할 것으로 예측된다(Project Promoting Fair Trade in Viet Nam, 2015).

베트남의 수공예 산업은 빈곤퇴치, 문화정체성 유지, 여성과 소수민족의 양성평등에 기여하는 것으로 평가된다. 주요 수출 품목은 라탄, 세라믹, 목재, 자수, 섬유 등이며, 가장 큰 수출 시장은 유럽과 북미 국가다. 그리고 공정무역 인증은 세계 수공예품 시장에서 부가가치를 창출할 수 있는 기회를 마련한다. 현재 베트남에는 수공예 또는 신발 관련 기업 중 9개가 WFTO 인증을 받았다.

5. 베트남 FTO 사례분석

이 절에서는 베트남 FTO 중 4개를 분석한다. 분석 틀에서 제시한 조직의 존재 이유, 생산자 임파워먼트, 네트워크 형성과 공정무역에 대한 교육과 옹호 측면에서 사례를 분석했다. 그 결과, 개혁적 접근, 절충적 접근, 점진적 접근을 하는 그룹으로 나뉘었다.

1) 개혁적 접근: 크래프트링크, CDI & GFT

베트남에 공정무역이 알려지기 전부터 베트남의 사회문제를 해결하기 위해 많은 조직이 활동했으며, 이들은 공정무역에 대한 정보는 없었지만 베트남의 가난하고 소외된 이들을 지원하려는 목적을 갖고 조직을 설립하고 운영하고 있었다. 대표적 사례가 크래프트링크와 CDI & GTF이다.

크래프트링크(Craft Link)를 설립한 설립자 대다수는 베트남에 있는 국제NGO에서 일했던 사람들이다. 그들은 프로젝트 기반에 한시적으로 머물다가 떠나가는 국제 NGO를 통해서는 베트남 문제를 해결하기 어렵다는 한계를 인식하고 크래프트링크를 설립했다. 크래프트링크의 비전은 베트남의 모든 장인들이 공정한 임금을 받고, 행복한 삶을 사는 것이다. 사명은 전통적 수공예 생산자들이 그들의 문화를 되살리고, 수공예 생산과 마케팅을 통해 생활을 향상시키는 것이다(Craft Link, 2018). 크래프트링크는 공정무역을 알기 전부터 베트남의 수공예 생산자들을 지원하기 위한 사명을 가지고 있었으며, WFTO 관계자를 만나면서 공정무역에 참여하게 되었다. 크래프트링크는 수익을 이사회나 개인을 위해 사용하지 않고, 새로운 수공예품 개발, 생산자를 대상으로 한 경영 교육과 기술 교육 등에 사용한다.

CDI의 경우도 빈곤한 사람들의 지속가능한 사회경제 발전을 촉진하기 위해 2005년에 설립된 비영리조직이다(Center for Development and Integration, 2018). 이들은 아일랜드 정부 등 다양한 해외 지원을 받으면서 베트남 사회에서 소외된 이들을 지원해 왔다. CDI의 공동 설립자이자 현재 GFT의 CEO인 응오 민 흐엉(Ngo Minh Huong) 대표가 필리핀을 방문하면서 공정무역을 알게 되었고, 생산자들이 더 나은 조건에서 수출할 기회를 확대하기 위해 공정무역 비즈니스를 하는 GFT를 설립하게 되었다. GFT는 윤리적 거래를 통해 소비자에게 고품질의 제품을 제공하고, 농부들은 실질적이고 공정한 이익을 창출하도록 돕는 역할을 한다(Green Fair Trade and Production Company Limited, 2018).

크래프트링크와 CDI & GFT 모두 소외된 계층을 지원하려고 하는 동기에서 시작했다. 스스로 '사회적기업'[9]이라는 정체성을 갖고 있었고, 이익의 전부 또는 대부분을 생산자를 지원하는 데 사용하고 있었다. 두 조직 모두 생산자 역량 강화에 집중하기 위해 비영리 파트에서 생산자 교육과 훈련을 담당하고 있었다. 생산자 교육과 훈련은 비영리조직에서 진행하고, 무역은 영리 조직에서 한다. 즉, 지원 조직과 비즈니스 조직을 분리·운영하는 복합 조직의 형태를 만들어, 생산자 역량 강화에 집중하고 있었다.

(생산자 그룹 개발) 프로젝트당 평균적으로 2~5년이 걸린다. 프로젝트 매니저, 디자이너가 1주일에서 10일 정도 직접 방문해서 훈련을 시킨다. 강도 높은 훈련의 경우 2주 정도 한다. 생산자들이 기술과 경영 역량을 키운 후 스스로 운영하는 협동조합 형태로 조직화된다. 많은 조직들이 프로젝트 이후 협동조합이 된다. 경영 역량이 부족한 수공예 업자들이 있어 교육이 필요하다. 그들은 협동조합을 운영할 역량이 안 된다. 더 강해지고, 임파워먼트 된 다음에 가능하다. 수공예 조직들이 스스로 협동조합을 만들고, 등록을 한다. 우리는 트레이닝과 역량을 개발하는 것에 초점을 맞춘다(Craft Link 대표).

크래프트링크는 설립 시에 10개 생산자 그룹과 일했지만, 20년이 지

---

9   베트남에는 사회적기업과 관련된 두 가지 법률이 있다. '2014년 기업법'과 '96/2015/NĐ-CP 시행령'이다. '2014년 기업법' 제10조에서 사회적기업의 권리와 의무가 규정된다. '96/2015/NĐ-CP 시행령'은 '2014년 기업법'에 대해 상세한 내용을 기재해 제2, 3, 4, 5, 6, 7, 8, 9, 10, 11조에서 사회적기업에 대한 정책과 관리 체계를 정리했다(베트남 법률에 따른 사회적기업: 베트남 법무부 http://tcdcpl.moj.gov.vn/qt/tintuc/Pages/phap-luat-kinh-te.aspx?ItemID=163; '96/2015/NĐ-CP 시행령', http://vietnamlawmagazine.vn/decree-no-96-2015-nd-cp-of-october-19-2015-5149.html; '2014년 기업법' https://www.hcmiu.edu.vn/Portals/1/Docs/vanbanphapluat/english/68-2014-QH13-Luat%20Doanh%20nghiep.pdf).

난 지금은 70개 생산자 그룹의 장인들 6500명과 일을 하고 있다. 이 중 33개는 소수민족 그룹, 25개는 전통 수공예 마을, 12개는 장애인 그룹이다 (Craft Link, 2015). 크래프트링크는 특히 여성에 초점을 맞추고 있다. 지역에서 함께 일하는 조직도 지역단위로 조직화된 여성연맹이며, 함께 일하는 수공예 생산자도 대다수가 여성이다.

CDI & GFT는 커피, 차, 견과류, 향신료, 과일과 같은 식품류의 농업 생산자를 발굴하고 지원해 왔다. 이들은 16개 생산자들과 함께 일하고 있었는데, 공정무역 인증을 받도록 지원하거나, 기술 지원, 경영 교육 등 다양한 지원을 하고 있었다. 이들은 생산자들을 지원하기 위해 외부 지원을 받는 데 적극적이었다. 예를 들어, 한국국제협력단(Korea International Cooperation Agency, KOICA)이 '지구촌 사회적기업육성 사업'을 통해 베트남 공정무역을 지원한다는 정보를 CDI & GFT가 알게 되었고, 이후 베트남 공정무역 생산자들과 거래하는 한국 FTO인 아시아공정무역네트워크와 함께 KOICA을 받아 꺼우덧 협동조합의 설립과 공정무역 인증을 지원했다. 이러한 지원 과정을 거쳐 꺼우덧 조합원에게 공정무역과 경영 관련 교육을 시킬 수 있었다. 꺼우덧은 FI 인증을 받아 공정무역 커피 수출을 확장할 수 있는 가능성이 생겼고, 판로를 넓히기 위해 커피 브랜드 및 상품 패키지 디자인과 커피 농장 투어 상품을 개발했다. 이처럼 CDI & GFT는 KOICA, Irish Aid(아일랜드국제개발협력기구) 등의 외부 자원을 받아 생산자를 지원할 수 있는 기회를 탐색하고, 활용하고 있었다.

공급사슬이 아닌 가치사슬을 형성함으로써 (생산자) 협동조합의 독립성을 키우며 공정무역 성공 사례를 만들고 싶다. 이것이 기존 무역과 다른 지점이고, 이것을 우리는 운동이라고 부르고 싶다. 단지 농민에게만 해당되는 것이 아니고, 정부가 지역을 더 잘 지원하도록 하는 좋은 모델을 만들고 싶다.

더 많은 농민 협동조합이 스스로 공정무역 인증을 받고, 좋은 가격에 생산하고 팔기를 바란다. 공정무역은 좋은 가격을 지불한다. 농민 역량도 커진다 (CDI & GFT 대표).

크래프트링크와 CDI & GFT는 조직의 목적을 달성하기 위해 적극적으로 네트워크를 형성하고 활용했다. 외부로부터 지원을 받기 위해서가 아니라 생산자 역량 강화를 위해서나 대외 위상을 높이기 위한 것 등 목적은 다양했다. 크래프트링크는 베트남 여성연맹과 적극적으로 파트너십을 형성하면서 여성 생산자 지원을 함께하거나 지역에서 사업을 하는 데 용이한 환경을 만들고 있었다. 이사회에는 옥스팜 홍콩과 같은 국제 NGO들이 참여했다. CDI & GFT는 국내외 다양한 조직과 네트워크를 통해 자금 조달뿐만 아니라 사업 다각화를 모색하거나 사업 운영을 위한 자문을 받고 있었다.

이 두 조직은 베트남 소비자들에게 공정무역을 알리는 일에도 적극적이었다. 크래프트링크는 상시적으로 운영하는 3개의 매장을 보유하고 있으며, 1년에 한 번씩 생산자들과 함께 대규모 수공예 박람회를 열어 장인들이 직접 고객을 만나는 자리를 마련한다. 하루 5000명 정도의 고객과 바이어가 참여하는 이 자리에서 장인들은 고객에게 직접 제품을 팔며 고객의 니즈를 파악할 기회를 가지며, 자신들의 문화를 소개할 수 있는 기회를 얻기도 한다. 이때 베트남인들을 자원봉사자로 참여시켜 소수민족과 공정무역에 대해 교육한다. 그리고 소수민족의 문화를 포함해 베트남 전통을 알리기 위해 전시회를 열기도 하는데, 이는 대중에게 소수민족에 대한 인식을 높이고 장인들이 자긍심을 갖도록 돕기 위한 것이며, 내수 확대 목적도 있다.

CDI & GFT도 내수를 확대하기 위해 매장을 개설했으며, 청년들을 위한 공정무역 창업 경진 대회를 열거나, 세미나와 포럼 등을 개최하면서 공정무역을 확산시키기 위한 활동을 벌이고 있었다. 두 조직은 전시회나 박람회를 할 때 공정무역을 소개하고, 농민을 초대해 그들의 상품을 소개했다. 웹사이트, 공공 채널, TV 인터뷰 등을 통해 소개하기도 한다. CDI & GFT 모두 베트남을 공정무역 성장잠재력이 있는 시장이라고 생각하고 있었다.

결론적으로 두 조직은 베트남의 소외된 이들을 돕기 위한 사명을 가지고 활동을 하다가 공정무역을 알게 된 뒤 공정무역이 조직의 사명과 부합하기 때문에 수용하게 된 경우다. 두 조직 모두 운동성이 강한 조직으로 생산자를 지원하고 역량을 강화하는 데 적극적이었다. 그리고 조직의 목적을 달성하기 위해서 다방면에서 네트워크를 형성하고 활용하고 있었다. 또, 베트남에서 공정무역을 알리고 생산자들을 돕기 위해 매장 운영 및 다양한 캠페인을 벌였다. 여기에는 베트남 소비자에게 공정무역을 이해시켜 내수를 키우기 위한 목적도 담겨 있었다. 조직의 존재 이유나 네트워크를 형성하는 측면, 그리고 소비자 대상으로 캠페인을 전개하는 측면에서 두 조직은 개혁적 접근을 하고 있다.

2) 절충적 접근: 에코링크

에코링크(Ecolink)를 창립한 이는 2001년에 관행 무역으로 차를 수출하는 회사를 설립해 운영한 2명의 대표들이었다. 다국적기업에서 차를 수급하는 일을 하던 대표는 다니던 회사를 그만두고 '지속가능한 공급사슬을 구축'하기 위해 유기농 및 공정무역을 전담할 회사를 설립했다. 회사의 사명에는 '인증받은 유기농과 공정무역을 구축함으로써 소수민족 농부들의 삶의 질을 향상시키는 것'이 포함되어 있다(Ecolink Co. Ltd., 2015). 사명에서 드러나듯이 이 조직은 공정무역과 유기농, 두 가지 비즈니스 전략을 추구한다. 현재 에코링크는 공정무역과 유기농 인증을 모두 보유한 2개의 생산자 조직과, 유기농 인증만을 보유한 3개의 생산자 조직이 함께 일하고 있다. 주요 수출 품목은 차이고, 생강과 계피도 취급한다. 대표는 2005년에 공정무역과 유기농을 처음 알게 되었다고 말한다.

당시 베트남 정부에 기금을 주고 유기농 산업을 키우기 위해 지원하던 뉴질랜드 정부에서 일하는 친구를 만났다. 그 친구가 공정무역과 유기농을 알려주었다. 공정무역이 싱글오리진을 팔기 좋은 시장이고, 생산자와 바이어를 연결하기 좋다는 것을 알게 되었다(에코링크 대표).

그는 처음 공정무역을 접할 때 유기농도 알게 되었다. 공정무역을 중요하게 생각하지만 전략적으로 유기농과 공정무역을 함께 수용하고 있었고, 공정무역보다는 유기농을 더 적극적으로 실천하고 있었다. 생산자를 처음 발굴할 때는 좋은 질의 차를 생산할 수 있는 지역을 먼저 선택했다고 한다. 그리고 유기농 인증을 받는 과정부터 시작했다. 그러면서 생산자들을 조직화하고, 이후에 협동조합이 구성되면 공정무역 인증을 받도록 추진했다.

농민들은 땅이 많지 않다. 그룹을 만드는 것에 대해서도 신경 쓰지 않는다. 그래서 제로에서 시작했다. 공장을 짓고, 경작에 투자하고, 협동조합을 구성했다. 협동조합 구성이 쉽지 않다. 협동조합 운영 방법을 배워야 한다. 세금을 내고, 시스템을 알아야 한다. 처음에는 농민 그룹을 만들고 리더를 찾는다. 하나 둘, 충분히 그룹이 형성되고 난 후에 협동조합을 만든다. 그 협동조합이 동시에 공장과 파트너가 된다(에코링크 대표).

에코링크 대표는 공정무역을 하기 위해 생산자를 조직화하는 과정을 명확히 이해하고 있었다. 질 좋은 차는 생산할 수 있지만 생산자 그룹이 조직화가 되지 않은 곳은 유기농 인증을 먼저 받으면서 협업하는 과정을 연습한다. 그 과정에서 생산자들이 모여 협동조합을 구성한다. 그리고 협동조합을 운영하기 위한 실질적인 교육과 훈련을 지원한다. 그는 인증 비용이 비싸기 때문에, 독립적으로 운영되는 생산자 협동조합이지만 회사에서 인증 비용을 지원한다고 했다. 그가 그렇게 투자를 하는 목적은 생산자들의 삶의 질을 향상시키는 한편, 베트남에서 생산된 특정 지역의 차를 브랜드로 만들어 가치를 높이기 위해서다.

강한 공급사슬이 필요하다. 강해지려면 좋은 협동조합, 강한 조직, 운영이 잘되는 공장, 바이어가 필요하다. 특히 생산 파트가 중요하다(에코링크 대표).

그는 공급사슬을 생산 단계부터 소비 단계까지 안정적으로 구축하는 것의 중요성을 알았다. 특히 차와 같은 식품의 브랜드를 강력하게 구축하기 위해서는 생산 단계부터 품질관리가 중요하다는 것을 이해했다. 유기농 인증을 통해 생산의 품질을 높이고, 공정무역 인증을 통해 소득을 증대해 생산자들이 지속적으로 좋은 품질의 차를 생산하도록 하는 비즈니스 전략을 갖고 있었다. 그는 생산자 조직을 발굴하고 육성하면서 공정무역 인증을 받은 생산자 공동체가 변화하는 것을 직접 경험했다.

그들(Ban Lien Tea Cooperative)의 삶은 매우 달라졌다. 삶의 균형이 생기고 행복해한다. 집도 더 깨끗해지고, 정리되고, 사람들은 건강해졌다. 예를 들어 반 리엔(Ban Lien)에 가면 야채밭이 없었다. 울타리를 만들 줄 몰랐기 때문이다. 소가 모든 곳을 돌아다니고 아무거나 먹게 두었다. 그래서 야채를 찾을 수가 없었다. 우리 공장에서 밭을 만들고 야채와 닭을 키웠다. 지금은 다른 사람들도 똑같이 따라하고 있다(에코링크 대표).

반 리엔은 해발 900미터의 산속에 위치한 지역으로 대부분 소수민족이 거주하는 곳이다. 반 리엔은 라오까이(Lao Cai) 지역 정부의 지원을 받아 차 가공 공장을 만들어 소득을 증대하고 공동체 발전을 모색했지만, 경험 부족으로 시장에 접근하는 데 성공하지 못했다. 그러나 이후 지역 정부가 회사에 연락을 해왔고, 포드재단으로부터 원조를 받게 되어 생산역량 강화와 마케팅을 지원할 수 있었다(Ecolink, 2015).

이들은 공정무역보다는 유기농 분야의 네트워크 강화에 집중하고 있었다. 대표가 베트남유기농협회(Vietnam Organic Association)의 창립자 중 한 명으로 활동할 정도로 유기농 생산과 판매를 강화하려는 의지가 강했다. 그리고 대표는 아직 베트남 사회에서 공정무역은 새로운 개념이기 때문에 소비자들이 받아들이기 쉬운 유기농부터 시작해야 한다고 생각했다.

에코링크의 대표는 공정무역에 대해 정확히 이해하고 있었고, 생산자들이 공정무역을 인증을 받을 수 있도록 지원했다. 그러나 영리조직의 성격이 강했다. 에코링크는 소비자 캠페인과 교육 등을 통해 베트남 사회에 공정무역을 확산시키려는 노력보다는 생산자가 품질 좋은 차를 생산해 브랜드를 강력히 구축하는 데 집중하고 있었다. 물론 생산자 임파워먼트 측면에서는 개혁적 접근을 하고 있으나, 조직의 존재 이유나 네트워크를 형성하는 측면, 그리고 자국의 소비자 대상 교육이나 캠페인이 부족한 측면에서는 점진적 접근에 가까웠다. 그래서 에코링크를 개혁적 접근과 점진적 접근 사이의 절충적 접근으로 판단했다.

3) 점진적 접근: 크래프트뷰티

크래프트뷰티(Craftbeauty)는 한 부부가 2004년에 설립한 회사로 현재 "공정무역 조건하에서 윤리적으로 만들어진 패션 상품을 생산"한다는 것을 사명으로 삼고 있다. 2005년에 미국을 기반으로 하는 공정무역 인증기관에 가입했고, 2008년에 WFTO에 가입했으며, 전체 생산품 중 "70%를 공정무역 관련 조직과 매장 등에 수출"하고 있다. 현재 46명의 직원들과 함께 원단 수급, 디자인, 제조, 수출 전 과정을 모두 회사 내부에서 진행하고 있다. 전체 직원 중 장애인이 약 30%다. 베트남에서 장애인이 하루에 벌 수 있는 돈은 7만 동 정도인데, 이 회사는 2배 이상을 지급하고 있다. 장애인을 차별 없이 고용하고, 일반인과 같은 급여를 제공하고 있음을 강조했다.

대표들이 해외 박람회에 가서 회사의 비전과 목적을 설명하자 이를 들은 외국인들이 공정무역 개념을 알려주었고, 자신들이 추구하는 방향과 부합해 공정무역에 참여하게 되었다고 한다.

2005년에 독일 박람회를 돌면서 다양한 바이어를 만났는데 장애인 여성과 수공예를 하고 있다고 하니까, 10명 중에 1~2명이 공정무역을 해보는 게 어떻겠냐는 이야기를 했고, 인터넷을 보고 공부하게 되었어요. 그 당시 베트남에 Craft Link와 저희 정도만 공정무역을 알았죠(크래프트뷰티 대표).

이들은 공정무역을 지지하고 비즈니스를 통해 장애 여성들의 삶을 지원하는 데 목적이 있었다. 처음 외부에서 생산한 제품을 판매했으나 불량품이 많았고, 이후 품질관리를 위해 내부에서 직접 생산하기 시작했다. 품질 불량 문제를 해결하기 위한 방법이었다.

NGO와 프로젝트를 할 때 직접 생산을 하지 않아 품질관리가 잘 안됐기 때문에, 직접 생산을 했다. 설립 당시 지향을 정확하게 정하지 않았고, 박람회에 참여해 바이어를 만나면서 방향을 정했다. 미국 프로젝트 당시 생산품의 70%가 불량이었다. 수공예 마을에서 만든 제품을 판매하는 경우 불량품이 많다(크래프트뷰티 대표).

이들은 철저한 품질관리와 제품 개발을 통해 비즈니스 경쟁에서 생존하는 것을 중요하게 생각하고 있었다. 크래프트뷰티는 품질을 향상시키기 위해 외부 지원이나 도움 없이 조직 내의 자원을 활용해 생산자 교육과 훈련을 시행했다. 또한 수출하기 전까지의 공급사슬상의 모든 단계에 대해서 관리하고 품질 향상이나 생산성을 높이기 위해 투자하고 있었다.

크래프트뷰티는 다른 FTO들과 달리 생산을 내부화했다. 독립적 생산자 조직을 육성하는 방식이 아니라, 생산자를 고용하는 방식으로 공정무역을 전개하고 있었다. 공정무역에 대해 정확하게 이해하고 있었으나, 생산자들과 고용관계를 형성함으로써 생산자와의 관계는 다른 FTO보다 통제적이었다. 또한 소비자 캠페인과 교육 등을 통해 베트남 사회에 공정무역을 확산시키려는 노력보다는 좋은 품질의 제품을 생산해 수출을 증대시키고, 해외 판로를 확대하는 데 집중하고 있었다. 크래프트뷰티는 생산자 임파워먼트 측면과, 조직의 존재 이유나 네트워크를 형성하는 측면, 그리고 소비자 대상 교육이나 캠페인 측면에서 점진적 접근에 가까웠다. 그런 이유로 크래프트뷰티가 점진적 접근을 한다고 평가했다.

4) 사례분석 결과

베트남에서 공정무역은 새로운 개념이다. 베트남의 공정무역은 소외된 사람들을 위해 일하려는 소수 엘리트들이 FTO를 설립하고 실천하고 있다는 것을 알 수 있었다. 아직까지 베트남 FTO들은 개별 조직의 운영에 집중하는 상황으로 FTO들 간에 네트워크를 형성해 얻을 수 있는 이점을 찾지 못하고 있었다.

국제적으로 유럽과 북미를 중심으로 공정무역 시장이 많이 커졌으나, 대다수 FTO들은 공정무역 생산자들이 생산한 공정무역 인증 제품을 100% 공정무역으로 팔지는 못하고 있었다. 일부를 공정무역으로 팔면 일부는 관행 무역으로 팔거나 인증에 대한 노출 없이 내수 시장에서 판매하고 있었다. 대다수 FTO 대표들은 어떠한 전략과 방법으로 판매를 늘릴 것인가, 어떠한 방법이 생산자들에게 더 도움이 될 것인가에 대한 고민이 있었다. 공정무역에 대해 모두 동의하고 있었으나, 판로 확대를 위해 유기농과 같은 인증을 함께 도입하거나, 유기농 인증시스템을 구축하려고 준비하는 곳도 있었다. 실제로 CDI & GFT나 에코링크의 경우는 공정무역과 유기농식품을 모두 취급하고 있었고, 유기농을 중심으로 한 네트워킹 강화를 시도하고 있었다. 생산자의 판로를 확대하고 더 나은 가격을 받기 위해 공정무역을 이용하고 있으며, 유기농 인증이나 다른 방법이 더 유효하다고 판단되면, 그것도 수용하려는 입장이었다.

FTO들이 FI나 WFTO에 가입한 것은 공정무역 취지에 동의하기 때문인 동시에 글로벌 조직들에 가입된 해외 바이어들과의 거래를 확대하기 위해서이기도 했다. 이들은 내수를 확대하거나, 다른 인증에 참여하거나, 다른 판로를 개발하는 등 다양한 대안을 고려하고 있었다.

대다수의 FTO들이 관행 무역의 대안으로 공정무역을 인지하기보다는 자국 생산자들의 삶을 개선하고, 비즈니스를 확대하기 위한 전략으로 공정무역을 이용하려는 경향이 강했다. 이는 유럽이나 서구 소비국 FTO들의 접근과는 차이가 있다. 소비국의 FTO들은 관행 무역을 벗어나 자본주의의 대안으로 공정무역을 실천하려는 의지가 강하다. 반면, 베트남 FTO들은 자본주의 시장 질서인 관행 무역을 변화시키고 새로운 구조와 제도를 만들겠다는 목적보다는 공정무역을 통해 생산자들을 지원하고 비즈니스를 강화하려는 의지가 강했다. 그들은 베트남 내부의 사회문제를 해결하는 데 공정무역이 유효하다고 판단해 공정무역이라는 글로벌 제도에 참여했고, 조직의 목적을 공정무역을 통해 이루고자 했다. 공정무역에 참여해 시장을 확대하려는 의지도 강했으며, 그것이 이루어지지 않을 때는 불만을 드러내기도 했다.

이러한 공통점이 있음에도 FTO들 사이에는 실천의 차이가 있었다. 〈표 5-7〉은 FTO 간의 차이를 중심으로 각 사례를 분석한 것이다. FTO별로 이익을 공유하는 수혜자의 범위가 달랐고, 생산자들을 육성하고 발굴하는 정도와 방식도 다르게 나타났다. 비즈니스를 강화해 가는 데 초점을 맞추는 FTO들과 사회를 변화시키는 데 더 초점을 맞추는 FTO가 있었으며, 이들이 만들어내는 실천 또한 다양했다. 이러한 차이는 초창기에 조직을 만들어가는 설립자들의 차이 때문이기도 하다. 즉, 자신의 문제를 생산자 지원과 같은 비영리 활동을 통해 풀어가려 하는가, 혹은 비즈니스에 더 초점을 맞춰 풀어가려 하는가에 따라 이후 접근이 다르게 나타나기도 한다. 그리고 이런 접근 방식의 차이가 정부 관계나 국내 인식 개선 활동에 대한 의지 등에서도 다르게 나타났다. 베트남 전국에 독립적으로 존재하는 생산자를 육성하려는 FTO들은(크래프트링크, CDI & GFT) 지방정부와 우호적 관계를 형성하려는 경향이 강한 반면, 생산자를 고용해 수출에 집중하려는 FTO들은(에코링크, 크래프트뷰티) 정부와 독립적 관계를

표 5-7 베트남 FTO 사례분석

FTO 이름	크래프트링크, CDI & GFT	에코링크	크래프트뷰티
조직 형태	NGO와 기업	기업	기업
조직의 존재 이유	생산자 역량 강화 및 판로 확대	생산자 역량 강화 및 브랜드 구축	비즈니스 역량 강화
생산자 관계	독립 생산자 조직 육성	독립 생산자 조직 육성	내부 고용
네트워크 형성	공급사슬상의 파트너와 해외 기관 등 폭넓게 형성	공급사슬상의 파트너 유기농 네트워크	공급사슬상의 파트너
교육과 옹호	생산자뿐만 아니라 소비자 대상 교육과 옹호 활동	생산자 역량 강화	생산자 역량 강화
접근 방식	개혁적 접근	절충적 접근	점진적 접근

* 저자가 작성했다.

형성하려고 했다. 베트남 FTO들이 베트남 사회에 미치는 영향에 대해서는 시간을 가지고 관찰해야 하지만, 몇 가지 기준을 통해 비교하면 차이가 드러난다.

6. 결론

이 장에서는 생산국의 공정무역이 어떻게 발전하고 있는지 기술하고, 생산국 FTO를 사례분석 했다. 생산국 중에서도 베트남과 같이 사회주의 시장경제 체제를 통해 경제사회 발전을 추구하는 국가에서 공정무역이 어떤 모습으로 발전하는지를 연구했다. 대부분의 공정무역 생산국 연구는 공정무역의 영향과 성과에 초점을 맞추고 있다. 그러나 이 장의 연구자들은 공정무역 생산 국가로는 많이 알려지지 않았고, 사회주의 시장경제 체제하에서 국가 통제력이 강한 베트남의 FTO들이 어떻게 발전하는지를 연구했다.

이를 통해 '베트남 FTO들은 발전 초기부터 국제개발협력단체의 협력과 지원을 받고 있지만, 그보다 중요한 것은 자신들의 공정무역 실천 동기와 철학을 기반으로 자신의 발전 동력을 얻고, 이를 통해 독자적 발전 유형을 만들어가고' 있다는 것이다. 아직 베트남의 독자적 발전 전략과 유형이 무엇인지를 말하기는 쉽지 않다. 그러나 자생적으로 발전해 온 베트남 FTO들이 베트남 공정무역의 가치와 비즈니스를 확장하고 촉진하는 주체라고 생각한다. 우리가 주목해야 하는 것은 다른 남반구 생산국처럼 북반구 FTO, 인증기관, 국제개발협력단체 등이 베트남 공정무역의 핵심 주체가 아니라는 점이다.

베트남 FTO 사례분석 결과, 북반구 FTO가 오랫동안 실천 결과로 얻은 개혁적 접근과 점진적 접근이라는 긴장과 공존 관계를 베트남 공정무역에서도 볼 수 있었다. 그리고 베트남 공정무역을 실천하는 FTO의 활동을 보면, 북반구 소비국의 주도성에 의존한다고만 생각할 수는 없다. 베트남 FTO는 베트남 사회의 내부 개선 요구와 발전 열망을 공정무역의 가치와 실천에서 스스로 찾고, 이를 기반으로 베트남 생산자의 역량 개발을 도모하고 있다. 공정무역 실천에서 강조하는 생산자 역량 강화가 국제 FTO만이 아니라 베트남 FTO에 의해서도 추진되고 있다는 말이다.

베트남에서 공정무역 비즈니스가 증가하면서, 일반 수출 회사들이 해외 시장의 요구로 공정무역에 참여하고 있다. 그리고 이 과정에서 장기적 안목으로 공정무역을 지원하는 것이 아니라 단기 수익을 우선으로 한 상품 개발에 치중하고 있는 점도 지적할 수 있다. 이는 공정무역이 수출 확대에 유리할 것으로 판단한 기업들이 공정무역을 도구적으로 활용하려는 흐름이라고 할 수 있다.

이 장의 연구자들은 개혁적 접근과 점진적 접근, 절충적 접근이 공존하는 긴장 관계가 베트남 공정무역의 현재와 미래를 설명해 줄 것이라고 판단한다. 그렇기 때문에 후속 연구를 통해 베트남의 공정무역 발전 과정을 지속적으로 관찰하고 분석할 필요가 있다. 공정무역 연구는 단지 공정무역에만 그치는 것은 아니라, 베트남 사회의 변화와 이 변화를 주도하는 주체의 변화까지 파악하는 연구가 될 수 있을 것이다.

공정무역은 비즈니스에 참여하기만 해서 효과가 나타나는 것은 아니다. 공정무역의 영향력에 관한 많은 연구에서 드러나듯이 공정무역의 영향력은 상황에 따라 다르게 나타난다(Overseas Development Institute, 2017). 따라서 장기적으로 베트남 사회에서 공정무역이 효과가 있는지 확인하려면, 생산자부터 소비자까지의 가치사슬상에 있는 주체들을 관찰하고 분석해야 한다. 그리고 어떤 상황에서 최고의 효과가 나타나는지 확인해야 한다.

이 장은 베트남 FTO 중 4개 조직만을 사례연구 방법으로 분석했다. 그러나 후속 연구에서는 베트남 전체 FTO를 연구 대상으로 하고, 이들이 베트남 사회에 미치는 영향력을 분석해야 할 것이다. 특히 FTO와 생산자 단체와의 관계를 분석하고, 베트남 중앙정부와 지방정부 및 국제개발협력단체와의 협력 관계까지 포괄적으로 분석할 필요가 있다. 연구 범위와 대상, 연구 방법의 확장을 통해 베트남 공정무역의 발전과 영향력 그리고 현재와 미래에 대해 더 많은 것을 알 수 있을 것이다.

참고문헌

김영신. 2016. 「공정무역 소비 연구의 현황과 과제」. ≪소비자정책교육연구≫, 12권 1호, 21~46쪽.

엄은희. 2010. 「공정무역 생산자의 조직화와 국제적 관계망 필리핀 마스코바도 생산자 조직을 사례로」. ≪공간과 사회≫, 33권, 143~182쪽.

유소이. 2012. 「윤리적 제품에 대한 소비자 구매 갭(Gap)」. ≪소비자문제연구≫, 41권, 1~18쪽.

이상율. 2016. 「베트남의 지속가능한 커피 프로그램과 그 성과」. ≪한국경제지리학회지≫, 19권 2호, 343~359쪽.

이승철·정수열·조영국. 2016. 「베트남 커피변경지역의 글로벌 가치사슬과 공유가치 창출」. ≪한국경제지리학회지≫, 19권 2호, 399~416쪽.

이한우·채수홍. 2017. 「베트남 2016: 정치, 경제, 대외관계의 현황과 전망」. ≪동남아시아연구≫, 27권 1호, 163~191쪽.

장승권·김선화·조수미. 2016. 「공정무역의 가치사슬과 주류화: 한국의 공정무역 사례」. ≪국제지역연구≫, 25권, 97~131쪽.

조수미·장승권. 2016. 「주요논리 관점에서 본 소비자생활협동조합의 전략: 아이쿱생협의 공정무역 사업 사례연구」. ≪한국협동조합연구≫, 34권 3호, 95~120쪽.

지호철·이승철. 2017. 「베트남의 지속가능한 커피 인증 프로그램의 도입과 한계: 비나카페를 사례로」. ≪한국경제지리학회지≫, 20권 4호, 503~521쪽.

차태훈·하지영. 2010. 「공정무역 제품구매에 대한 탐색적 연구」. ≪소비문화연구≫, 13권, 1~20쪽.

채수홍. 2013. 「베트남 살랭이 파업의 양상과 원인: 남부 빈즈엉(Binh Duong)을 중심으로」. ≪동남아시아연구≫, 23권 3호, 1~48쪽.

Barrientos, S., M. E. Conroy and E. Jones. 2007. "4 Northern Social Movements and Fair Trade" in L. T. Raynolds, D. Murray and J. Wilkinson(eds.). *Fair Trade. The Challenges of Transforming Globalisation*. Oxford: Routledge.

Craft Link. 2015. *20th Anniversary*. Hanoi: Craft Link.

_____. 2018. http://www.craftlink.com.vn/(검색일: 2018.1.10).

Davies, I. A. 2009. "Alliances and Networks: Creating Success in the UK Fair Trade Market." *Journal of Business Ethics*, Vol.86, No.S1, pp.109~126.

Ecolink Co. Ltd. 2015. "Introduction." http://www.ecolink.com.vn/introduction-T2d0v543.htm(검색일: 2018.1.10).

Ecolink. 2015. "History of Ban Lien COOP." http://ecolink.com.vn/ban-lien-tea-cooperative-profile-T16d0v538.htm(검색일: 2018.1.10).

Fair Trade Advocacy Office. 2013 "The Definition of Fair Trade." http://fairtrade-advocacy.org/about-fair-trade/what-is-fair-trade/161-the-definition-of-fair-trade(검색일: 2018.3.27).

Fairtrade International. 2017a. "Annual Report 2016~2017." https://monitoringreport2016.fairtrade.net/en/asia-and-the-pacific/(검색일: 2018.3.27).

_____. 2017b. "Asia and the Pacific." https://monitoringreport2016.fairtrade.net/en/asia-and-the-pacific/(검색일: 2018.3.27).

FLOCert. 2018. "Search Our Customer Database." https://www.flocert.net/about-flocert/customer-search/(검색일: 2018.3.27).

Green Fair Trade and Production Company Limited. 2018. "Welcome to Green Fair Trade." http://greenfairtrade.com/welcome-to-green-fair-trade-c117.html(검색일: 2018.1.10).

Hutchens, A. 2009. *Changing Big Business: The Globalisation of the Fair Trade Movement.* Cheltenham: Edward Elgar Publishing.

_____. 2010. "Empowering Women through Fair Trade? Lessons from Asia." *Third World Quarterly*, Vol.31, No.3, pp.449~467.

Huybrechts, B. 2010. "Fair Trade Organizations in Belgium: Unity in Diversity?" *Journal of Business Ethics*, Vol.92, No.2, pp.217~240.

_____. 2012. *Fair Trade Organizations and Social Enterprise: Social Innovation through Hybrid Organization Models.* Vol.17. London and New York: Routledge.

Keahey, J. 2015. "25. Fair Trade and Racial Equity in Africa." in L. T. Raynolds and E. A. Bennett(eds.). *Handbook of Research on Fair Trade.* Cheltenham: Edward Elgar Publishing.

Lyon, S. 2015. "24. Fair Trade and Indigenous Communities in Latin America." in L. T. Raynolds and E. A. Bennett(eds.). *Handbook of Research on Fair Trade.* Cheltenham: Edward Elgar Publishing.

Makita, R. 2015. "Fair Trade and Plantation Workers in Asia." in L. T. Raynolds and E. A. Bennett(eds.). *Handbook of Research on Fair Trade.* Cheltenham: Edward Elgar Publishing.

Makita, R. and T. Tsuruta. 2017. *Fair Trade and Organic Initiatives in Asian Agriculture.* London and New York: Routledge.

Murray, D. L. and L. T. Raynolds. 2007. "1 Globalization and Its Antinomies: Negotiating a Fair Trade Movement" in L. T. Raynolds, D. Murray and J. Wilkinson(eds). *Fair Trade. The Challenges of Transforming Globalisation.* Oxford: Routledge.

Nicholls, A. and C. Opal. 2005. *Fair Trade: Market-Driven Ethical Consumption.* London: Sage Publications, Inc.

Overseas Development Institute. 2017. "The Impact of Fairtrade: A Review of Research Evidence 2009~2015." https://www.odi.org/publications/10891-impact-fairtrade-review-researchevidence-2009-2015(검색일: 2018.3.27).

Project Promoting Fair Trade in Viet Nam. 2015. "Assessment of Fair Trade Development Potentials in Tea, Coffee, Cocoa, Spice and Handcraft Industries in Viet Nam." Hanoi: Vietnam Rural Industries Research and Development Institute. http://fairtrade.org.vn/english/wp-content/uploads/training-docs/Fair-Trade-in-Vietnam-Final-Report-Eng.pdf(검색일: 2018.1.10).

Raynolds, L. T. 2007. "Fair Trade Bananas: Broadening the Movement and Market in the United States" in L. T. Raynolds, D. Murray and J. Wilkinson(eds.). *Fair Trade. The Challenges of Transforming Globalisation.* Oxford: Routledge.

Raynolds, L. T. and M. A. Long. 2007. "2 Fair/Alternative Trade: Historical and Empirical Dimensions" in L. T. Raynolds, D. Murray and J. Wilkinson(eds.). *Fair Trade. The Challenges of Transforming Globalisation.* Oxford: Routledge.

Raynolds, L. T. and N. Greenfield. 2015. "2. Fair Trade: Movement and Markets." in L. T. Raynolds and E. Bennett(eds.). *Handbook of Research on Fair Trade.* Cheltenham: Edward Elgar.

Restakis, J. 2010. "8. Fair Trade and the Empire of Tea." in J. Restakis(ed.). *Humanizing the Economy: Co-operatives in the Age of Capital.* Canada: New Society Publishers.

Smith, S. 2015. "23. Fair Trade and Wwomen's Empowerment." in L. T. Raynolds and E. A. Bennett(eds.). *Handbook of Research on Fair Trade.* Cheltenham: Edward Elgar Publishing.

Tallontire, A. 2000. "Partnerships in Fair Trade: Reflections from a Case Study of Cafédirect." *Development in Practice*, Vol.10, No.2, pp.166~177.

Townsend, J. G., E. Zapata, J. Rowlands, P. Alberti and M. Mercado. 1999. *Women and Power: Fighting Patriarchies and Poverty.* London: Zed Books.

United Nations. 2018. "Population and Vital Statistics Report." https://unstats.un.org/unsd/demographic-social/products/vitstats/index.cshtml(검색일: 2018.3.14).

Velly, R. L. 2015. "Fair Trade and Mainstreaming." in L. T. Raynolds and E. A. Bennett(eds.). *Handbook of Research on Fair Trade.* Cheltenham: Edward Elgar Publishing.

Viet Nam-EFTA Joint Study Group. 2011. "Report of the Viet Nam-EFTA Joint Study Group." http://www.efta.int/media/documents/legal-texts/free-trade-relations/vietnam/EFTA-Vietnam%20Joint%20Study%20Group%20Report.pdf(검색일: 2018.3.14).

Viet Nam News. 2016. "VN Needs Fair Trade Certification System." October 24. http://vietnamnews.vn/economy/344941/vn-needs-fair-trade-certification-system.html#aLbksjjs3O1Yk7ck.97(검색일: 2018.3.14).

_____. 2017. "Fair-Trade Status for VN Cocoa to Ease Access to EU Market." November 17. http://vietnamnews.vn/economy/417689/fair-trade-status-for-vn-cocoa-to-ease-access-to-eu-market.html#7PkHYxkIpEXpfriA.97(검색일: 2018.3.14).

Vietnam Cooperative Alliance. 2018. "Thống kê HTX trong cả nước theo lĩnh vực hoạt động năm 2017." http://www.vca.org.vn/thong-ke/bao-cao-tong-hop/17909-thong-ke-htx-trong-ca-nuoc-theo-linh-vuc-hoat-dong-nam-2017.html(검색일: 2018.3.27).

WFTO and FI. 2009. "A Charter of Fair Trade Principles." https://www.fairtrade.net/fileadmin/

user_upload/content/2009/about_us/documents/Fair_Trade_Charter.pdf(검색일: 2018.3.27).

WFTO. 2018a. "Definition of Fair Trade." https://wfto.com/fair-trade/definition-fair-trade(검색일: 2018.3.27).

_____. 2018b. "Search Members/Supplies." https://wfto.com/find-supplier(검색일: 2018.3.27).

Yin, R. K. 2003. *Case Study Research, Design and Methods*, Third Edition. London: Sage Publications, Inc.

6장 한국 공정무역의 발전 전략

장승권·김선화·황선영·정지현

* 이 장의 내용을 저자로 이름을 올린 우리만의 연구 성과라고 주장할 수는 없다. 이는 성공회대학교 경영학부와 일반대학원 협동조합경영학과의 교수 및 학생들로 구성된 쿠피협동조합이 2013년 이후 지금까지 지속적으로 연구해 온 성과물이기도 하다.

1. 서론

한국의 공정무역은 2000년대 초반 아름다운가게에서 공정무역 수공예품을 판매하면서 시작되었다. 그 뒤를 이어 소비자생활협동조합, 사회적기업, 비영리조직들이 공정무역에 참여하기 시작했다. 최근에는 일반기업들이 공정무역 완제품을 수입하고 있다. 전체 시장규모는 약 500억 원 정도다. 한국의 경제규모를 고려하면 공정무역의 규모는 매우 작다. 그렇기 때문에 한국에서 공정무역이 원래 목적을 달성하려면 무엇보다 규모가 커지고, 한국 사회에서 중요한 역할을 해야 한다.

그러나 공정무역이 한국 사회에서 주류화되려면 많은 시간과 노력이 필요하다. 동시에 주류화에 따른 문제를 검토하고 이를 넘어설 전략이 필요하다. 앞의 여러 장에서 한국 공정무역의 현황과 쟁점, 향후 전략에 무엇이 필요한지 설명했다. 특히 공정무역을 가치사슬 관점에서 분석하며, 공정무역이 주류화되면서 발생한 쟁점도 설명했다.

이 장에서는 우리의 주장을 제시하고자 한다. 핵심 주장을 한마디로 표현하면 다음과 같다.

"한국의 공정무역은 주류화되어야 한다. 그러나 주류화에 따른 문제를 해결할 전략이 필요하다."

공정무역 주류화를 달성하기 위한 전략으로 다음 네 가지를 제안

한다.[1]

첫째, 공정무역마을 만들기를 통한 민관협력 지역개발 전략이다. 공정무역 운동은 지역 주민의 자발적 참여를 유도하고 공정무역 제품 사용을 촉진한다. 그래서 운동과 비즈니스를 아우르는 공통의 비전을 설정해야 한다. 공정무역 제품을 수입하고 판매하는 비즈니스 측면과 교육 및 캠페인, 판매처 확대 등을 기반으로 하는 공정무역마을운동은 함께 가야 한다. 최근에 시나 도 차원에서 공정무역마을운동이 일어나면서 지방정부에서 공정무역에 관한 조례를 제정하고, 예산을 편성하는 등의 움직임이 일어나고 있다. 인천시와 서울시는 2012년에 조례를 제정하고 공정무역에 관한 지원을 해왔다. 경기도는 2017년에 조례를 제정하고 공정무역에 관한 교육, 제품 개발, 캠페인, 판매처 확대 등의 사업을 진행하고 있다. 하지만 지금까지 한국의 공정무역을 어떻게 발전시켜 나갈 것인가에 관한 청사진을 찾아보기는 힘들다. 운동 측면에서, 비즈니스 측면에서 서로 시너지가 날 수 있도록 관련된 협의체들이 모여 중장기 비전을 수립하고 그에 따른 목표와 세부 지표를 구성해 나가야 한다. 그리고 지역별로 그에 부합하는 목표와 추진 전략이 구성되어야 한다.

이를 위해 민관협력을 강화해야 한다. 공공에서는 다양한 영역에 다양한 방식으로 예산을 사용하는데, 그중에는 중소기업 지원, 소상공인 지원, 교육, 마을 공동체 강화, 급식 등이 있다. 신규 예산 편성은 조례와 같은 입법에 근거해 진행한다. 민과 관이 협력해 공정무역마을운동을 활성화하려면 공정무역을 하기 위한 입법 근거를 마련하는 것과 기존의 제도

---

1   이후의 내용은 ≪라이프인≫ 기사를 일부 수정한 것이다. 김선화, "한국의 공정무역, 변화가 필요하다", ≪라이프인≫, 2019년 2월 6일 자, http://www.lifein.news/news/articleView.html?idxno=3274.

를 바꿔나가는 것도 중요하다. 공공 구매나 공공 조달을 시행하려고 할 때 관련 제도들로 인한 제약이 따르기 때문이다. 이를 위해서는 민간에서 정치인과 공무원들에게 공정무역의 의미와 가치를 전달하고 함께 바꿔나가려는 노력이 필요하다.

둘째, 지속가능발전목표(SDGs)와 국제공정무역헌장과 같은 글로벌 담론과 함께하는 국제개발협력 전략이다. 이를 위해 실천 네트워크를 확대해 나가야 한다. 공정무역은 생산자들과의 연대를 통해 빈곤의 문제를 해결하려는 소비운동이자 글로벌 시민운동이다. 그간 공정무역이 빈곤문제를 해결할 수 있는 유효한 방법이라는 점은 입증되었다. 그렇기 때문에 지속가능발전목표(SDGs)를 이행하기 위한 주요한 수단으로 거론되는 것이다. 하지만 아직까지 한국에서는 지속가능발전목표와 공정무역과의 연결점이 부족하다. 한국에서 공정무역이 지속가능발전목표를 이행하는 주요한 수단이 되려면 네트워크의 폭이 넓어져야 한다. 공정무역 비즈니스를 하는 소비자생활협동조합, 사회적기업 등을 중심으로 한 협의체인 한국공정무역협의회와 마을운동을 전개하는 한국공정무역마을위원회, 지역단위 공정무역협의체를 거점으로 국제개발협력단체, 시민단체, 기업, 소상공인, 지역공동체, 유기농업 분야 등과의 협력을 넓혀나가야 한다. 그래야 한국 사회에서 '공정무역', '공정한 거래' 개념이 전방위적으로 확산될 수 있다. 공정무역은 학교, 종교 기관, 복지관, 지역공동체 등 수많은 공동체와 접점이 있다. 지역 기반의 다양한 공동체들이 공정무역마을을 만들어가는 역할을 함께 하면서 지역사회에 공정함의 개념과 가치를 전파해 나간다면 공정무역은 지속가능하게 성장할 수 있을 것이다.

셋째, 글로벌과 로컬의 공정무역을 통합하는 전략이다. 로컬(도메스틱) 페어트레이드가 확산되어야 한다. 유럽과 북미에서 자국 또는 인접 국가의 가난한 생산자들과의 공정한 거래를 통해 삶을 개선하려는 로컬(도메스틱)

페어트레이드는 이미 10여 년 전부터 실천되어 왔다. 자국 또는 인접 국가의 농부가 공정무역 원칙에 따라 생산한 제품을 단독으로 또는 개도국의 공정무역 원료와 혼합해 로컬페어트레이드(local fair trade) 제품으로 출시한다. 프랑스공정무역협의회(Commerce Équitable en France)의 자료에 따르면, 2017년 프랑스 전체 공정무역 매출 규모는 1조 3400억 원이며, 이 중에 로컬페어트레이드 매출이 4100억 원 규모에 달한다. 한국은 작년에 경기도에서 처음으로 로컬페어트레이드와 유사한 형태의 제품을 개발했다. 물론 국내에도 이미 로컬페어트레이드 개념에 근접해 제품을 생산하고 유통하는 조직들이 있지만, 그 이름을 사용하고 있지는 않았다. 특히 소비자생활협동조합, 사회적기업 등의 사회적경제 조직들이 생산하는 제품들에 로컬페어트레이드 원칙을 적용하기 쉬울 것이다. 로컬페어트레이드 제품을 개발하는 조직들이 늘어나고 규모가 확산된다면, 한국의 공정무역은 기존과는 다른 모습이 될 것이다. 다양한 조직의 참여로 인해 공정함과 정의, 평등 개념이 조직적으로, 사회적으로 더 깊게 스며드는 계기가 될 것이다.

넷째, 사회적경제를 기반으로 한 전략이다. 한국은 공정무역이 주류화되지 않았다. 2조 5000억 원의 시장규모를 형성하는 영국처럼 모든 곳에서 공정무역 제품을 만날 수 없다. 오히려 이제야 공정무역 시장을 형성해 가기 시작했다고 보아도 무방할 것이다. 누가 어떤 방식으로 공정무역을 확산시켜 나갈 것인가를 함께 고민해야 할 시점이다. 그 대안 중에 하나는 사회적기업, 협동조합, 마을기업, 청년 창업가들이 공정무역에 더 많이 참여하는 것이다. 그리고 이 사회적경제 주체들을 중심으로 공정무역 관련 정보를 집적하고 활발히 소통해야 한다. 일부 유럽 국가에서는 유치원부터 공정무역을 가르친다. 유럽의 국가들은 공정무역의 복잡한 개념을 이해할 수 있도록 연령별로 콘텐츠를 구성하고 배포한다.

또한 지역별로 진행한 캠페인을 공유하는 웹사이트를 개설하고 캠페인의 내용과 방법을 공유할 수 있도록 페이지를 구성해 놓았다. 캠페인을 해본 경험이 없거나 새로운 시도를 하려는 조직들은 이 사이트를 방문해 캠페인에 관한 아이디어를 얻을 수 있다. 이렇듯 공정무역마을운동을 중심으로 교육과 캠페인을 확산하기 위해서는 참여자들이 궁금해할 만한 내용이 잘 정리되어 있어 정보에 쉽게 접근할 수 있어야 한다. 하지만 한국은 아직까지 그런 부분이 미흡하다. 공정무역을 확산하기 위해서는 지금부터라도 지식과 정보의 생산과 축적, 유통에 노력을 기울여야 한다.

이에 네 가지 전략을 하나씩 상세히 기술하고 구체적인 방법도 제안하겠다.

2. 공정무역마을 만들기를 통한 민관협력 지역개발 전략[2]

영국의 작은 마을 가스탕은 세계 최초의 공정무역마을이 되었다. 그리고 지역의회와 중앙정부에서 이 활동을 주목하고 인정했다. 가스탕의 활동에 이어 영국의 공정무역 인증기관 공정무역재단이 공정무역마을을 확산시키기 위한 공정무역마을 이니셔티브를 발족했다. 공정무역마을은 영국뿐만 아니라 이웃 나라 아일랜드와 벨기에로 퍼져갔다. 공정무역마을운동은 유일하게 공정무역 캠페인 분야에서 국제적인 인정 체계가 형성되어 있으며 전 세계에서 진행되는 현황을 알 수 있다. 국제 공정무역마을 사이트(http://www.fairtradetowns.org/about-us)에 따르면 2019년 1월 현재

---

2   이 절은 김선화, "왜 공정무역마을운동에 집중하는가?", ≪라이프인≫, 2019년 1월 2일 자, http://www.lifein.news/news/articleView.html?idxno=3172를 수정·보완했다.

표 6-1 국제공정무역마을위원회가 제시하는 목표 및 주요 참여자

번호	목표	주요 참여자
목표 1	첫째, 지방정부 및 지역 의회는 공정무역을 지지하고 공정무역 물품을 사용할 것에 동의하는 결의안을 통과시킨다.	지방정부 지역 의회
목표 2	둘째, 지역의 매장과 카페, 음식점 등에서 쉽게 공정무역 물품을 구입할 수 있어야 한다.	소매점, 음식점, 카페
목표 3	셋째, 다수의 지역 일터와 커뮤니티 조직에서 공정무역 물품을 사용해야 한다.	학교, 종교 기관, 복지관, 공공 기관, 사무실 등
목표 4	넷째, 미디어를 통한 홍보와 대중의 지지를 이끌어내야 한다.	미디어
목표 5	다섯째, 지역 공정무역위원회는 계속해서 공정무역마을 지위를 유지하기 위해 노력해야 한다.	공정무역위원회

30개국에 2162개의 공정무역마을이 있다. 영국이 635개로 가장 많고, 독일이 580개로 그 뒤를 잇고 있다. 공정무역마을운동은 공정무역을 확산하는 데 크게 기여하고 있다.

공정무역마을운동은 목표를 설정을 할 때 지방정부, 소매점, 식당, 학교, 종교 기관, 지역 커뮤니티 등의 참여와 역할을 명시하고 이들의 참여가 이루어질 때 공정무역마을이 될 수 있도록 규칙을 정했다. 기존 공정무역 운동은 공정무역단체, 소매점, 인증기관을 중심으로 개인 소비에 초점을 맞춰왔다면, 공정무역마을운동은 개인들이 일상적으로 참여하는 각종 커뮤니티에서 회의나 식사를 할 때 개인들이 의도하지 않아도 커뮤니티에서 결정하고 소비할 수 있도록 설계했고, 이를 촉진해 왔다.

영국공정무역재단은 공정무역마을운동이 성공하면서 공정무역 학교, 공정무역 대학, 공정무역 종교 기관 등의 커뮤니티에서 공정무역을 촉진하는 프로그램을 개발해 다양한 공동체의 참여를 촉진해 왔다. 현재 영국에 1000개가 넘는 공정무역 학교가 설립되는 등 다양한 집단에서 공

정무역 활동을 하고 있다.

또한 지방정부들도 결의안이나 조례를 발표하는 것을 넘어 별도의 기금을 구성하거나, 공공 조달이나 공공 구매에 공정무역을 포함시키는 등 다양한 방식으로 자원을 배분하고 있다. 예를 들어 웨일즈와 스코틀랜드 정부는 자금과 인건비를 지원해 공정무역 지원 기관을 설립했고, 공공 조달과 공공 구매에 공정무역을 포함시키고 있다. 영국뿐만 아니라 유럽 전역에서 공정무역 공공 조달을 촉진하기 위한 다양한 활동이 전개되고 있다.

공정무역마을운동은 유럽을 넘어 북미와 남미, 아시아, 아프리카로 확산되어 왔다. 한국도 인천시, 부천시, 서울시, 화성시, 경기도, 하남시가 공정무역마을로 인정받았다. 하지만 한국의 공정무역 인지도나 소비 규모는 크지 않다. 이유는 다양하다. 쿠피협동조합(2018)에서 서울 시민들을 대상으로 한 조사를 보면 공정무역을 몰라서, 가까운 매장에 공정무역 제품이 없어서, 어디서 구매해야 하는지 몰라서, 무엇이 공정무역 제품인지 몰라서, 원하는 품목이 없어서, 가격이 비싸서 등의 다양한 이유로 공정무역 제품 소비를 어려워한다. 개인을 대상으로 인식을 확산시키고 소비를 촉진하는 것은 속도가 느리고 어려운 과정이다. 공정무역마을운동은 다른 방법으로 공정무역을 확산해 나갈 수 있는 길을 제시한다. 학생들이 개인의 선택과 상관없이 공정무역을 배우고, 학교급식에서 공정무역 재료로 만들어진 음식을 먹고, 사무실에서 회의를 할 때 공정무역 차와 커피를 마시고, 학교나 공공 기관의 매점이나 카페에서 공정무역 제품을 판매해 자연스럽게 공정무역을 이해하고 소비하는 환경을 구성하는 것이 필요하다. 이를 통해 개인들은 의식하든 하지 않든 공정무역을 만나게 될 것이다. 공공기관, 학교, 복지관, 종교 기관, 사무실 등 개인이 일상에서 영위하는 다양한 커뮤니티에서 공정무역을 지지하고, 교육하고, 제품을 소비할 수 있는 환경을 조성해 나간다면, 한국의 공정무역은 공동체들의 실천을 통해 새로운 성장 국면을 맞이할 수 있을 것이다.

3. 글로벌 담론과 함께하는 국제개발협력 전략

1) 국제공정무역헌장[3]

2018년 9월 25일, 글로벌 공정무역 네트워크로서 세계공정무역기구(WFTO)와 국제공정무역기구(FI)가 합의한 새로운 국제공정무역헌장(International Fair Trade Charter)이 공개되었다. 2009년 헌장이 발표된 지 10년 만이다. 그동안 국제무역 환경에는 많은 변화가 있었으며, 공정무역에도 다양한 행위자와 실천이 등장했다. 또한 공정무역이 글로벌 의제나 각 지역의 문제와 연결되면서, 그 역할의 범위는 확장되는 중이다. 새로운 헌장은 그러한 변화를 반영해 수정·보완되었다. 이 장에서는 헌장에 담긴 주요 변화를 살펴보고 그 의미를 모색한다.

공정무역의 기본 철학과 정의, 핵심 원칙은 새로운 헌장에서도 변함이 없다. 그러나 '공정무역단체(Fair Trade Organization)' 정의와 '공정무역의 비전'에는 변화가 발견된다. 과거 공정무역단체는 '공정무역'을 미션의 일부로 가진 단체였다. 그러나 새 헌장에서는 공정무역단체를 '무역을 통해 빈곤과 불평등에 맞서는 것을 미션으로 하는 단체와 네트워크'로 재정의했다. 공정무역이라는 단어 대신 실천을 강조한 것으로 해석된다. 또한 과거 '단체(organization)'만을 포함했던 공정무역단체의 범위가 '조직과

---

3   황선영, "새 공정무역 헌장, 공정무역의 비전을 제시하다", ≪라이프인≫, 2019년 1월 16일 자, http://www.lifein.news/news/articleView.html?idxno=3217.

네트워크'로 확장되었다. 단체의 형태와 규모에 관계없이 공정무역을 수용할 수 있다는 것을 의미한다.

공정무역 운동의 방향을 제시하는 공정무역의 비전에는 '공평(equity)'이라는 단어가 등장했다. 그동안 공정무역이 추구해 온 '정의'와 '지속 가능한 발전'과 함께 '공평'이라는 목표가 추가됨으로써 공정무역의 비전은 좀 더 명확해졌다.

새로운 헌장은 공정무역이 가진 포괄적 접근 방식에 주목하고, 이러한 실천에 공정무역단체의 역할이 중요하다는 것을 강조하고 있다. 공정무역단체는 생산자와 노동자를 고려해 무역 조건을 구성해야 하며, 이들에게 양질의 일자리를 제공해 생활 소득을 보장해야 한다. 또한 단체는 여성의 역량 강화를 위해 노력하고, 아동의 권리를 보호하는 한편, 미래 세대인 젊은이들이 지역사회의 일원으로 살아가기 위해 필요한 기술을 배울 수 있도록 기회를 제공해야 한다. 비즈니스와 정부 규정에 공정무역의 가치를 반영하도록 해 좀 더 많은 기업들이 공정무역을 선택하도록 유도하는 것 또한 공정무역단체가 해야 할 일이다.

새로운 헌장에서 다루는 공정무역의 또 다른 강점은 다양성이다. 다양성은 공정무역이 연대경제, 유기농식품운동과 같은 다양한 운동과 정부, NGO, 대학과 같은 다양한 단체와 협력하고 연대할 수 있음을 시사한다. 유엔의 지속가능발전목표(SDGs)의 이행에 공정무역의 역할이 강조되는 것도 그러한 이유이다. 불평등, 성 평등, 기후변화와 같은 SDGs의 주요 이슈들을 해결하는 데 공정무역이 효과적인 실천 방법이 될 수 있다.

이외에도 헌장은 공정무역의 참여자들이 의미 있는 실천을 해왔다는 것을 보여주고 있다. 글로벌 공정무역 네트워크와 생산자들의 연대, 옹호 단체들이 보내는 지지, 공공과 지역사회의 지원 그리고 실천의 경험을 공유하고 평가하는 학자들과 활동가들의 노력은 공정무역을 확산하는

표 6-2 2009년 및 2018년 국제공정무역헌장의 비교

	2009년 헌장	2018년 헌장
공정무역 정의	FINE*(2001)의 정의를 사용한다.	동일하다.
공정무역 조직 정의	공정무역이 조직 미션의 일부이며, 공정무역을 자신들의 목적과 활동의 핵심에 두는 조직이다.	미션의 일부로 무역을 통해 빈곤과 불평등에 대처하는 모든 조직과 네트워크다.
공정무역 제품 정의	공정무역 원칙에 따라 생산되고 거래되는 것으로, 가능하면 독립적인 보증 시스템에 의해 검증된 것이다.	없다.
공정무역 비전	정의(justice)와 지속가능발전(sustainable development)이 무역의 구조와 실천의 중심에 있는 세상이다.	정의(justice), 공평(equity), 지속가능발전(sustainable development)이 무역의 구조와 실천의 중심에 있는 세상이다.
공정무역의 핵심 원칙	다음과 같은 5가지 핵심 원칙을 제시한다. - 빈곤한 생산자들의 시장 접근 - 지속가능하고 공평한 무역 관계 - 역량 강화 - 소비자 인식 증진과 옹호 활동 - 사회적 계약(social contract)'으로서 공정무역	
공정무역 이행에 대한 접근방식	- 공정무역 제품이 거래되는 2가지 접근 방식을 제시 - '통합된 공급사슬을 통해 공정무역을 미션과 활동에 두는 조직에 의한 거래 방식'과 '제품 인증을 통해 거래되는 방식'	- '핵심 원칙'과 '노동에 대한 공정무역의 추가적 측면'은 공정무역의 독특하고 포괄적(holistic) 접근 방식 안에서 설명한다. - 2009년에 제시되었던 2가지 접근 방식은 포함되지 않는다.
노동권에 대한 공정무역의 부가적 측면	공정무역은, 공급사슬 안에 각 행위자들을 좀 더 깊게 관여하게 하고, 거래와 경제 관계에서 사회적·정치적 맥락을 인식하도록 해, 노동권에 관한 더 많은 이해와 근본적인 문제 해결을 가능하게 한다.	

주: * FINE은 국제공정무역기구(FI), 세계공정무역기구(WFTO), 유럽월드숍네트워크(NEWS!), 유럽공정무역연합(EFTA)이 모인 것으로 공정무역 운동을 조정하는 역할을 했다.

데 중요한 역할을 해왔다.

공정무역의 공평하고 정의로운 무역 시스템은 지역과 글로벌 운동을 연결해 더 큰 실천에 다가가게 해준다. 또한 다양성을 기반으로 목적이 유사한 다른 운동과 조직의 연대를 가능케 한다. 헌장의 핵심 역할은 여기에 있다. 다양한 주체와 운동이 하나의 비전을 통해 연대하고 성과를 냄으로써 모두에게 지속가능한 발전의 혜택을 가져오는 것, 그것이 헌장이 새로워진 이유이며 공정무역 운동이 나아갈 길이다.

2) 지속가능발전목표[4]

지속가능발전목표(2016~2030)는 새천년개발목표(이하 MDGs, 2001~2015)를 승계하며 그 성과와 한계 위에 수립되었다. SDGs는 유엔의 모든 회원국이 달성해야 하는 17개 목표와 세부 목표로 이루어져 있다. 각 목표 달성을 위한 정책 수립과 이행 과정에는 다양한 이해 관계자(정부, 시민사회, 민간기업 등)가 참여할 것을 강조하고 있다. 개발 이익에서 누구도 소외되지 않도록(leave no one behind)하기 위해서다. 누구도 예외일 수 없다는 보편성은, MDGs에서 진화한 SDGs가 갖는 주요 특성 중 하나다. 이와 같은 변화는 최근 글로벌 공정무역 운동의 흐름과 닮아 있다. 초창기 공정무역의 파트너는 빈곤에 처한 남반구 생산자와 노동자들이었다. 그러나 최근 공정무역 운동은 그 대상을 자국 내 노동자와 생산자들로 넓혀가고 있다. 또한 공정무역마을운동이 활성화되면서 개인의 소비를 넘어 정부, 시민사회, 기업과 같은 공동체의 소비와 참여를 촉구하고 있다. 공정무역 역

---

4   황선영, "공정무역과 SDGs는 어디서 어떻게 만날까?", ≪라이프인≫, 2019년 1월 9일 자, http://www.lifein.news/news/articleView.html?idxno=3193.

시 대상과 참여의 폭이 점차 넓어지고 있는 셈이다. 이러한 가운데 국제공정무역기구(FI)와 세계공정무역기구(WFTO)가 선언한 새로운 국제공정무역헌장에서는 SDGs 이행에 공정무역이 주요한 역할을 할 수 있다는 것을 강조하고 있다.

공정무역의 목표는 빈곤한 생산자와 노동자, 특히 남반구에 있는 이들에게 더 나은 거래조건을 제공해 이들의 지속가능한 발전에 기여하는데 있다. 이러한 공정무역의 목표는 SDGs의 여러 목표와 직접 연결된다. 특히 SDGs의 다음 8개 목표는 공정무역이 궁극적으로 지향하는 내용을 담고 있다.

목표 1: 모든 국가에서 모든 형태의 빈곤 종식

목표 2: 기아 종식, 식량 안전 확보, 영향 상태 개선 및 지속가능 농업 증진

목표 5: 성평등 달성 및 여성·여아의 역량 강화

목표 8: 지속적·포괄적·지속가능한 경제성장 및 생산적 완전고용과 양질의 일자리 증진

목표 10: 국가 내, 국가 간 불평등 완화

목표 12: 지속가능한 소비 및 생산 패턴 확립

목표 13: 기후변화와 그 영향을 대처하는 긴급 조치 시행

목표 17: 이행 수단의 강화 및 지속가능발전을 위한 글로벌 파트너십 재활성화

공정무역을 확산하고 공정무역 제품의 소비를 늘린다면 SDGs의 많은 목표를 달성하는 데 유의미한 기여를 할 수 있을 것이다. 또한 목표의 이행에 공동체가 함께한다면 그 효과는 더욱 커질 수 있다. 정부, 시민사회, 기업 등 많은 공동체가 공정무역에 관심을 가지고 동참해야 하는 이유다. 그렇다면 각 주체가 SDGs 이행을 위한 공정무역 실천에 어떻게 함께할 수 있을까?

정부는 공공 조달을 통해 공정무역 운동에 동참할 수 있다. 이를 위해서는 관련 제도의 개선이 우선되어야 한다. 유럽의 경우, 이미 지속가능한 공공 조달 지침을 통해 공정무역 제품을 우선 소비할 수 있는 제도적 기반을 마련해 두었으며, 공정무역 제품을 사용하는 기업, 종교 단체, 공정무역 제품을 판매하는 상점, 공정무역 캠페인이나 홍보에 적극적인 시민단체를 격려함으로써 참여를 독려하고 있다. 이 외에도 공정무역을 통해 맺어진 생산국 정부와의 파트너십은 양자 간 국제 협력의 가능성을 열어주는 계기가 된다. 소비국 정부는 생산자 조직들에게 필요한 지식과 경험 등을 나누어줄 수 있다. 거래에서 자신들의 권리를 지킬 수 있는 전문 지식과 기후변화에 적응할 수 있는 기술을 생산자들과 공유하거나 여성의 역량 강화에 도움을 주는 다양한 지원도 가능하다.

기업은 생산과 유통 방식에 공정무역을 도입해 볼 수 있다. 예를 들면 공유가치 창출(creating social value)을 위해 사업 영역에 공정무역을 적용하는 방식이다. 기업에 원재료를 공급하거나 사업 대상지인 지역사회의 문제점들을 개선하면서, 기업과 지역사회가 함께 지속가능한 상생의 길을 모색할 수 있다. 공급망에 공정무역 공급자를 포함시키는 비즈니스 모델 또한 생각해 볼 수 있다. 공정무역의 실천을 통해 기업이 SDGs를 이행하고 있다는 것을 매년 연차보고서나 지속가능경영 보고서를 통해 알리는 것은 이해 관계자들과의 효과적인 의사소통 수단이 될 것이다.

시민사회는 시민, 정부, 기업, 더 나아가 국제사회가 공정무역을 통해 SDGs를 실천하도록 가치를 전달하고, 이행을 촉구할 수 있다. 다양한 이해관계자가 공정무역에 관심을 가지고 동참할 수 있도록 힘을 모으고 펼치는 일에도 시민사회가 함께할 수 있다. 공정무역에 참여하는 조직들이 중심이 되어, 지속가능하지 않은 먹거리 시스템에 목소리를 낼 수도 있다. 공정하지 않게 맺어지는 무역협정, 생산자가 소외되는 거래 구조, 관행 무역 뒤에 숨어 있는 인권과 노동에 관한 문제를 공론의 장으로 내어 놓아야 한다. 그리고 이들의 목소리가 더 잘 들릴 수 있도록 유사한 운동을 하거나 가치를 공유하는 조직들과 연대해야 할 것이다. 또한 정부의 정책이나 이행 과정에 시민사회가 참여할 수 있는 거버넌스 구조를 만들도록 요구하고, 이를 통해 감시와 협력의 역할을 강화해야 한다. 유엔은 SDGs 이행에 시민사회의 중요성을 강조하고 참여를 촉구하고 있다. 무역 구조를 바꾸고 관련 정책 입안에 관여하는 방식에서 주요 행위자로서의 시민사회의 역할이 중요한 때다.

공정무역은 다양한 이해 관계자들에게 SDGs 이행을 위한 구체적이고 실천 가능한 방법을 제안한다. 각 주체가 정책에서, 사업에서, 활동에서 공정무역을 통해 무엇을 할 수 있을지 알려준다. 그리고 이들의 협력과 참여가 그 효과를 극대화할 수 있다는 것을 보여준다. 공정무역운동에 많은 이들이 관심을 가지고 함께한다면, SDGs 이행에 한 걸음 다가설 수 있을 것이다. 그러한 노력이 함께할 때 공정무역이 개인, 조직, 사회가 전 지구적 과제를 풀어가는 데 제법 훌륭한 안내자가 되어줄 수 있을 것이다.

4. 글로벌과 로컬의 공정무역을 통합하는 전략[5]

최근 공정무역 운동은 다양한 실천을 통해 그 대상과 참여 범위를 확장하고 있다. 로컬페어트레이드는 그러한 움직임을 가장 잘 보여주는 사례다. 로컬페어트레이드란 개도국뿐만 아니라 공정무역 제품을 소비하

5　정지현, "공정무역의 확장, 로컬페어트레이드", ≪라이프인≫, 2019년 1월 23일 자, http://www.lifein.news/news/articleView.html?idxno=3234.

던 선진국의 농업인과 농업 노동자들까지도 그 대상에 포함시킨 것을 의미한다. 즉, '개도국에서 생산된 제품을 선진국에서 공정한 가격을 지불하고 소비한다'는 개념을 넘어 '농업인 및 농업 노동자와 소비자 간의 공정한 거래'로 그 의미가 확장된 것이다.

로컬페어트레이드 운동은 북미와 유럽에서 실천되고 있으며, 명칭과 범위, 실천 방식 측면에서 매우 다양하다(<표 6-3>). 유럽의 경우 국가 혹은 조직마다 서로 다른 명칭을 사용하기도 한다. 한국에선 최근 경기도가 이 명칭을 도입했다. 그러나 '로컬(local)'의 범위는 용어를 사용하는 사람에 따라 달라질 수 있다. 유럽권 전체를 로컬이라고 본 유럽과 달리, 경기도는 도내로 로컬의 범위를 국한하고 있다. 100% 국내에서 생산된 제품에도 로컬페어트레이드라는 이름을 붙이는 북미와 유럽과 다르게 한국은 지역 생산품과 개도국의 생산품을 혼합해 만든 가공품만이 로컬페어트레이드에 해당된다.

세계적으로 실천된 로컬페어트레이드는 한국에서도 점차 중요한 역할을 할 것으로 보인다. 따라서, 로컬페어트레이드를 활발히 실천하는 국가 중 북미의 협회 사례를 통해 향후 한국 로컬페어트레이드 운동의 방향성을 모색해 본다.

북미의 도메스틱페어트레이드 운동(Domestic Fair Trade Movement)은 유기농업과 공정무역 네트워크가 만나면서 시작되었다. 다국적기업들이 유기농 시장에 참여하면서 미국 농무부 유기농 인증 기준이 점차 영향을 받기 시작했고, 이에 문제의식을 느낀 소농들이 중심이 되어 단체를 구성했다. 이들은 지속가능한 국내 농업과 공정한 거래를 미션으로 삼고, 본격적으로 도메스틱 페어 트레이드 운동을 발전시키기 위해 2008년 도메스틱페어트레이드협회(DFTA)를 만들었다. 국내 농산물 거래에 관여하는 소농과 가족농, 농업 노동자, 유통업자, 소비자, 협동조합, 공정무역단체,

표 6-3   국가별 로컬페어트레이드의 명칭, 범위 및 실천 방식 비교

국가	명칭	범위	실천 방식
북미	도메스틱 페어 트레이드 (Domestic Fair Trade: DFT)	미국, 캐나다	국내 생산품, 국내 생산품 + 개도국 공정무역 생산품
유럽	로컬페어트레이드	유럽 내 인접 국가	국내 생산품, 국내 생산품 + 개도국 공정무역 생산품
한국(경기도)	로컬페어트레이드	경기도	지역 생산품 + 개도국 공정무역 생산품

비정부기구 등 다양한 이해관계자들이 이 과정에 참여했으며, 현재 협회
는 30여 개 회원조직들로 구성되어 있다. 또한 협회는 여러 차례 회의를
거쳐 주요 이해 관계자들의 의사를 반영한 도메스틱 페어 트레이드 원칙
을 개발했다. 협회가 세운 총 16가지 원칙은 세계공정무역기구(WFTO) 원
칙에 기반하고 있으며, 노동 권리, 소유권과 가격 정책, 역량 강화 등의
사회정의와 지속가능한 유기농업, 인증에 관한 내용을 담고 있다.

협회의 주요 목적은 운동이 확장되더라도 유기농업과 공정무역의 가
치와 비전이 퇴색되지 않도록 보호하는 것이며, 인증과 라벨링을 중심으
로 그 목적을 달성하려 한다. 대부분의 도메스틱 페어 트레이드 인증은
독자 인증 또는 제3자 인증으로, 유기농과 달리 공공성을 지닌 인증이 부
재하다. 인증 단체들의 배경도 다양하다. 기존에 공정무역을 인증하던
단체에서 범위를 확장해 도메스틱 페어 트레이드 인증을 도입하기도 하
며, 유기농 인증에 사회정의 기준을 더해 인증하기도 한다. 이렇게 서로
다른 인증 기준을 하나로 통일시키기 위한 노력으로 협회는 2014년부터
공정무역 및 사회정의 인증과 라벨을 평가할 수 있는 지표를 제공하고 있
다. 이 지표를 통해 협회는 도메스틱 페어 트레이드 인증 기준의 통합을
추구하며, 동시에 소비자들은 주체적으로 라벨 인증마크의 공정성 및 타

당성을 평가할 수 있다.

협회 설립 당시 강조된 또 다른 키워드는 농업 노동자다. 농민뿐만 아니라 급여를 받는 농업 노동자 역시 대규모 농식품 기업의 위협에 노출되어 있으므로 이들의 공통된 이해를 반영해야 한다는 것이다. 협회의 16가지 원칙에는 농업 노동자를 고려하는 세부 기준이 포함되어 있다. 특히 노동권과 관련된 원칙에서는 안전하고 건강한 노동환경, 국제노동기구 권고 사항과 세계인권선언 준수, 최저임금과 수익 분배 혜택 등 노동자로서 보장받아야 할 권리를 명시하고 있다.

한국에서 공정무역을 확산하기 위한 방안으로 로컬페어트레이드는 좋은 선택지다. 공정무역은 유기농업을 지지하고 농민의 빈곤 문제 해결에 앞장서며, 지속가능한 사회를 추구하는 사회적경제 조직들과 협동해 운동을 전개할 수 있다. 이를 통해 공정무역의 범위를 확장하고, 나아가 공정무역에 대한 대중의 인식을 증진시킬 수 있을 것이다.

그러나 운동의 범위가 확장되고 참여하는 조직과 사람이 늘어날수록 기존에 추구하던 원칙과 가치가 희석되거나 변질될 수 있다는 것을 염두에 두어야 한다. 또한 공정무역 운동 특성상 인증을 통한 실천이 가장 활발하기 때문에, 북미의 사례와 마찬가지로 한국에서도 각기 다른 기준에 근거한 인증이 생길 수 있다. 이를 방지하기 위해서는 로컬페어트레이드에 새로이 참여하려는 단체들이 기준으로 삼을 수 있을 만한 구체적인 원칙을 개발하고 공유해야 하며, 이는 로컬페어트레이드를 실천하는 다양한 참여자의 합의를 통해 도출되어야 한다.

한국의 공정무역운동은 글로벌 트렌드에 맞춰 로컬페어트레이드와 같은 새로운 개념을 도입하고 있다. 그러나 한국 공정무역의 규모와 대중의 인식은 이러한 변화 속도에 발맞춰 따라가지 못하고 있는 실정이다. 따라서 한국에서 로컬페어트레이드가 건강하게 장기적으로 성장하

기 위해서는 로컬페어트레이드에 대한 구체적인 개념과 원칙을 분명히
세워야 한다.

5. 사회적경제를 기반으로 한 전략[6]

　최근 영국에서 두 번째로 큰 유통업체 세인즈버리(Sainsbury's)가 차 품
목의 공정무역 인증을 포기하고 자체 프로그램을 운영하겠다고 발표하
면서 영국에 있는 공정무역재단을 충격에 빠뜨렸다. 세인즈버리는 최초
로 공정무역 인증 제품을 판매한 소매업체였으며, 공정무역 제품을 세계
에서 가장 많이 팔았던 곳이기에 충격은 더욱 컸다. 국제공정무역기구에
서 발간한 2017~2018 연차 보고서에 차 품목의 매출 감소 요인 중 하나로
세인즈버리의 인증 포기를 언급할 정도로 타격을 입혔다.

　1980년대 후반에 유럽을 중심으로 공정무역 제품을 인증하는 이니셔
티브가 등장하고 국제공정무역기구가 설립되면서 다국적기업, 대형 유통
업체, 일반 소매점에서 공정무역 제품을 제조하고 판매하기 시작했다. 인
증 제도가 구축되기 전에는 개도국의 생산자 조직과 선진국의 비영리조
직, 종교 기관 등이 신뢰를 기반으로 한 연대 네트워크를 형성하며 제품을
판매했다. 공급사슬상의 모든 단계를 모니터링하는 제품 인증 제도가 도
입되면서 인증만 받는다면 어떤 조직이든 어디서든 판매가 가능해진 것
이다. 인증을 통해 공정무역 방식으로 제품을 제조하고 유통하고 있다는
것을 증명할 수 있기 때문이다. 그리고 공정무역 마크가 도입되면서 인증

6　김선화, "공정무역, 사회적경제 주도로 발전해야", ≪라이프인≫, 2019년 1월 30일 자,
　 http://www.lifein.news/news/articleView.html?idxno=3262를 수정·보완한 것이다.

을 받은 제품에 동일한 마크를 부착할 수 있게 되었고, 이는 공동 마케팅을 가능케 했다. 소비자들은 마크를 통해 손쉽게 공정무역 제품을 인지할 수 있게 되었다. 다국적기업, 일반 유통 기업의 참여로 공정무역의 규모는 급격히 성장했고, 그만큼 생산자공동체에 지원되는 지원금도 늘었다.

한편 다국적기업을 비롯한 일반 기업들이 공정무역 제품의 제조 및 유통에 참여하면서 판매는 늘어났지만, 공정무역과 관행 무역의 경계는 흔들리기 시작했다. 이미지가 좋지 않은 기업들이 공정무역 제품을 판매하면서 공정무역을 조직의 사명으로 하는 공정무역단체들의 이미지에 부정적인 영향을 미치기도 한다. 공정무역 제품에 포함되는 공정무역 원료의 비중을 낮추려는 시도도 있었다. 제3의 독립된 기관으로부터 인증을 받지 않고 기업 자체적으로 '공정하게 거래된' 원료로 생산했다고 공표하지만, 실제로 이를 확인할 길은 없다. 기업들의 이러한 행위는 공급사슬상에서 생산자들의 권한은 낮추고, 기업의 영향력은 높인다.

어느 곳에서든 공정무역 인증마크가 표시된 제품을 소비하기만 하면 소비자들은 빈곤퇴치에 기여할 수 있다고 생각하기 쉽다. 하지만 수십 년간 벌어진 일들을 보면 어떠한 조직이 행하는가에 따라 공정무역의 실천이 달라지고 있다는 것을 알 수 있다. 동일한 마크가 부착된 공정무역 제품이라고 해서 동질적으로 공정무역의 가치 추구에 기여한다고 볼 수는 없다. 하지만 소비자들이 이를 인지하고 소비하기는 쉽지 않다. 마크가 부착된 상품은 모두 동일한 가치를 갖고 있고, 동일한 방식으로 생산되었다고 착각하기 쉽다.

공정무역의 핵심은 생산자들이 지속가능한 삶을 살 수 있도록 공정한 노동의 대가를 지불하는 것이다. 공급사슬상에서 가장 취약한 위치에 놓인 생산자들에게 공정한 보상을 하고 공동체 지원을 통해 공동체가 발전하도록 도우려는 것이다. 공정무역은 운동의 영역이기도 하지만, 비즈니스의 영역이기도 하다. 공정무역 제품은 시장 안에서 움직인다. 즉 아무리 제품에 담긴 가치가 좋아도 제품의 질과 적절한 가격이 동반되지 않으면 소비가 늘기 어렵다는 의미다. 2018년에 서울 시민 1000명을 대상으로 한 조사에서 공정무역 제품 구입 시 고려 사항으로 품질을 가장 많이 선택했다(쿠피협동조합, 2018). 그 뒤로 인증마크, 가격 등을 고려한다고 했다. 공정무역의 가치에 동의해도 품질이 따라주지 않으면 소비로 연결되기 어렵다는 의미다.

공정무역 제품을 소비하는 국가의 공정무역단체들과 생산국의 공정무역단체들은 생산자들이 생산한 제품이 소비국에서 팔릴 수 있도록 다각도로 노력해왔다. 직접 현장에 전문가를 파견해 다양한 교육을 하기도 하고, 디자인을 컨설팅하거나 설비를 지원하는 등 생산지의 역량을 강화하기 위한 시도를 해왔다. 지식과 정보, 자원이 부족한 개도국 생산지에서 한 번도 가보지 않은 저 먼 나라 소비자들의 니즈를 파악해 제품을 개발하는 것은 불가능에 가깝다. 이러한 격차를 줄여나가기 위해 누군가는 노력을 해야 한다. 생산자들의 역량을 키워가면서 비즈니스를 행하는 것은 매우 어려운 일이며, 그만큼 공정무역의 실천은 까다롭고 복잡하다. 생산자들에게 공정한 가격을 지불하면서도 품질을 높이고 가격을 낮추기 위해서는 공급사슬상의 모든 단계에서 혁신을 이뤄가야 한다. 생산자들에게 적절한 교육과 기술 등의 지원을 통해 생산성을 높이고 생산자 역량을 강화하려는 노력뿐만 아니라 소비국의 공정무역단체들은 공동으로 원료를 수급하거나 공동 물류 등을 통해 비용을 낮추려는 노력 또한 필요하다.

앞에서 언급했듯이 공정무역에 참여하는 모든 조직이 동일한 가치를 창출하지는 않는다. 공정무역 가치사슬을 연구하는 영국의 경영학자 도허티와 그의 동료들은 공정무역단체와 사회적경제 조직들이 공정무역을 실천할 때 공정무역의 원칙과 가치의 훼손을 최소화한다고 피력했다

(Doherty, Davies and Tranchell, 2012).

  결론적으로, 필자들의 주장은 "한국 공정무역의 주류화를 달성하기 위해 사회적경제 기반 전략이 필요하다"는 것이다. 사회적경제 조직이 주도하는 공정무역의 건강한 주류화 전략이 중요하다. 현재 시점에서 공정무역이 건강하게 성장하고 발전하기 위해서는 운동과 비즈니스를 아우르는 비전을 수립하고 공유해야 한다. 그리고 민간단체들과의 네트워크를 확대하고, 민관협력을 강화해야 한다. 이때 공정무역의 범위를 로컬(도메스틱)페어트레이드로 확장한다면 더 많은 조직이 참여할 수 있는 계기가 되며 규모도 커질 것이다. 하지만 무엇보다도 공정무역의 가치에 대한 공감과 참여를 이끌어내기 위해서는 누구나 공정무역에 관한 정보와 지식을 쉽게 얻을 수 있어야 한다. 그래야만 운동으로서 공정무역이 성장할 수 있다. 공정무역, 더 나아가 로컬(도메스틱)페어트레이드로 실천을 확장해 개도국과 대한민국 생산자들의 삶을 지원하는 데 더 많이 기여해야 한다. 이를 위해서는 현재의 공정무역을 혁신해야 한다.

참고문헌

쿠피협동조합. 2018. 『"공정무역 도시 서울" 활성화 방안』. 서울특별시(미간행).

Doherty, B., I. A. Davies and S. Tranchell. 2012. "Where now for Fair Trade?" *Business History*, pp.1~29.

찾아보기

| 지은이 |

장승권
영국 랑카스터대학교(Lancaster University) 경영학(조직이론) 박사
현 성공회대학교 경영학부 및 일반대학원 협동조합경영학과 교수

김선화
성공회대학교 일반대학원 협동조합경영학과 박사
현 한국공정무역마을위원회 위원

조수미
성공회대학교 일반대학원 협동조합경영학과 박사과정
현 쿠피협동조합 이사장

황선영
성공회대학교 일반대학원 협동조합경영학과 석사수료
현 한국공정무역협의회 사무국장

응우엔하프엉(Nguyễn Hà Phương)
성공회대학교 일반대학원 협동조합경영학과 박사수료
현 한국베트남친선IT대학교(Korea Vietnam Friendship Information Technology College)
교양학부 한국어 강사

정지현
성공회대학교 일반대학원 협동조합경영학과 석사수료

한울아카데미 2223
협동조합경영연구 01

공정무역 비즈니스와 운동
빈곤 감소와 사회 변화를 위한 실천

ⓒ 장승권·김선화·조수미·황선영·응우엔하프엉·정지현, 2020

지은이 | 장승권·김선화·조수미·황선영·응우엔하프엉·정지현
펴낸이 | 김종수
펴낸곳 | 한울엠플러스(주)
편집책임 | 이동규·최진희

초판 1쇄 인쇄 | 2020년 4월 20일
초판 1쇄 발행 | 2020년 4월 30일

주소 | 10881 경기도 파주시 광인사길 153 한울시소빌딩 3층
전화 | 031-955-0655
팩스 | 031-955-0656
홈페이지 | www.hanulmplus.kr
등록 | 제406-2015-000143호

Printed in Korea.
ISBN 978-89-460-7223-7 93320

* 책값은 겉표지에 표시되어 있습니다.